权威·前沿·原创

皮书系列为

“十二五”“十三五”“十四五”时期国家重点出版物出版专项规划项目

智库成果出版与传播平台

图书在版编目(CIP)数据

中国未来媒体研究报告．2023：AIGC：迎接智能媒体的下一个时代／林小勇主编．--北京：社会科学文献出版社，2023.11

（未来媒体蓝皮书）

ISBN 978-7-5228-2756-8

Ⅰ．①中… Ⅱ．①林… Ⅲ．①新技术应用-传播媒介-发展-研究报告-中国-2023 Ⅳ．①G219.2

中国国家版本馆 CIP 数据核字（2023）第 214818 号

未来媒体蓝皮书

中国未来媒体研究报告（2023）

——AIGC：迎接智能媒体的下一个时代

主　　编／林小勇

出 版 人／冀祥德
责任编辑／周　琼
文稿编辑／王　敏
责任印制／王京美

出　　版／社会科学文献出版社·政法传媒分社（010）59367126
　　　　　地址：北京市北三环中路甲 29 号院华龙大厦　邮编：100029
　　　　　网址：www.ssap.com.cn
发　　行／社会科学文献出版社（010）59367028
印　　装／天津千鹤文化传播有限公司

规　　格／开 本：787mm×1092mm　1/16
　　　　　印 张：21.25　字 数：320 千字
版　　次／2023 年 11 月第 1 版　2023 年 11 月第 1 次印刷
书　　号／ISBN 978-7-5228-2756-8
定　　价／148.00 元

读者服务电话：4008918866

未来媒体蓝皮书
BLUE BOOK OF FUTURE MEDIA

中国未来媒体研究报告（2023）

ANNUAL REPORT ON THE DEVELOPMENT OF FUTURE MEDIA IN CHINA (2023)

AIGC：迎接智能媒体的下一个时代

AIGC：Welcoming the Next Era of Intelligent Media

主　编 / 林小勇

社会科学文献出版社
SOCIAL SCIENCES ACADEMIC PRESS (CHINA)

《中国未来媒体研究报告（2023）》
编　委　会

编撰单位　厦门理工学院

福建省重点智库未来媒体智库

福建省高校人文社科研究基地未来媒体发展研究中心

福建省网络视听应用创新重点实验室

主　　任　林进川

副 主 任　郭肖华　郭志钦

主　　编　林小勇

副 主 编　蓝燕玲　冷莹莹

撰 稿 人　（按姓氏笔画排序）

叶艳青　石景源　田久香　朴经纬　庄建忠

孙　璐　池明敏　李　洋　李　啸　李玮琪

李建勋　余　霖　杨雅芸　佘麒麟　冷莹莹

张世超　张晓旭　张晓黎　张浩楠　罗　校

林小勇　钱　静　梁德平　蓝燕玲　赖祯黎

蔡雅玲　魏　武

主要编撰者简介

林小勇 厦门理工学院影视与传播学院副院长、教授，高级编辑，硕士研究生导师，鹭江杰出学者，福建省重点智库未来媒体智库主任、首席专家，福建省高校人文社科研究基地未来媒体发展研究中心主任，福建省网络视听应用创新重点实验室主任，《未来媒体蓝皮书·中国未来媒体研究报告》主编。主要研究方向为未来媒体、广播影视与网络视听。先后主持国家社科基金项目1项，部级重大、重点项目3项，省级重大项目3项，省部级一般课题若干，等等。出版专著7部，发表学术论文30多篇。作品曾获中国新闻奖特别奖、中国广播电视新闻奖一等奖等奖项30多项。研究成果曾获国家广电总局优秀研究成果、福建省社会科学优秀成果奖二等奖、厦门市社会科学优秀成果奖一等奖等奖励。多篇咨询研究报告获省委主要领导批示并被省部级以上单位采纳。

蓝燕玲 厦门理工学院影视与传播学院副教授、传播学博士，福建省重点智库未来媒体智库、福建省高校人文社科研究基地未来媒体发展研究中心、福建省网络视听应用创新重点实验室研究员，主要研究方向为新媒体数据分析与应用、传媒市场调研。在《厦门大学学报》《新闻界》《传媒》等期刊上发表媒体研究、市场调研主题学术论文多篇；参与《中国互联网文化产业报告》《两岸创意经济研究报告》的编写；主持和参与国家社科、福建省社科、福建省教育科学规划、福建省教育厅及高层次人才引进科研项目20余项。

冷莹莹 厦门工学院博雅教育与艺术传媒学院讲师，福建省重点智库未来媒体智库、福建省高校人文社科研究基地未来媒体发展研究中心、福建省网络视听应用创新重点实验室研究员。主要研究方向为网络传播、新媒体，在《中国广播电视学刊》《中国电视》等核心期刊上发表学术论文多篇，近年来参与多项省部级以上课题，研究成果曾获福建省社会科学优秀成果奖二等奖、厦门市社会科学优秀成果奖一等奖等奖励。

摘　要

2022 年末，ChatGPT 横空出世，生成式人工智能崛起，内容生产随之进入 AIGC 时代。AIGC 技术快速发展，作为生产方式的变革性新力量，正在加速落地，赋能千行百业，并成为未来媒体发展的关键推动力。

《中国未来媒体研究报告（2023）》以“AIGC：迎接智能媒体的下一个时代”为主题，聚焦 2022~2023 年我国未来媒体在 AIGC 时代下所面临的创新与挑战。全书设置“总报告”“产业生态”“内容赋能”“环球动向”四大板块，全面探究未来媒体在 AIGC 领域的发展热点和存在的问题。“总报告”梳理了 AIGC 的技术变革及演进路径、多元化的场景应用与特点，探讨了 AIGC 全球监管与创新发展之间的平衡难题，并结合发展趋势提出了未来媒体发展的六维模型。“产业生态”板块重点从技术、用户、商业模式等角度，分析了 AIGC 带来的产业变革与机遇。“内容赋能”板块探讨了 AIGC 对新闻、电影、短视频、数字营销、电商直播、运动健康传播、虚拟数字人等不同领域内容生成的赋能与影响。“环球动向”基于 AIGC 在英国、韩国的行业发展背景，围绕应用场景、风险监管、发展机遇与未来趋势等热点问题进行了深入研究。

本报告分析指出，AIGC 在经历早期萌芽和沉淀积累后，生成能力跨越式发展，已进入文图、音视频、感官信息等多模态转化的快速发展新阶段，引领了数字内容生产新范式。互联网企业积极拥抱 AIGC 产业，相关技术、平台、应用快速涌现，AIGC 行业加速落地，未来市场前景广阔，潜力巨大。面对 AI 技术迅猛突围，版权保护、数据安全和隐私、道德和伦理等问题已集中显现。虽然无法预测新兴人工智能技术带来的全部风险与挑战，但应避免陷入“科林格里奇困境”，坚持寻求灵活性与监管确定性之间的平衡，以保障人工智能健康发展。

本报告认为，诸多前沿技术延伸交汇，未来媒体将以数智化趋势为核心引擎，在时间、空间、人、物、技术、情感六个维度，以快速化（Fast）、城市化（Urban）、社群化（Tribal）、普遍化（Universal）、极致化（Radical）、伦理化（Ethical）为六大驱动力量，构筑未来发展的六维模型（FUTURE），实现颠覆式创新与数智化变革。

《中国未来媒体研究报告（2023）》由厦门理工学院、福建省重点智库未来媒体智库、福建省高校人文社科研究基地未来媒体发展研究中心、福建省网络视听应用创新重点实验室联合编撰。

关键词： 未来媒体　AIGC　ChatGPT

目 录

Ⅰ 总报告

Ⅱ 产业生态

Ⅲ 内容赋能

Ⅳ　环球动向

皮书数据库阅读**使用指南**

总 报 告

General Report

B.1

中国未来媒体年度主题报告（2023）：激荡 AIGC 下的期待与焦虑

冷莹莹　林小勇*

摘　要： ChatGPT 的实质是 AIGC 的突破性落地，标志着人工智能从感知世界进入生成世界。AIGC 的发展可以划分为早期萌芽、沉淀积累和快速发展三大阶段。继 PGC 和 UGC 内容生产模式后，AIGC 正引领数字内容生产新范式，带来极为多元的应用场景，率先对媒体、影视、电商、娱乐社交等领域产生强烈影响和冲击。AI 技术迅猛发展的同时，版权保护、数据安全和隐私、道德和伦理等问题开始集中显现。在生成式 AI 治理的全球探索中，出现了强监管、弱监管和平衡监管等多种模式。在众多前沿技术共同延

* 冷莹莹，新闻学硕士，厦门工学院博雅教育与艺术传媒学院讲师，福建省高校人文社科研究基地未来媒体发展研究中心研究员，主要研究方向为网络传播、新媒体；林小勇，厦门理工学院影视与传播学院副院长、教授，硕士研究生导师，福建省重点智库未来媒体智库主任、首席专家，福建省网络视听应用创新重点实验室主任，主要研究方向为未来媒体、广播影视与网络视听。

伸交汇的当下，未来媒体将以数智化趋势为核心引擎，在时间、空间、人、物、技术、情感六个维度，以快速化、城市化、社群化、普遍化、极致化、伦理化为六大驱动力量，构筑未来发展的六维模型。

关键词： AIGC　ChatGPT　人工智能　未来媒体

2022 年 8 月，Midjourney 生成的《太空歌剧院》惊艳出圈，AI Art 成为 AIGC（人工智能生成内容）的第一波浪潮。2022 年 11 月 30 日，ChatGPT 横空出世，其强大的内容生产和语言交互能力带给人们巨大的冲击和震撼，AIGC 浪潮开始在全球范围内快速袭来。AIGC 不仅有望塑造内容生产的新范式，而且打开了 AI 产业的新空间，全球范围的创新开始“涌现”。当然，每一次人工智能进步都会掀起关于技术发展与人类命运的广泛讨论，ChatGPT 也引发了人类新的恐慌与担忧，人工智能究竟会给人类带来哪些风险，其开启的究竟是“阿拉丁神灯”还是“潘多拉魔盒”？尽管不确定性因素交织，但是从长期趋势来看，AIGC 必将进一步渗透在各个场景中，融入每一个普通人的日常生活。

一　AIGC 的技术变革及演进

2022 年底，美国人工智能公司 OpenAI 发布了一款名为 ChatGPT 的人工智能聊天机器人程序。英国《卫报》数据显示，5 天后 ChatGPT 活跃用户数便达到 100 万人，2 个月后月活跃用户数已高达 1 亿人，日访客量为 1300 多万人。对于应用类程序而言，ChatGPT 的用户增长速度前所未有。综合比较历史上达到 1 亿月活跃用户的应用，TikTok 花费了 9 个月，Instagram 花费了 2.5 年，Facebook 和 Twitter 则分别用了 4.5 年和 5 年时间，ChatGPT 由此成为全球互联网史上用户增长最快的应用。

（一）从 GPT 到 ChatGPT

ChatGPT 是一种基于语言模型的人工智能程序，可以与人类进行自然语言交互，核心构建技术便是 GPT。GPT（Generative Pre-trained Transformer，基于转换器的生成式预训练模型）是一个人工智能领域的 NLP（Natural Language Processing，自然语言处理）模型，利用海量的语言数据进行预训练，在多个自然语言任务上表现出色，可用于问答、文本摘要生成、机器翻译、分类、代码生成等。

1. ChatGPT 的发展历程

（1）GPT-1：开启预训练大模型时代

2018 年 6 月，OpenAI 公司在自我注意力机制变换器（transformer）模型基础上启动 GPT-1。不同于以往的人工智能机器学习，GPT-1 可以对未标记文本的不同语料库进行语言模型的生成性预训练，再对每个特定任务进行区分性微调，完成无监督训练和有监督微调相结合的语言理解任务。[①] 通俗理解，即让机器自发观察学习，再由人工引导和纠正错误之处。GPT-1 的训练数据为包含 7000 本未出版图书的语料库——BookCorpus，涵盖了各种不同的文学流派和主题，总大小为 4.5GB，参数数量为 1.2 亿左右。

（2）GPT-2：出色的无监督预训练模型

2019 年 2 月，OpenAI 公司在 GPT-1 的基础上发布了 GPT-2，人工智能机器开始学习在不需要明确监督的情况下执行数量惊人的任务，实现了无须监督的多任务学习并具有了不错的自我纠偏能力。除了更出色的语言理解能力外，GPT-2 已经可以编故事、聊天，甚至生成假新闻等，在文本内容生成方面有了出色的表现。

GPT-2 没有创新原有的网络结构，而是扩充了数据集和网络参数。GPT-2 的训练数据集主要取自著名社交网站——Reddit，该语料库包含 800 万篇高质

① 倪闽景：《从学习进化的视角看 ChatGPT/生成式人工智能对学习的影响》，《华东师范大学学报》（教育科学版）2023 年第 7 期。

量文本，涵盖新闻、论坛、博客、维基百科和社交媒体等主题和来源，总容量为 40GB。相比 GPT-1，GPT-2 的参数增加了 10 多倍，达到 15 亿左右。

（3）GPT-3：AI 革命的突破性进展

2020 年 5 月，具有 1750 亿参数、570GB 大规模文本数据的 GPT-3 启动，其数据主要来自 Common Crawl、WebText、英文维基百科以及 Books1 和 Books2 两个书籍语料库。通过学习以上书籍、学术论文、新闻等语料，GPT-3 形成了基于人类反馈来强化学习的方案。

作为一个自监督模型，GPT-3 几乎能够完成自然语言处理的绝大部分任务，如搜索、问答、机器翻译、阅读理解、语义推断、文章生成和自动生成代码，还能够模仿人类叙事、创作诗歌、生成游戏剧本等。GPT-3 成为彼时最先进的语言模型，并让人们看到了通用人工智能的曙光。

2022 年 3 月 15 日，OpenAI 公司发布了名为“text-davinci-003”的全新版本 GPT-3，后被称为“GPT-3.5”。作为 GPT-3 的升级版，GPT-3.5 在语言理解、生成和推理等方面更出色，能够执行更加复杂的自然语言处理任务。

2022 年 11 月 30 日，OpenAI 公司在 GPT 模型上增加 Chat 属性，推出人工智能聊天机器人程序——ChatGPT，并开放公众测试，实现了自主利用人工智能来生成内容，展示了人工智能技术的颠覆性力量。

ChatGPT 能够进行文本问答、邮件撰写、文案策划、多语种翻译、图像生成、自主编程、客户服务等，还可以结合聊天语境与用户深度互动，互动过程犹如与人类对话，成为当下最强大的 AIGC 产品。

与以往利用机器学习完成分类、预测等任务不同，ChatGPT 能够对数据产生的模式进行训练，用自编码器创造全新的数据内容，因此 2022 年也被称为生成式人工智能元年。

（4）GPT-4：深度学习发展的新里程碑

2023 年 3 月 15 日，OpenAI 公司发布的多模态预训练大模型——GPT-4 再次轰动全球科技圈。GPT-4 是 OpenAI 公司语言模型的最新、最先进版本，OpenAI 公司声称：“这是 OpenAI 努力扩展深度学习的最新里程碑。……它接受图像和文本输入，进行文本输出，虽然在许多现实场景中它尚不如人类，但在各种专业和学术基准上已表现出与人类相当的性能。”①

GPT-4 相比以往模型更加安全且具有协调性，生成内容输出稳定，符合自然语言规范且逻辑性强。GPT-4 不仅准确性大幅提高，还可以解决更复杂的问题、编写更大型的代码，并通过图片产生文字、生成歌词、创意文本，实现风格变化，同时文字输入容量提高到 2.5 万字。

GPT-4 仅花了几个月的时间，各类性能都实现了质的提升，人工智能领域技术的迭代速度着实惊人。据 OpenAI 公司官网数据，GPT-4 在美国各类考试中取得了优异的成绩，表现出接近人类的智能水平，如在 GRE 口语测试中获得 169 分（满分为 170 分），在法学院入学考试（LSAT）和美国高考（SAT）中的数学和证据性阅读与写作测试中的成绩高于 88%的应试者，在美国律师执照模考中得分排在前 10%。②

2. ChatGPT 引爆新一轮 AI 竞赛

自然语言处理归属认知智能，曾被比尔 · 盖茨喻为“人工智能皇冠上的明珠”。ChatGPT 被看成生成式人工智能和自然语言处理领域的重大突破，可能颠覆诸多领域和行业的发展。目前，ChatGPT 已成为自然语言处理领域的重要工具，被广泛应用到自然语言生成、问答对话、机器翻译等多个领域。这一人工智能领域新兴技术备受国内外的关注，除被广大用户追捧外，ChatGPT 同样受到学术界、企业界和各国政府的广泛关注。

2022 年 12 月，《科学》杂志发布 2022 年度十大科学突破事件，人工智能生成内容（AIGC）与詹姆斯 · 韦布空间望远镜、巨型细菌、多年生水稻等成果一并入选，并指出 AIGC 在艺术领域的运用将使我们面对一个具有创造力的人工智能时代。

比尔 · 盖茨认为 ChatGPT 是“第三大发明”，与电脑、互联网同等重

① 《AI 升级：正在接近“人”的 GPT-4》，21 经济网，2023 年 3 月 15 日，https：//www.21jingji.com/article/20230315/herald/4c13585b6d6cf373f891cd11f9a40032.html。

② 《ChatGPT-4 震撼来袭　我们该如何看待 AI 越来越强大》，腾讯网，2023 年 3 月 17 日，https：//new.qq.com/rain/a/20230317A038UW00.html。

要，将改变人类世界。英伟达 CEO 黄仁勋评价“ChatGPT 相当于 AI 界的 iPhone 问世”。MIT 科技评论将生成性 Al 称为 AI 领域过去 10 年最具前景的进展。国际研究机构 Gartner 在《2022 年新兴技术成熟度曲线》中将 AIGC 列为 2022 年五大影响力技术之一，预测到 2025 年生成性 AI 所创造的数据可占到所有已生产数据的 10%，而当下该比例还不到 1%。[①]

国内方面，周鸿祎认为 ChatGPT 或成为新时代的“操作系统”，是接入千行百业的数字化“发电厂”。百度预测 AIGC 将在未来 10 年颠覆现有内容生产模式。量子位智库在《2022 十大前沿科技报告》中预测，2030 年 AIGC 市场规模将超过万亿元。

不过也有人对该技术产生忧虑，给出相反的评价，如埃隆·马斯克多次表达对 ChatGPT 潜在安全问题的担忧，基辛格预言人工智能终将瓦解人类的自主意识。

事实上，ChatGPT 正成为新一轮技术革命的“领头羊”。继 OpenAI 公司推出 ChatGPT 后，国内外互联网公司也纷纷布局类 ChatGPT 模型研发，基于大语言模型技术的同类型产品还在加快涌现。

谷歌迅速推出聊天机器人 Apprentice Bard，2023 年发布对标 GPT-4 的大模型 PaLM 2；与 OpenAI 公司合作密切的微软迅速在 Bing 搜索引擎新版和 Edge 浏览器中引入 ChatGPT，并将 ChatGPT 集成到云系统、Office 办公套件中；Meta 开始研发语言大模型 BlenderBot 3；苹果、亚马逊等也明确表态正在进行类 ChatGPT 模型研发与布局。

国内方面，百度于 2023 年 3 月推出对标 ChatGPT 的生成式人工智能产品，全新一代知识增强大语言模型“文心一言”（ERNIE Bot）；阿里巴巴加快研发“通义 M6”；华为侧重算力的“盘古”、腾讯侧重社交的“混元”等大模型则早有布局；网易投入教育场景，研发类 ChatGPT 模型“子曰”；京东推出产业版 ChatGPT“言犀”；科大讯飞发布讯飞星火认知大模型，全

---

① 吴江、黄茜、贺超城、徐雨舒、孙朴：《基于引爆点理论的人工智能生成内容微博网络舆情传播与演化分析》，《现代情报》2023 年第 7 期。

面对标 ChatGPT，并在中文上全面超越。据不完全统计，已有 90 多家中国科技公司发布 AI 大模型，人工智能产业迎来“百模大战”。[①]

根据斯坦福大学发布的《2023 年人工智能指数报告》（*The AI Index Report 2023*），中国是 AI 领域学术发表最多的国家，但在论文引用方面美国处于领先地位。上述报告还指出，目前世界上大多数的大语言模型和多模态模型仍由美国机构发布。

（二）ChatGPT 的实质：AIGC 的突破性落地

ChatGPT 的横空出世，牵出 AIGC 这个大技术背景。ChatGPT 既不是单纯的“聊天机器人”，也不能等同于传统搜索引擎，而是智能生成内容工具，具有在“高质量对话、复杂推理、思维链（CoT）、零/少样本学习（语境学习）、跨任务泛化、代码理解/生成等”方面比以往智能生成内容工具表现更好、更令人印象深刻的能力。[②] 聊天机器人主要根据文本分析结果调取预先存入数据库的答案，传统搜索引擎则是搜索互联网上已有数据并排序，并未生成新内容。

从技术层面看，ChatGPT 是基于自然语言处理和机器学习技术的 AIGC 应用，拥有三项能力：数字内容孪生能力，构建现实世界的虚拟世界映射；数字编辑能力，打通现实世界和虚拟世界交互通道；数字创作能力，从数据理解走向数据创作。[③] ChatGPT 出圈的背后，实则是以 AIGC 为代表的生成式人工智能技术的重要突破和广泛应用。

1. AIGC 的概念与内涵

AIGC 全名“AI Generated Content”，即人工智能生成内容，属于生成式 AI。中国信通院发布的《人工智能生成内容（AIGC）白皮书（2022 年）》将 AIGC 定义为“既是从内容生产者视角进行分类的一类内容，又是一种内

---

① 《中国人工智能产业迎“百模大战”，专家称数据存储需求将大量增长》，中新网，2023 年 7 月 18 日，https：//www. chinanews. com/cj/2023/07-18/10045331. shtml。

② 陆小华：《智能内容生成的实质、影响力逻辑与运行范式——ChatGPT 等智能内容生成现象透视与解析》，《新闻大学》2023 年第 4 期。

③ 倪闽景：《从学习进化的视角看 ChatGPT/生成式人工智能对学习的影响》，《华东师范大学学报》（教育科学版）2023 年第 7 期。

容生产方式，还是用于内容自动化生成的一类技术集合”①，该定义既强调了 AIGC 的内容属性，又突出了 AIGC 的技术特点。

人工智能大体可以分为分析式人工智能（Analytical AI）和生成式人工智能（Generative AI）两种类型。分析式人工智能通过模仿人脑接收和处理信息的方式来辅助人类提高识别、分析、判断以及记忆和思考的效率，是主要存在的人工智能形态。② 生成式人工智能的主要功能则是创造，比如写作绘画、设计产品、编写程序代码，进行图像、视频等多模态内容生产等。③

在 GPT-3 模型出现之后，人工智能在内容生成和创作领域有了质的飞跃，图片、文字、视频等内容创作与生成的 AIGC 技术受到更多关注。直到 ChatGPT 问世，AIGC 的热度达到历史高峰，也标志着人工智能从感知理解世界进入生成创造世界的新阶段。

2. AIGC 相关产品

由于 ChatGPT 产品的跨时代意义，GPT 语言生成模型被广泛关注并被树为典型。但 GPT 并不是唯一的文字生成模型，谷歌的 BERT 模型、英伟达和微软共同开发的 Megatron-Turing 自然语言生成模型（简称 MT-NLG）等都在长期发力。除了文本生成，智能生成内容工具还包括根据文字生成图像的智能图像生成器，如 OpenAI 公司的 Dall-E 2。部分著名的生成式 AI 产品、国外代表性 AIGC 创业公司和国内部分 AIGC 创业公司如表 1、表 2 和表 3 所示。

表 1　部分著名的生成式 AI 产品

模型名	用途	研发公司	发布时间	参数量
GPT-3	语言理解与生成	OpenAI	2020 年 5 月	1750 亿
ChatGPT	语言理解与生成	OpenAI	2022 年 11 月	未知
BERT	语言理解与生成	谷歌	2019 年 10 月	4810 亿

① 《人工智能生成内容（AIGC）白皮书（2022 年）》，中国信息通信研究院，2022 年 9 月 2 日，http：//www. caict. ac. cn/kxyj/qwfb/bps/202209/P020220902534520798735. pdf。

② 蔡津津：《AIGC 对全媒体生产传播体系的影响及对策建议》，《传媒》2023 年第 10 期。

③ 徐敬宏、张如坤：《ChatGPT 在编辑出版行业的应用：机遇、挑战与对策》，《中国编辑》2023 年第 5 期。

续表

模型名	用途	研发公司	发布时间	参数量
PaLM	语言理解与生成	谷歌	2022 年 4 月	5400 亿
OPT-175B	语言理解与生成	脸书	2022 年 5 月	1750 亿
LLaMA	语言理解与生成	脸书	2023 年 2 月	650 亿
Turing-NLG	语言理解与生成	微软	2020 年 2 月	170 亿
MT-NLG	语言理解与生成	微软、英伟达	2021 年 10 月	5300 亿
Gopher	语言理解与生成	DeepMind	2021 年 12 月	2800 亿
Dall-E 2	根据文字生成图片	OpenAI	2022 年 9 月	120 亿
Imagen	根据文字生成图片	谷歌	2022 年 5 月	200 亿
Stable Diffusion	根据文字生成图片	Stability AI	2022 年 8 月	未知
Midjourney	根据文字生成图片	Midjourney	2022 年 3 月	未知
VisualGPT	根据图片生成文字	OpenAI	2021 年 2 月	未知
Flamingo	根据图片生成文字	DeepMind	2022 年 4 月	700 亿
Phenaki	根据文字生成视频	谷歌	2022 年 10 月	18 亿
MusicLM	根据文字生成音乐	谷歌	2023 年 1 月	未知
AlphaCode	代码生成	DeepMind	2022 年 2 月	414 亿
CodeX	代码生成	OpenAI	2021 年 8 月	120 亿
AlphaFold 2	预测蛋白质折叠结构	DeepMind	2021 年 7 月	9300 万

资料来源：许雪晨、田侃、李文军《新一代人工智能技术：发展演进、产业机遇及前景展望》，《产业经济评论》2023 年 7 月 5 日网络首发。

表 2　国外代表性 AIGC 创业公司

公司	生成内容	成立年份	应用领域
OpenAI	文字	2015	AI 文字底层协议
OthersideAI	文字	2020	AI 写作邮件
CopyAI	文字	2020	AI 写作广告文案
Notion AI	文字	2020	AI 写作、创意、语法检查、翻译
Stable AI	图像	2020	AI 作图底层协议
Play. ht	音频	2016	AI 生成语音

资料来源：许雪晨、田侃、李文军《新一代人工智能技术：发展演进、产业机遇及前景展望》，《产业经济评论》2023 年 7 月 5 日网络首发。

表 3　国内部分 AIGC 创业公司

公司	生成内容	成立年份	应用领域
澜舟科技	文字	2021	AI 文字生成、写作
秘塔科技	文字	2018	AI 文档自动化
香侬科技	文字	2017	AI 智能写作、翻译
感知阶跃	图像	2020	AI 智能建模
标贝科技	音频	2016	AI 数据服务和智能语音交互
知觉之门	游戏	2016	AI 智能游戏

资料来源：许雪晨、田侃、李文军《新一代人工智能技术：发展演进、产业机遇及前景展望》，《产业经济评论》2023 年 7 月 5 日网络首发。

（三）AIGC 演进路径与关键技术突破

AIGC 的首要影响因素是数据，机器从数据和模式中学习，从而创建新内容。回顾人工智能发展史，AIGC 的发展可以划分为三大阶段：20 世纪 50 年代至 20 世纪 90 年代中期的早期萌芽阶段、20 世纪 90 年代中期至 21 世纪第二个十年中期的沉淀积累阶段和 21 世纪第二个十年中期至今的快速发展阶段。①

1. 早期萌芽阶段

AIGC 的出现可以追溯至图灵时代，当时一批科学家、数学家和哲学家已经产生了人工智能的思想启蒙。1950 年，英国数学家、密码专家和数字计算机的奠基人阿兰·图灵发表了具有里程碑意义的论文《计算机器与智能》，首次提出“机器思维”的概念。在著名的“图灵测试”中，图灵认为如果一台机器在与人类对话时，不被人发现它是机器，它就具有了人的智能。“图灵测试”产生了人工智能最初的概念，而“人工智能”一词的出现是在 1956 年美国达特茅斯学院举办的人类第一次人工智能研讨会上，由马文·明斯基与约翰·麦卡锡正式提出，沿用至今。“人工智能”术语的出

① 《人工智能生成内容（AIGC）白皮书（2022 年）》，中国信息通信研究院，2022 年 9 月 2 日，http：//www. caict. ac. cn/kxyj/qwfb/bps/202209/P020220902534520798735. pdf。

现，标志着人工智能这门新兴学科正式诞生。

1957 年，人类历史上第一首完全由计算机“作曲”的弦乐四重奏音乐作品《伊利亚克组曲》在伊利诺伊大学完成。20 世纪 60 年代，研究人员着手设计计算机程序，模拟人类智能完成语言翻译等任务。1964~1966 年，科学家打造了世界上第一款可人机对话的机器人“ELIZA”（伊莉莎）。ELIZA 被设计为一种模拟与心理医生的对话风格，能够模仿真实会话，用户可以使用打字机输入人类的自然语言，获得机器响应。正如创建者 Joseph Weizenbaum 所说，ELIZA 使“人与计算机之间的对话成为可能”。20 世纪 80 年代中期，IBM 公司创造了一个语音控制打字机“Tangora”（坦戈拉），其能够处理两万个单词。

此后一直到 20 世纪 90 年代中期，人工智能领域巨额的研发投入并没有带来预期的商业利益，相关国家开始减少投入，AIGC 也没有实现重大突破。受限于技术水平，早期的 AI 功能局限性较大，尚不能与人类自然、真实地互动。但这一阶段的图灵测试、“ELIZA”对话机器人、“Tangora”语音控制打字机等，可以视作 AIGC 的雏形。

2. 沉淀积累阶段

数据、算力、算法是智能世界的三大要素。20 世纪 90 年代中期开始，AIGC 走出小范围实验，向实用性、商用性转变。互联网的全球普及带来数据规模的急剧膨胀、算力设备性能大幅提升和深度学习算法取得重大突破，人工智能也取得了显著发展。

典型事件有，2007 年纽约大学人工智能研究员罗斯·古德温（Ross Goodwin）进行了一次横穿美国的公路旅行，并使用人工智能系统记录所见所闻，推出了世界第一部完全由人工智能创作的小说 *1 The Road*，但小说存在拼写错误、逻辑混乱问题，整体可读性不强。2012 年，微软推出基于深度神经网络模型的全自动同声传译系统，能够完成语音识别、机器翻译和他国语音合成，效果流畅。

3. 快速发展阶段

21 世纪第二个十年中期至今，AIGC 迎来新发展，人工智能成为全球竞相争夺的科技制高点。生成式 AI 爆发离不开算法、算力和数据的进步，其中算法最为关键。当前比较流行的生成式算法有五大类模型：自回归模型、生成式对抗模型、变分自编码模型、流模型和扩散模型。①

2014 年，以 GAN（Generative Adversarial Network，生成式对抗网络）为代表的深度学习算法出现，突破了传统机器学习的数据局限，并不断迭代更新，使得机器学习中大规模无监督学习成为可能，为 AIGC 提供了强大的技术支撑，AIGC 内容的效果日渐逼真，推动 AIGC 进入高速发展时期。2017 年，微软旗下互动式人工智能“小冰”推出世界首部完全由人工智能创作的诗集《阳光失了玻璃窗》，内含 139 首现代诗。2018 年，英伟达发布 StyleGAN 模型，该模型可以自动生成图片，截至 2023 年已升级到第四代，其生成的图片极为逼真，人眼难辨真假。2019 年，DeepMind 发布 DVD-GAN 模型，该模型可以生成高度逼真的连续视频。

2021~2022 年，OpenAI 推出 DALL-E 和 DALL-E 2，外界猜测该名字或来源于画家达利（Dalí）和机器人总动员（Wall-E）。在 DALL-E 系统中，用户只需要输入文字信息，将场景描述出来，该系统便能够输出图片以展现用户描述的场景。升级后的 DALL-E 2 系统可以基于对主题、风格和主题意义的理解，生成相应的高质量风格绘画作品并进行二次创作。据 OpenAI 官网信息，截至 2022 年 11 月，已有超过 300 万人使用 DALL-E 2，每天约创建 400 万张图片。

2022 年，游戏设计师 Jason Allen 用 AI 绘图工具 Midjourney 创作了《太空歌剧院》，该作品获得了美国科罗拉多州博览会艺术比赛头奖，随即引发舆论风暴，AIGC 全球热潮由此拉开序幕。

这一阶段，AIGC 的生成能力跨越式发展，文图、音视频、感官信息等多模态转化，生成内容趋向精细化、个性化。

百度创始人李彦宏认为，“未来十年，AIGC 将颠覆现有内容生产模式。

① 陈永伟：《超越 ChatGPT：生成式 AI 的机遇、风险与挑战》，《山东大学学报》（哲学社会科学版）2023 年第 3 期。

可以实现以 1/10 的成本，以百倍千倍的生产速度，去生成 AI 原创内容”。李彦宏判断 AIGC 将走过三个发展阶段：第一个阶段是“助手阶段”，AIGC 用来辅助人类进行内容生产；第二个阶段是“协作阶段”，AIGC 以虚实并存的虚拟人形态出现，形成人机共生的局面；第三个阶段是“原创阶段”，AIGC 将独立完成内容创作。[①] 从感知、理解世界到生成、创造世界，AIGC 正推动人工智能迎来新时代。

二　AIGC 新场景应用与发展

从文本到图像乃至多模态的复杂场景创作，AIGC 技术彰显了生产方式的变革性力量，AIGC 内容生成的智能性和涉及领域的广泛性决定了其极为多元的应用场景。互联网企业积极拥抱 AIGC 产业，相关技术、平台、应用快速涌现，AIGC 行业呈现加速落地的景象。

（一）AIGC 引领数字内容生产新范式

在互联网发展历程中，信息内容生产模式曾先后出现 PGC（专业生产内容）、UGC（用户生产内容）、PUGC（专业用户生产内容）、OGC（职业生产内容）等多种形式，当 AIGC 出现后，作为新的生产力引擎，人类社会随之进入 AIGC 时代。目前，互联网内容生产模式大致可分为三种类型：PGC、UGC 和 AIGC。

在互联网早期，即传统互联网 Web1.0 时代，PGC 是核心内容生产方式，内容生产者多为专业组织或机构，提供的内容专业权威但不够多元。PGC 内容生产模式下，呈现方式以静态的 HTML 网页为主，信息单向传播，用户被动参与，传受双方无法产生直接的反馈和及时互动。

当互联网从 Web1.0 时代进入 Web2.0 时代，网络传播的互动性、个性

① 《李彦宏：未来十年，AIGC 将颠覆内容生产行业》，“环球网科技”百家号，2022 年 7 月 22 日，https://baijiahao.baidu.com/s?id=1738981871483719879&wfr=spider&for=pc。

化凸显，网络内容生成开始转向 UGC 模式且 UGC 模式比重逐步增大。广大网民既是互联网内容的使用者，也是互联网内容的提供者。从博客到微博再到短视频、直播等平台，越来越多的用户参与到内容生产制作中，分享的内容也更加多元化、个性化，继而掀起了网络自媒体的热潮。尽管 UGC 的产出效率、内容多样性和社交属性等都更高，但创作者个人素质水平不一、平台管理能力不足、政策法规监管滞后等多种因素叠加，导致优质的 UGC 内容供给还不充足。

目前，互联网正逐步迈入 Web3.0 时代，相对于 Web2.0 时代，Web3.0 时代更加去中心化和智能化。随着生成式 AI 的出现以及人工智能技术的快速革新，AIGC 将成为一种全新的内容生产模式，引领数字内容生产新范式。

人类信息生产和分发模式正在发生变迁。不管是 PGC 还是 UGC，其内容生产主体都是人，AIGC 的生产主体则是人工智能，其最大的不同是能够利用人工智能技术驱动机器创作内容，具有大模型、多模态、可控制和虚实共生等特征，[①] 不仅产出效率更高、成本更低，内容的创造性、可拓展性也更强。未来，随着 AIGC 应用扩展到每一个普通人，互联网将开启一场全民参与的人机协同创作运动，网络内容加速井喷。

（二）AIGC 应用场景多元化

目前 AIGC 应用场景主要覆盖消费端和生产端，在消费互联网领域已经出现了聊天写作机器人、AI 绘画、数字人等爆款产品，率先对媒体、影视、电商、娱乐社交等数字化程度高、内容需求旺盛的领域产生了强烈影响甚至冲击，同时 AIGC 也在向产业互联网加速渗透。

1. AIGC+媒体：智能转型，重塑生态

在技术驱动传媒行业变革的环境下，由于本身对社会感知度、敏感度较高，媒体往往成为新技术应用的“急先锋”。AIGC 技术应用于新闻内容生

① 李白杨、白云、詹希旎、李纲：《人工智能生成内容（AIGC）的技术特征与形态演进》，《图书情报知识》2023 年第 1 期。

产并不新鲜，如 2018 年新华社打造的“媒体大脑”利用 AIGC 模式在 15 秒的时间内，从 5 亿网页中梳理舆情热词，以 MGC（机器生产内容）方式创作了首条关于两会内容的视频新闻。人工智能技术融入新闻业以来，经历了新闻写作机器人、智能算法推送、元宇宙新闻和 AIGC 新闻四个阶段，①依托 AIGC 打造智能媒体已成为实现智能传播不可或缺的重要因素。

新闻媒体积极“拥抱”AIGC。近年来，国内各家主流媒体不断强化智能技术应用布局，走在人工智能技术应用的前列，积极探索将人工智能运用在信息采集、制作、传输、接收、反馈中，全面提高新闻舆论传播力、引导力、影响力、公信力。比如新华社“快笔小新”、3D 版 AI 主播“新小微”，央视的数字虚拟小编、AI 手语主播、AI 剪辑师，封面新闻的“封面大脑”，《南方都市报》的机器人“小南”，第一财经“DT 稿王”等一系列 AI 应用创新。自百度推出类 ChatGPT 应用“文心一言”后，湖北广电融媒体新闻中心、河南广播电视台、贵州广播电视台等近 200 家媒体宣布接入这一平台，积极“拥抱”AIGC 技术，抢占新赛道，重塑行业生态。

国外媒体方面，BuzzFeed 将 AI 用于个性测验游戏；《纽约时报》使用 ChatGPT 创建情人节消息生成器，为用户自动生成情书；德国出版巨头 Axel Springer 和英国出版商 Reach 发表了 AI 撰写的文章；路透社推出 Reuters News Tracer 工具，帮助新闻工作者监测社交媒体信源并辅助判断信息可信度。2023 年 3 月，全球首个完全由人工智能生成新闻报道的新闻网站 NewsGPT 平台问世，该平台通过收集社交媒体、新闻网站和政府机构等的广泛信息来生成新闻资讯，号称“没有记者，也没有偏见”，每周 7×24 小时为世界各地的读者服务。②

AIGC 重塑新闻产品样态。以 ChatGPT 技术为代表的 AIGC 新闻已经成为行业热点，作为辅助性工具，除了在信息收集、舆情研判、数据分析、个

① 郑满宁：《人工智能技术下的新闻业：嬗变、转向与应对——基于 ChatGPT 带来的新思考》，《中国编辑》2023 年第 4 期。

② 《第一家完全由人工智能生成的新闻网站面世，新闻业的“游戏规则”正被改写?》，腾讯网，2023 年 5 月 6 日，https：//new. qq. com/rain/a/20230506A04CF400。

性化推送等传播环节使用外，AIGC 已经辅助生成大量的文本、图像和视频等多模态内容，重塑媒体内部生产流程和新闻产品样态。AIGC 使得技术应用门槛大幅降低，记者的创作热情被点燃，内容生产效率提升，推动了媒体智能化转型。

以中央和地方主流媒体 2023 年全国两会融媒体报道为例。图像视频创作方面，人民网《绘说两会》将 AI 绘画、手绘创意字与实景视频结合，对《政府工作报告》热点内容进行关键词梳理；央视新闻《开局之年“hui”蓝图》系列微视频，由 AI 主播“央小新”串联场景，向网友讲述两会热门话题；最高检新媒体推出《AI 绘出未来法治中国》，利用 H5 与 AIGC 技术绘制法治中国图景，用户选择关键词即可查看相应绘图；津云新媒体虚拟主播“云小朵”在《云瞰京津冀》节目中向 AI 智能屏“小智”发出以“京津冀大交通的一天”为主题作画的指令，“小智”随即生成 3 张“清晨渤海湾畔”“午后王府井大街”“深夜璀璨星空”图片。声音生成方面，津云新媒体“小智”还以“京津冀交通一体化”为主题，通过“自编自演”的方式，为用户献唱歌曲。同样，在创意短视频《春 AI 大地》中，津云新媒体将 AI 视频制作、AI 编曲、AI 演唱等 AIGC 技术充分融合，呈现了 AIGC 的创作潜力。

AIGC 营造全新传播场景。当各大媒体着力创新技术表达之时，数字虚拟主播与 AIGC 技术融合也成为一大亮点。在 2023 年全国两会期间，封面新闻以 AIGC、大数据、人工智能为支撑，使用 WebGL 3D 技术推出沉浸式交互体验空间“元里”，用户跟随“小封”机器人的视角活动，点击展品即可跳转至两会融媒体产品，沉浸感与互动感十足。最高人民法院联合百度首次运用超写实数字人与 AIGC 技术，打造《最高人民法院工作报告》的智能解读模式，虚拟数字人“林开开”化身新闻主播，流畅地使用自然语言与用户交流，带给用户智能化的视听感知和交互体验。

2. AIGC+影视：优质作品，释放产能

从剧本创作到场景及分镜制作，从数字人虚拟角色到 AI 换脸、AI 换声，从特效处理到预告片剪辑、海报制作，AIGC 赋能影视产业全链条，不断拓展影视创作空间，促进优质作品的产能释放。

提升剧本创作质量。作为影视内容灵魂，剧本创作好坏关乎项目成败，影视行业积极展开探索式实践，寻找 AIGC 与内容创作的结合点。其实际应用场景包括对文学作品、新闻事件、人物事迹进行高效智能检索；利用关键词生成故事梗概；探索情节走向，验证剧本连贯性；诊断剧本问题；在角色、情节、对话和主题等层面提供写作素材、发散创作角度，进行结构化写作、创意写作和对话写作；等等。① AIGC 正辅助去除剧本创作阶段的沉重负担，大大提升了创作效率。比如具备“小说转剧本”智能写作、“剧本智能评估”功能的海马轻帆平台，截至 2021 年，已服务超 500 万部网络小说、8000 部剧本，生成了超 3 万集影视剧。②

赋能内容制作环节。在角色生成方面，AIGC 可以“数字复活”人脸、声音，模拟真人演员风格完成表演。进行虚拟人物、场景三维搭建，根据给定的自然条件和角色，生成匹配的动态效果。自动化剪辑、一键式调色、一键式出图/抠图，降低影视后期重复、烦琐、枯燥的工作程序，提升工作效率。2023 年 1 月，由 Netflix 与小冰公司日本分部、WIT STUDIO 共同创作出品的动画短剧《犬与少年》引起广泛关注，据称是全球首部 AIGC 动画短片，该片采用了人工智能辅助背景进行制作，大大降低了制作成本和时间，提高了作品的视觉质量。迪士尼增强电影质量 AI 工具 FRAN，可以一键生成演员年轻或者衰老时的样貌。火爆出圈的科幻全域 IP《人类发明家：Ashes of Liberty》的创作者 Enki，借助 AIGC 生成工具 Runway 和 Stable Diffusion 仅用 4 个月时间，完成了角色、场景、电影海报、logo 绘制以及 NFT 制作、衍生游戏场景绘制等。

协助优化影片宣发。AIGC 可以自动生成大量的内容推广视频、宣发文案和优质海报，进行内容个性化推广，包括通过对话式 AIGC 应用优化搜索体验，如剧情搜索、剧情问答等。2023 年 3 月，光线传媒为动画电影《去

---

① 《AIGC 赋能 影视行业发展开启新篇章》，“中国财富网”百家号，2023 年 4 月 4 日，https://baijiahao.baidu.com/s?id=1762203125863591328&wfr=spider&for=pc。

② 《剧本写作也能靠人工智能了？海马轻帆上线“小说转剧本”功能》，网易网，2021 年 6 月 25 日，https://www.163.com/dy/article/GDC1I28705118DFD.html。

你的岛》发布首张 AI 制作的海报，制作团队采用 ChatGPT、Midjourney 和 Stable Diffusion 三种 AIGC 产品制作了千张各种风格的海报，最终挑选出具有童话风格、细节质感逼真的版本。华策影视对外表示已经对 AIGC 在影片映后传播方面的作用开展研究，围绕 AIGC 智能化营销，增强与粉丝的互动交流，增强优质内容的口碑传播。

3. AIGC+电商：虚实交融，沉浸体验

AIGC、AR、VR 等新技术的深入融合，正加速电商行业 3D 模型、虚拟主播乃至虚拟货场的构建。“AIGC+选品”“虚拟货场”“智能客服”成为电商行业热词，越来越多的电商平台尝试利用 AIGC 技术，降本增效，实现多感官交互的沉浸式购物体验。

助力智慧高效选品。在竞争激烈的电商市场，选品能力决定平台命运。AIGC 具备强大的数据分析能力，可以对行业情况、消费者画像、用户需求、竞争对手状况等进行分析和挖掘，从而快速、精准地筛选出合适的产品。如跨境电商 ChatGPT 插件 Shulex VOC，该款评论分析工具可以监测商品动态，获取 ChatGPT 对产品的智能分析，包括产品优势和劣势、消费者画像、消费者预期以及对产品描述的优化建议，为科学选品提供依据。

加速虚拟购物到来。随着信息技术发展和消费结构升级，沉浸式购物成为电商发展新趋势，出现了沉浸式直播带货、AR 试穿、3D 逛街、虚拟主播等新业态新模式，阿里的“Buy+”、3D 样板间、元宇宙电商、虚拟街区等均是虚拟购物探索的产品。随着 AI 驱动 3D 模型搭建能力的不断成熟，AIGC 将从二维图像走向三维场景，为虚拟货场构建提供新的技术支持，推动虚拟购物形式的普及，如在 AIGC 3D 生成技术支持下，商家输入文本即可自动生成商品的 3D 模型，极大降低了 3D 建模的门槛和成本，助力虚拟试穿应用大规模商用。2023 年 3 月，英伟达宣布与设计工具 Shutterstock 合作训练“文本生成 3D”模型，缩短从创建到发布具有精美纹理、结构化的 3D 模型的周期。

升级虚拟主播体验。已经广泛应用于电商平台的虚拟主播，现下仍面临内容形式及风格模块化、情绪感染力差、缺乏创造能力等问题。AIGC 技术或

将为之提供解题思路，让虚拟主播变得更加智能、智慧。以京东云“言犀”虚拟主播为例，其拥有 100 多个虚拟形象、媲美真人的声音、持续自行迭代的知识库，电商知识丰富，可在数百个品牌直播间与观众实时交互，回复弹幕，支持7×24小时直播，为用户提供优质、个性化服务，降低运营成本。

创新数字内容营销。AIGC 技术在电商领域的应用已经相对广泛，且日渐成为电商数字营销的重要工具。广大电商平台和商家可利用 AIGC 工具自动生成产品文案、海报、音视频等，提升了内容生产效率和品牌传播效果，如腾讯混元 AI 大模型能够将广告文案自动生成广告视频，大大降低了运营成本。“6·18”购物节期间，京东通过 AI 提示词，以“蛙噻”为核心创意，结合单品特点定制生成近 20 个青蛙形象海报，既保证了海报品质调性又提高了海报制作效率。

4. AIGC+娱乐社交：开放多元，充满活力

技术一直是社交泛娱乐产业的基石，类 ChatGPT 大模型的发展为娱乐社交提供了一系列成熟的 AI 技术支持，使得 AIGC 赋能更多娱乐社交新玩法新体验成为可能。

激发内容创作热情。无论是普通用户，还是专业内容生产人员，AIGC 都可以协助创作者快速处理文图、音视频等创作内容，一方面丰富了用户内容分享的形式，另一方面激发了用户创作和自我表达的欲望。早期的 AI 换脸及近期流行的 AI 歌手、AI 名人等趣味图像/音视频生成等，形成了全新的视听体验，极大地满足了用户的娱乐和猎奇心理，也赋予了每一个普通人 PUGC 的能力，如为辅助音乐人打造更多优质音乐作品，腾讯音乐面向音乐人推出智能化辅助创作工具 TME Studio，该工具具备辅助写词、智能曲谱功能；酷狗音乐推出“音色制作人”，经过 AI 智能化学习后，可生成专属音色音效。

提高虚拟偶像温度。虚拟偶像是二次元文化的延伸，成长轨迹可塑造，人设稳定完美“不翻车”，可以满足粉丝的追星需求。当会说话的虚拟偶像变为会聊天的虚拟偶像，其强大的理解、分析、认知和逻辑推理能力，将使人机交互更自然、更智能、更有温度。2022 年 9 月，百度输入法推出创新功能“AI 侃侃”，内置了两个情感虚拟人：27 岁的知心姐姐叶悠悠和 22 岁

的邻家男孩林开开。如同住在手机里的真朋友，叶悠悠和林开开为用户提供聊天、叫早、哄睡等服务以及全天候在线情感陪伴。

注入社交互动活力。传统娱乐社交应用主要分为聊天类场景、直播类场景和游戏类场景，而近两年来元宇宙社交无疑是最具期待的新兴领域。在虚拟社交空间中，AIGC 可以帮助用户快速生成专属虚拟人物形象，搭建自定义虚拟场景，展现独特风格和个性，满足多样化的社交和创造力表达需求。

5. AIGC+其他：提升效率，创造价值

教育、金融、医疗、工业等行业也都在探索 AIGC 应用，AIGC 成为新型生产工具，赋予各行各业新面貌，对提高生产力发挥了重要作用。在工业设计中，引入生成式 AI 可大幅缩短设计时间，有效减少设计过程中可能产生的浪费；在药物研发中，AIGC 可以迅速识别化学物的分子构造，还可以对既有的化学物结构进行重构和修改来实现新药的迅速研发；在材料科学领域，研究人员重新构建“结构-性质”关系，实现对材料的反演设计。[①] 在制造业中，通过机器视觉技术实现生产过程的实时监测和调整；在金融业中，AIGC 技术帮助客户服务和风险管理自动化、智能化；在医疗业中，AIGC 可改善医学图像质量、录入电子病历等以辅助诊断；在教育中，多模态教学内容生成、虚拟教师、生成式学习等为其带来转型机遇与挑战。

（三）AIGC 产业迎来发展良机

习近平总书记在中共中央政治局第九次集体学习时强调，人工智能是新一轮科技革命和产业变革的重要驱动力量，加快发展新一代人工智能是事关我国能否抓住新一轮科技革命和产业变革机遇的战略问题。[②] 2019 年 5 月，习近平致信祝贺第三届世界智能大会开幕强调，要推动新一代人工智能健康发展，更好造福世界各国人民。“中国高度重视创新发展，把新一代人工智

① 陈永伟：《超越 ChatGPT：生成式 AI 的机遇、风险与挑战》，《山东大学学报》（哲学社会科学版）2023 年第 3 期。

② 《习近平主持中共中央政治局第九次集体学习并讲话》，中央人民政府网，2018 年 10 月 31 日，https：//www. gov. cn/xinwen/2018-10/31/content_5336251. htm。

能作为推动科技跨越发展、产业优化升级、生产力整体跃升的驱动力量，努力实现高质量发展”。

ChatGPT 开启了人工智能新纪元，打开了 AI 产业的想象力和新空间。从谈论 AIGC，到“拥抱” AIGC，AI 商用价值从传统的企业端、政府端延伸至广大消费者端。技术创新突破为 AIGC 大爆发奠定基础，产业生态快速发展则为 AIGC 兴盛提供牢固支撑。在深度学习算法不断突破和算力不断提高的背景下，人工智能生成内容技术迎来加速发展，正在催生全新产业体系。当下 AIGC 正处于发展初期，市场前景广阔，潜力巨大。

据量子位智库《2023 中国 AIGC 产业全景报告》，至 2030 年我国 AIGC 产业共分三个阶段：培育摸索期（2023～2025 年）、应用蓬勃期（2025～2027 年）和整体加速期（2028 年后）。该报告测算，我国 2023 年 AIGC 市场规模预计可达 170 亿元人民币；2025 年和 2027 年为两次规模爆发点，其中 2025 年市场规模约 260 亿元人民币，2027 年产业规模超 600 亿元人民币；2030 年我国 AIGC 市场规模将超万亿级别。

iiMedia Research（艾媒咨询）同样看好 AIGC 的发展前景，其发布的《2023 年中国 AIGC 行业发展研究报告》显示，2020 年中国人工智能核心产业规模已达 1500 亿元，预计 2025 年将达到 4000 亿元。艾媒咨询预测 2023 年中国 AIGC 行业核心市场规模为 79. 3 亿元，2028 年将达 2767. 4 亿元。

三　AIGC 监管与创新的平衡

ChatGPT 是人工智能发展史上的里程碑式产品，尽管还不能归入“强人工智能”，但它可能助推人工智能跨过“弱人工智能”进入“强人工智能”阶段。科学技术的每一次重大突破，都会引起对技术未来走向和人类命运的广泛讨论。面对 AI 技术迅猛发展，是“叫停 AI”按下暂停键，还是继续一路“狂飙”创造技术神话，如何寻求灵活性与监管确定性之间的平衡以及 AI 监管与创新发展的讨论正在全球范围内升温。

（一）“强”人工智能引发新风险

担心“开发和部署更强大数字思维的竞赛失控”，人工智能领域顶尖专家、图灵奖得主约书亚·本吉奥等千名科技界人员联署发表“暂停巨型 AI 实验”公开信，呼吁所有 AI 实验室立即暂停训练比 GPT-4 更强大的 AI 系统至少 6 个月。随后，又有“ChatGPT 之父”、OpenAI 公司的首席执行官山姆·阿尔特曼和谷歌旗下 DeepMind 的首席执行官杰米斯·哈萨比斯等超过 350 名 AI 业界人士发出联合警告，称 AI 可能给人类带来“灭绝风险”。意大利个人数据保护局更是以涉嫌违反数据收集规则为由，宣布暂停使用 ChatGPT，该决定使意大利成为首个明确禁用 ChatGPT 的国家，在 OpenAI 公司按照要求整改后此禁令才取消。

ChatGPT 推向社会时，OpenAI 公司也在首页警告用户它“可能偶尔会产生不正确的信息”“可能偶尔会产生有害指令或有偏见的内容”“对 2021 年后的世界和事件的了解有限”。

面对 AIGC 等新兴人工智能技术的发展，虽然无法预测其带来的全部风险与挑战，但是版权保护、数据安全和隐私、公正性、虚假信息、道德和伦理等问题已开始集中显现。

1. 版权保护问题

AIGC 是对人类过往作品的融合与再造，挑战了人类社会原有的知识产权概念。随着生成式 AI 商业化速度加快，AIGC 知识产权尤其是版权侵权问题越发受到关注。语言学家乔姆斯基将 ChatGPT 强行“转化”他人成果的行为视为“高科技剽窃”。[①] 多国教育系统不同程度地“封杀”ChatGPT。知名学术期刊《自然》允许在论文中使用大型语言模型生成的文本，但不能将其列为论文合著者。《科学》既禁止将 ChatGPT 列为合著者，也不允许使用 ChatGPT 生成的文本。

我国著作权法规定，著作权人包括作者和其他依照著作权法享有著作权

① 唐林垚：《具身伦理下 ChatGPT 的法律规制及中国路径》，《东方法学》2023 年第 3 期。

的自然人、法人或者非法人组织，著作权作品是具有独创性并能以一定形式表现的智力成果。生成式人工智能可否被视为作者、生成的内容是否属于智力成果、能否受著作权保护、是否应该允许使用第三方原创内容来生成内容、若涉及多个环节 AI 生成作品的最终归属者是谁等诸多问题，学界和业界还存在很大的争议，尚无定论。

2023 年 3 月 16 日，美国版权局发布了关于人工智能有关的版权认定和登记指引政策声明，认定仅由人工智能生成的作品，因没有人类行为者的任何贡献不受版权保护，而包含人工智能生成内容的作品将根据情况给予登记。① 当然，这一规定并不意味着技术工具不能成为创作过程的一部分。值得一提的是，在我国也有相关司法判例争议。2019 年“北京菲林律所诉百度网讯案”被称为我国首例 AIGC 著作权案，北京互联网法院判定计算机软件智能生成内容不构成作品。而在 2020 年第二起国内 AIGC 著作权侵权案中，深圳市南山区人民法院判决被告盈讯科技对原告腾讯 Dreamwriter 软件自动撰写的文章构成侵权。

面对 AIGC 版权纷争，人工智能公司讳莫如深，内容创作者们也越发警惕，不断发起抗争。全球知名艺术网站 Artstation 曾发起过声势浩大的反 AI 运动。美国普利策奖获奖小说家詹妮弗·伊根等 8500 名作家联名要求 OpenAI、微软、Meta、Alphabet 等人工智能公司赔偿版权损失。好莱坞编剧和演员等 17 万人也因对 AI 创作不满集体罢工，这也是自 2007 年以来美国娱乐业首次出现的大规模罢工。

AIGC 技术及其应用无疑将引导内容生产走向更深刻的变革，其衍生出的版权风险和争议不容忽视，仍待深入探讨。

2. 数据安全和隐私问题

AIGC 依赖的模型训练语料库大多是开放、共享和免费的，因此在数据来源层面可能存在虚假信息、隐私泄露、舆论操纵等问题，导致人工智能生

① 《ChatGPT 生成的内容，是否享有版权?》，腾讯研究院，2023 年 4 月 20 日，https://www.tisi.org/25488。

成内容存在诸多内容安全和隐私问题，特别是高质量中文数据资源共享不足，已成为“中国版 ChatGPT”的痛点。“特朗普被捕”、教皇穿着时尚白色大号羽绒服、美国前总统奥巴马与德国前总理默克尔在海边一起吃冰激凌、马斯克与通用汽车 CEO 约会牵手等 AI 图片以及 ChatGPT 生成的“杭州 3 月 1 日取消限行”等假新闻在社交媒体上广泛传播，进一步加深了人们对深度造假的忧虑。

AIGC 面临的内容安全风险主要涉及色情暴力类违规内容、虚假信息、隐私侵犯、版权侵权等四类。由于 AIGC 生成效率极高，用户数量庞大，违规内容形态类型复杂多样，生成内容专业度较高，这对机器审核、人工审核工作提出了更高要求。[①]

加强 AIGC 内容安全防范，需要着力提高数据训练、数据生成、数据传输和数据使用等过程中的风险防范意识。对此，OpenAI 公司向报告其人工智能系统漏洞的用户提供高达 2 万美元的奖励。阿里巴巴达摩院开源新型联邦学习框架 FederatedScope，入局隐私保护计算。抖音发出国内首个针对人工智能生成内容的平台规范以及《抖音关于人工智能生成内容标识的水印与元数据规范》，对创作者、主播、用户、商家、广告主等平台生态参与者如何使用 AI 创作进行规范。

3. 道德和伦理问题

AIGC 模型建构和语义训练被“投喂”的数据，除了涉及内容安全之外，还普遍存在歧视、仇恨和偏见等问题，这带来了新的伦理风险与挑战。人工智能系统还无法像人类一样根据语境进行抽象的理解思考，容易“沿袭”人类社会的伦理偏见，反馈内容具有攻击性和偏见，影响新闻客观性和公正性，进一步放大分歧，甚至危害社会稳定。此外，算法具有专业性、抽象性和不可见性，算法“黑箱”问题也引起广泛担忧，算法歧视、算法偏见和算法侵权频繁发生，广大用户沦为算法“囚徒”。

---

① 《AIGC 内容安全之困：审核量大难度高，还面临“套话”陷阱》，南方都市报 App · 隐私护卫队课题组，2023 年 6 月 30 日，http://m.mp.oeeee.com/a/BAAFRD000020230630814471.html。

清华大学 AI 模型性别歧视水平评估项目发现，所有受测 AI 对于医生、教授等职业的性别预判全部倾向为男性。① OpenAI 公司的 DALL-E 2 公平性测试也显示其性别偏见和种族歧视明显，输入“律师”“CEO”关键词时生成的图像几乎都是白人男性。②

尽管人工智能公司已经意识到上述弊端，并试图通过内控机制进行把控，如 OpenAI 公司为 ChatGPT 设置多重道德底线防止生成冒犯性回答、内置专门的内容审核系统确保回答符合人类价值观、尝试让 GPT-4 去解释 GPT-2 等，探索技术治理技术。但受现实因素限制，目前还未能实现对 AIGC 模式的全方位干预和有效过滤。

（二）生成式 AI 治理的全球探索

面对生成式 AI 技术迅猛发展可能蕴含的风险以及对现有监管体系的巨大冲击，各国纷纷开始讨论相关治理方案，为 AI 发展划定界限，AI 监管风暴开启在即。欧盟、美国、中国是全球 AI 发展的主要驱动力，由于监管理念不完全相同，三者在 AI 立法路径方面差异明显。

1. 欧盟“强监管”模式

2020 年，欧盟委员会发布《人工智能白皮书》，将“促进人工智能的发展和解决与此技术相关的风险”作为实现卓越、可信任人工智能生态系统的双重目标，并把“制定人工智能的综合性法律”作为欧盟人工智能治理的关键环节之一。紧接着，2021 年 4 月欧盟委员会发起《人工智能法案》提案，并在 2022 年 ChatGPT 出现后紧急添加“补丁”，加快了立法的步伐。2023 年 6 月，欧洲议会高票通过了《人工智能法案》谈判授权草案。

“风险分级”是欧盟治理 AI 的核心理念，《人工智能法案》谈判授权草案的一个突出特点便是将人工智能风险分级，分别为不可接受的风险、高风

① 《ChatGPT 爆火背后，学会性别歧视的 AI》，澎湃新闻，2023 年 2 月 14 日，https：//www. thepaper. cn/newsDetail_forward_21906807。

② 《腾讯发布 AIGC 发展趋势报告：迎接人工智能的下一个时代丨附报告下载》，腾讯研究院公众号，2023 年 1 月 31 日，https：//mp. weixin. qq. com/s/9AjTpyL4HmQ6BDhWIDbD0A。

险、有限的风险和极小的风险四种，并对应不同的监管要求。《人工智能法案》谈判授权草案提出严格禁止“对人类安全造成不可接受风险的人工智能系统”，包括有目的地操纵技术、利用人性弱点或根据行为、社会地位和个人特征等进行评价的系统等。[①] 如果违反规定，最高可被处以 4000 万欧元或侵权公司上一年度全球年营业额 7%的罚款。对于可能带来的过度监管，OpenAI 公司首席执行官山姆·阿尔特曼曾表示或将带领团队撤离欧洲市场。不过该法案也主张为中小企业和初创企业提供免费“监管沙盒”，对投入使用前的创新性人工智能系统开展合规性测试等，试图在强监管和创新之间寻求平衡。[②]

该法案获得批准后，将成为世界首部监管人工智能的综合性立法，或将影响仍处观望状态的国家加速立法。欧盟试图建立起统一的人工智能法律监管框架，这成为人工智能发展进程中的标志性事例。

2. 美国“弱监管”模式

以引领全球科技创新为目标，美国并未像欧盟那样，对 AI 技术采取严格监管措施，其 AI 治理理念以利用和创新为主导，依靠业界“自律”，更加偏重支持人工智能发展。相比于避免滥用人工智能技术侵害个体权利，美国更侧重于商业发展，将产业发展作为监管重心，确保在全球 AI 技术领域保持领先地位。据此，美国的人工智能治理路径主要有两条：一是全政府参与，充分发挥州和地方的作用；二是设立专门的人工智能政府机构规范运营主体。[③]

2020 年 1 月，美国联邦政府发布《人工智能应用监管指南》，首次涉足人工智能监管领域。2021 年 1 月，美国出台《2020 年国家人工智能倡议法案》。2022 年 10 月，《人工智能权利法案蓝图》发布，制定了安全有效的系统、防止算法歧视、保护数据隐私、通知及说明、人类参与决策制定等五项

---

① 《欧洲迈出人工智能立法第一步，违者最高被处 4000 万欧元罚款》，“海外网”百家号，2023 年 5 月 15 日，https：//baijiahao. baidu. com/s？id = 1765912450037083175&wfr = spider&for = pc。

② 《人工智能监管难题：如何“用魔法打败魔法”》，中国新闻周刊公众号，2023 年 7 月 2 日，https：//www. cqcb. com/shuzijingji/2023-07-02/5306316. html。

③ 《中国、欧盟、美国的人工智能治理实践》，“全球技术地图”百家号，2023 年 6 月 30 日，https：//baijiahao. baidu. com/s？id = 1770121779558511328&wfr = spider&for = pc。

基本原则，成为美国人工智能治理政策里程碑。2023 年 3 月，人工智能委员会发布《人工智能委员会报告》，进一步提出人工智能监管治理框架，以解决关键风险与威胁，挖掘人工智能的巨大潜在利益。2023 年 5 月，美国白宫宣布首个 AI 监管计划，计划拨款 1.4 亿美元用于启动新的人工智能研究中心，同时承诺发布美国政府使用人工智能系统的政策指导草案，以确保对人工智能的使用，保障“美国人民的权利和安全”。

不过，美国尚未出台联邦层面、综合性的 AI 监管法律，部分州和监管机构局部推进 AI 治理，人工智能监管方式相对分散。比如马里兰州等多州已颁布使用人工智能的立法法案；美国联邦贸易委员会（FTC）对 OpenAI 公司展开消费者侵权调查；美国国家标准与技术研究院（NIST）发布非强制性指导文件《人工智能风险管理框架》，指导组织机构降低安全风险，提高人工智能可信度。

可以看出，虽然美国对人工智能发展尚处在弱监管状态，但已开启加速推进模式。美国还不断加强人工智能治理国际合作，意欲强势争夺人工智能领域治理主导权。

3. 中国“平衡监管”模式

征求意见 93 天后，2023 年 7 月国家网信办等七部门联合发布《生成式人工智能服务管理暂行办法》（以下简称《办法》），我国生成式 AI 产业正式迎来首份监管文件，也是全球第一部 AIGC 管理办法。《办法》自 2023 年 8 月 15 日起施行，其中第三条明确了“发展和安全并重、促进创新和依法治理相结合”的治理原则，将“发展”置于“安全”之前、“促进创新”置于“依法治理”之前，并强调包容审慎和分类分级的监管特点。可以看出，我国在人工智能监管方面，既支持鼓励技术发展也对其合理规范。

事实上，我国尚未建立起专门针对人工智能技术的法律框架，但对于人工智能的立法早已起步。近年来《网络信息内容生态治理规定》《关于加强互联网信息服务算法综合治理的指导意见》《互联网信息服务算法推荐管理规定》《互联网信息服务深度合成管理规定》等规范性文件相继出台，聚焦信息安全，分别从不同领域推动人工智能规范式发展。科技部也发布了

《科技伦理审查办法（试行）（征求意见稿）》，面向社会公开征求意见。

根据2017年国务院发布的《新一代人工智能发展规划》，到2025年我国将初步建立人工智能法律法规、伦理规范和政策体系，形成人工智能安全评估和管控能力。目前，《人工智能法（草案）》已被列入国务院2023年立法工作计划。在人工智能的整体法律建设方面，中国还需要借鉴一些国家的先进做法。

值得注意的是，2023年6月20日，首批《境内深度合成服务算法备案清单》出炉，百度PLATO大模型算法、腾讯云人脸融合算法、剪映特效算法、达摩院图像合成算法等41个算法榜上有名，标志着生成式AI应用落地的配套监管已经开启。

一项新兴技术过早实施控制就很难发展，控制过晚则可能走向失控，回顾我国互联网产业发展历程与监管经验，在新技术、新事物、新业态发展初期，包容审慎的监管理念极大地推动了互联网行业飞速发展，避免了“科林格里奇困境”。生成式AI的难题并不在于要不要监管，而在于如何让人工智能在有效监管下仍具备创新活力。重视通用人工智能发展，营造创新生态，重视防范风险，是我国人工智能健康发展的内在需求。

四　未来媒体发展的六维模型

将至已至、未来已来。作为技术先驱，AIGC正在世界范围内悄然引导着一场深刻的变革，在催生未来数字内容创作与交互新范式的同时，也带来了“技术狂欢”与“技术焦虑”两种截然相反的态度。想象力即生产力，AIGC未来的边界在哪里，AIGC焦虑的终点又在哪里。

在众多前沿技术共同延伸交汇的当下，未来媒体将以数智化趋势为核心引擎，在时间、空间、人、物、技术、情感六个维度，以快速化（Fast）、城市化（Urban）、社群化（Tribal）、普遍化（Universal）、极致化（Radical）、伦理化（Ethical）为六大驱动力量，构筑未来发展的六维模型（FUTURE），实现颠覆式创新与数智化变革。

（一）快速化（Fast）——时间维度

从 18 世纪 60 年代至今，人类文明史经历了三次工业革命，从机械化时代到电气化时代，再到信息化时代。当下全球正在发生第四次工业革命，即人工智能革命。新一代核心技术人工智能进入蓬勃发展期，将成为新一轮产业变革的制高点。回溯工业革命历史不难发现，科技革命和产业变革的时间间隔大幅减少，对人类生产生活的波及速度大大加快，犹如一本刚印好的日历，还没等翻开就已经跨年。[①]

互联网、人工智能正在重新定义时间。一是技术的“摩尔定律”不断发展。从 1950 年图灵测试提出到 2022 年 ChatGPT 问世，72 年的时间里，人工智能演进出深度学习、增强学习、模式识别、数据搜索、机器视觉、知识工程、自然语言理解、类脑交互决策八大关键技术，[②] 实现了从设想到民用，从感知理解到智慧创造的跃迁。OpenAI 公司首席执行官山姆·阿尔特曼曾在社交媒体称“一个全新的摩尔定律可能很快就会出现，即宇宙中的智能数量每 18 个月翻一番”。尽管表意存在模糊之处，但是 AI 大模型带动算力需求的增长速度着实让人惊讶。2010 年前的前深度学习时代，AI 训练计算量每 20 个月翻一番；2010~2015 年的深度学习时代，AI 训练计算量每 6 个月翻一番；2016 年至今的大规模时代，AI 训练计算量扩张到 100~1000 倍，然后每 10 个月翻一番。[③] 人工智能将迎来新的爆发式发展和颠覆式进步，未来媒体也将迎来更快速的变革。二是人们正变得越来越没有耐心。比如在人机交互时，绝大多数人讨厌按太多的步骤，多按一步就可能导致 50%的用户退出，每一秒钟都“极其宝贵”。再如网络信号，稍微卡顿、慢

① 彭增军：《新闻的未来：媒介化社会的“公事公办”》，《新闻记者》2022 年第 10 期。

② 《黄奇帆：人工智能，赋能智慧城市的主战场》，瞭望公众号，2023 年 6 月 19 日，https：//mp. weixin. qq. com/s/tKph8jpGgBJy61aoIe6_ Iw? from = singlemessage&scene = 1&subscene = 10000&sessionid = 1689941331&clicktime = 1690040999&enterid = 1690040999&ascene = 1&realreporttime = 1690040999230&forceh5 = 1。

③ 《ChatGPT 之父提出新摩尔定律：宇宙智能数量每 18 个月翻一番》，澎湃新闻，2023 年 2 月 27 日，https：//www. thepaper. cn/newsDetail_ forward_ 22094552。

速，人们就会后退、快进甚至退出，而这个忍耐的时间也正在逐年缩短。类似的客服热线、网络客服也是如此。时间，正在让人们不断反思用户体验、业务流程和业务关系等。多点击一步，就可能会失去“销售”机会、失去用户。以“快速”为追求的业务不知不觉赢得了更大竞争力。可快速浏览有可能赢得眼球、赢得流量，但往往会失去深度、失去本意。因此，一些“慢直播”“慢综艺”“慢生活”的探索正在开始。三是未来媒体的“快速”主要包括三个层面：一为快速迭代；二为微创新，即小处着眼，单点突破；三为主动跨界。

（二）城市化（Urban）——空间维度

德国媒介理论家基特勒认为，城市是一种媒介，是由河流、水道和新闻渠道共构的网络。城市不仅是全球主要人口的承载体，也是全球网络社会的节点，通过集中物质力量和文化力量，加快了人类交往的速度。随着世界城市化和数智化浪潮叠加，未来媒体将和城市深度融合，趋向一体化。

一是城市化的快速发展将会重新定义我们的社会。比如，垂直城市的出现，香港、上海等城市已经出现了垂直的多层基础设施。再如，城市也会打造自身的品牌标签，像世界时尚之都、世界音乐之都、全球创新城市、全球金融中心等。还如，超大城市、超大区域将会越来越多，并逐渐出现多个市中心，城市交通、汽车共享、无人驾驶等都会随之快速发展，一些巨大的机遇也会产生。这些都将对我们的社会产生深刻影响，也将对未来媒体产生深刻影响。因为城市不仅是未来媒体的消费者，而且其本身就是未来媒体。

二是在城市数字化转型过程中，建设新型智慧城市成为发展数字经济、提升城市可持续发展能力的必由之路和战略选择。在媒体深度融合加速背景下，未来媒体不断深入数字中国建设的顶层设计，参与“城市大脑”建设，凭借信息内容与技术传播优势，打造从城市媒体向城市平台跃迁的全效媒体。随着各类智慧产品和终端嵌入城市空间，可交互智能应用充斥在城市各个角落，未来媒体的社会价值将不断释放，渗透到生活的方方面面，成为重要的城市基础设施。

三是基于城市的地理社交媒体将获得快速发展。一者，基于城市地理位置的相关信息和生活服务将会日益发展；二者，基于城市地理位置的社交网络平台将会帮助用户更好更快融入志趣相投的社群关系中；三者，基于地理社交的新闻传播将会更加个性化、虚拟化和精准化。

（三）社群化（Tribal）——人的维度

社群是具有共同社交属性的群体集合，自互联网产生以来，虚拟化社群迅速发展，已经成为当今世界强大的力量。大多数人是社群化的人，邻居是一个社群（如小区业主群）、球迷是一个社群、校友是一个社群……人类身边的社群数不胜数，而且人类每天还在创造新的社群。

多元化和细分化的用户群体与用户需求，使得社群圈层化特征日益凸显。随着传播去中心化，不同的媒体产品会吸引不同类型的人群，同时形塑用户的理念与行为，人群自然分化，群体差异显著。建立在大数据基础上的算法推荐，一方面让信息接收更智能化；另一方面也让人陷入“信息茧房”，强化了固有偏好。

和根据用户画像，向用户提供内容的传统算法推荐不同，用户对ChatGPT 类产品的使用是在自我寻求信息或解决方案的情况下与机器互动的“主动检索+生成”行为。AIGC 模式下，未来媒体提供的内容产品将成为“用户想要的”“用户认可的”，而不是“让我看的”“我质疑的”。[①] 这将导致用户极有可能陷入 AIGC 编织的“信息茧房”，在人工智能系统“输入—输出—训练—输出”的过程中，强化个体或群体的观点，固化已有的态度或倾向。未来媒体网络社群将越发呈现圈内同质、圈际异质的特点，甚至形成跨国化社群圈层新动向。

（四）普遍化（Universal）——物的维度

普遍化正好是社群化的对立面，且两者此消彼长，互为因果。面向虚实

① 曾晓：《ChatGPT 新思考：AIGC 模式下新闻内容生产的机遇、挑战及规制策略》，《出版广角》2023 年第 7 期。

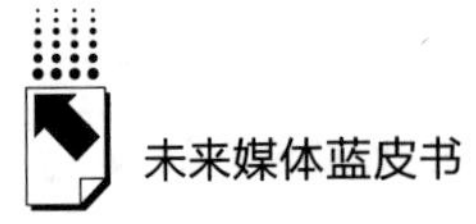

混融的未来社会，未来媒体的驱动力量由用户数量增长向用户价值转变，不仅智能交互终端泛在化，新闻生产也转向全链条内容生态，人机合一的新型关系将成为普遍形态。

一是智能媒体普遍化。实时在网、移动互联，从新兴概念到热门话题，从理论图景到社会现实，信息的外延不断拓展，人们随时随地借助媒体节点互联互通，“万物皆媒”正不断走进普通人的生活。特别是 ChatGPT 类应用扩散到每一个普通人，AIGC 技术带来走向通用人工智能的曙光，“物联”向“数联”“智联”跃迁，“传媒”向“智媒”全面升级，智能经济将催生出更多新产品、新业态和新模式。

二是内容服务泛在化。在媒体融合进程中，未来媒体新闻生态持续改变，从全媒体到平台化跨越式发展，主流媒体积极拥抱变革，破界出圈。一方面突破新闻资讯单一维度，将生活服务、健康知识、娱乐视频、工作社交等纳入内容生态系统；另一方面打造科技化、数字化、智能化的内容消费完美体验，成为全链条的内容生态服务者。[①]

三是人机融合共生化。尽管人工智能的普及程度还远不及互联网，但人工智能技术革命的浪潮已经呼啸而来，“万物皆媒”正在构建新的人机关系。从 AIGC 信息生产模式看，人机协同创作，机器与人类智慧形成互补，人机合一的趋势正在形成。未来，智能媒体将成为触手可及，人人可得、人人可用、人人适用的基础资源。

（五）极致化（Radical）——技术维度

媒体行业的每一次变革都离不开新技术的推动，技术发展日新月异，与未来媒体的结合日益密切。物理世界的人、事、物等要素全部数字化，虚拟世界与现实社会的边界不断消融，媒体信息升维到“三维空间”甚至“多维空间”，人类“数智化生存”之境不断深入。

---

① 冷莹莹、林小勇：《中国未来媒体发展报告（2022）》，载林小勇主编《中国未来媒体研究报告（2022）》，社会科学文献出版社，2022。

大道至简，唯有聚焦专注才有可能集中优势力量突破，才能做到极致，才有可能在汪洋般的未来媒体中生存下去。爆发式增长的技术革新在为未来媒体持续赋能，不断增强其感知世界、链接世界能力的同时，也为人类带来极致化的媒介体验，感知、学习、交流与互动无处不在，内容创意源源不断释放，如 8K 超高清技术为人类提供更优质的视觉观看体验；AR/VR/MR 技术将“临场”转为“实时在场”，带来全景式、沉浸式的互动体验。AIGC 辅助人类创作，释放无限创意，为内容生成领域注入源源不断的活力与创造力。同时，在界面交互设计中还要力求简洁简约。所谓简洁简约，就意味着人性化，互联网用户既是最聪明的也最懒的，多一个步骤的操作也许就意味着用户的流失。当然，功能体验只是基础，真正打动用户的是情感体验。①

（六）伦理化（Ethical）——情感维度

每一种发展趋势都存在对应的伦理维度。伦理通常事关“我们”（而不是“我”）的未来，事关最大多数人的最大利益。而我们知道，世界各国的政治制度、历史传统、风土人情等各不相同，如何制定适用于全球的未来媒体伦理准则无疑是极具挑战的问题。

人工智能等新兴科技给人类社会带来新兴图景，其不确定性也带来诸多挑战，引发广泛的伦理关切。埃隆·马斯克警告人工智能是人类生存面临的最大威胁；斯蒂芬·霍金公开表明，人工智能可能毁灭人类；比尔·盖茨也提醒人们要小心人工智能。

英国工业革命时期，工人认为是先进的机器生产导致失业，但试图捣毁机器的运动并未阻挡技术进步的步伐。同样，AI 赋能也是不可逆转的潮流。机器将成为和人一样的交流主体，人类是被智能机器奴役还是人机和谐共生的新型人机伦理关系成为未来媒体必须妥善处理的基本问题。

20 世纪 50 年代，科幻作家阿西莫夫给机器人设定了三个伦理规则，即

① 林小勇：《城市台网络新媒体的发展历程与探索》，《中国广播电视学刊》2014 年第 9 期。

不得伤害人和见人受到伤害不作为、服从人的指令以及自我保存，不过这种以人为中心的规范显然是无效的。微软 Bing 搜索引擎的测试发现，很多人关心的不是 AI 收集信息和事实的能力，而是聊天机器人的人格，即机器人传达的情感。[①] AIGC 是人类社会的镜鉴，智能生成内容带来的风险暴露了人类自身的缺陷和原有的不平等。

学会与 AI 合作，人机共生，将是今后每个人必备的能力。把科技进步纳入人本的轨道，秉持科技向善的理念，构建数字命运共同体，是未来媒体应遵循的基本价值观和伦理底线。

① 江潞潞:《智能交往，未来已来——“激荡 AIGC”数字交往八人谈观点综述》,《传媒观察》2023 年第 3 期。

产业生态

Industrial Ecology

B.2

AIGC时代的媒体重塑：赋能、挑战与变革（2023）*

蓝燕玲**

摘　要： 在这个充满变革的时代，我们见证了人工智能的快速发展，大数据、云计算、AI技术以前所未有的速度和广度改变着我们的世界。2022~2023年，以ChatGPT为代表的人工智能生成内容工具问世，新生成内容工具与媒体行业应用场景迅速结合，成为驱动传媒结构性变革的重要力量。本报告通过梳理AIGC在媒体各层面的应用与实践，分析了其对媒体运行范式、媒体内容生成、传播分发机制的赋能与影响。同时，基于大语言模型自身的局限性，本报告也讨论了AIGC对新闻专业性和媒体人角色定位所提出的挑战——“以数据为中心”的逻辑是否还能保证新闻资讯

* 本报告系福建省教育厅2021年度中青年教师教育科研项目“基于OBE理念的新媒体专业人才培养模式创新研究”的阶段性研究成果。

** 蓝燕玲，传播学博士，厦门理工学院影视与传播学院副教授，硕士研究生导师，主要研究方向为传媒市场调研、新媒体数据分析与应用。

的真实性与公平性？“以智能机器为主导”的实践是否还能体现媒体人应有的职责与定位？当机器成为传播的共同主体时，传媒业不仅要思考人机共存的平衡，还要考虑如何使用好机器的价值观与方法论。

关键词： 人工智能　生成内容工具　媒体　AIGC

随着大数据、云计算、AI 技术的发展，以 ChatGPT 为代表的人工智能生成内容工具迅速融入内容产业，一个全民内容生产力爆发的时代一触即发。以信息采集、加工与传播为核心职能的传媒机构中，无论你是一个基层的媒体从业人员，还是一位负责决策的管理者，把握好对 AIGC 的认知、对趋势的判断、对技术的应用，都是通向媒体未来必备的一张入场券。

一　AIGC 的发展进程、技术内核与社会影响

（一）AIGC 的发展态势

当前 AIGC 中最具代表性的应用便是 OpenAI 所开发的 ChatGPT，一经发布，便以互联网应用中最快的破亿纪录在全世界范围内成为现象级的“爆款”。ChatGPT 能够通过学习和理解人类的语言来与用户交流互动，不仅为用户提供资料分析、文本输出、多语言翻译，还能在用户指令下完成邮件撰写、方案策划、代码编写等任务。ChatGPT 在“高质量对话、复杂推理、思维链（CoT）、零/少样本学习（语境学习）、跨任务泛化、代码理解/生成等”方面比以往类似工具表现出更好的能力。[①] 2023 年 3 月 15 日，OpenAI

① Zhou, J., Ke, P., Qiu, X., et al., “ChatGPT: Potential, Prospects, and Limitations,” *Frontiers of Information Technology & Electronic Engineering*, 2023: 1-6, https://link.springer.com/article/10.1631/FITEE.2300089.

又推出了更智能的大型多模态模型 GPT-4，其不仅能够阅读文字，还能识别图像并生成文本结果。

AIGC 既包括 GPT 这类具有较强语言理解和输出能力的智能文本生成工具，也包括 Dall-E 2、Midjourney、Stable Difussion 这类可根据书面文字生成图像的智能图像生成器。除此之外，在代码、视听、社交等领域也都涌现出相应的智能生成工具。

在文本领域，ChatGPT 所依赖的大语言模型（Large Language Model，LLM）的能力已无比强大，阅读、创作、收集、分析、梳理、总结、翻译、编码都不在话下。通过以特定的形式封装 LLM，它能够对复杂任务进行拆解，通过自我学习，利用其他工具（插件和 API）实现以往只有人类才能完成的任务。除 ChatGPT 外，还有一些类似的人工智能工具，Claude 是 Anthropic 公司推出的聊天机器人，擅长创意写作和提供详细的回复。相比 ChatGPT，Anthropic 在其网站上更强调 Claude 能构建“可靠、可解释和可操纵的人工智能系统”。2023 年 3 月 16 日，百度推出“文心一言”，这是对标 ChatGPT 的中国版，百度创始人李彦宏介绍“文心一言”，提出其具有五大功能：文学创作、商业文案创作、数理逻辑推算、中文理解、多模态生成。

在图像领域，以 Midjourney、Stable Difussion 和 DALL-E 2 为代表的 AI 图像生成工具，改变了我们对图像创作的理解。用户可以仅凭语言——简单输入一些关于所需场景的文字描述或者是关键词，就可以让以上工具系统自动输出相关场景图片，并允许用户进一步根据需要不断进行修改与完善。

在音频领域，以 Amper Music 为代表的 AI 音乐生成技术，可以根据用户的需求生成符合特定氛围的音乐，让音乐变成了彻底的个性化内容。在视频领域，在微软推出的云服务 Speech Studio 上，仅需上传 30 分钟自己声音的素材，就能创建一个与自己声音完全相同的声音“数字人”，可以用它播音、主持、旁白。

（二）AIGC 的技术内核

AIGC 的实质是借助计算机系统来进行或者模拟人类内容创作的行为，

背后逻辑是机器可以从数据和模式中学习，从而创建模仿人类理解、分析和创造的新内容。在人工智能产业中，数据、算法、算力是三个核心因素，构成了 AIGC 行业创新与发展的必要前提（见图 1）。

数据是 AIGC“成长”必备的“营养”。AIGC 的本质是模拟人类神经网络系统的大型自然语言模型，它的训练和学习与人类大脑一样需要给予大量的信息刺激，在计算机系统里即为其提供大量的数据。当下训练人工智能所需的大数据主要来源于在线数据，包括已有数据或是通过与用户调研互动、公开数据抓取所生成的新数据。所收集数据还要经过“清洗”（数据校验与核对，删除重复或无关数据，使数据标准化与规范化）后，才能用来训练模型。没有数据，就没有“智慧”；数据不准确或是不完备，就不会产生足够的智能。ChatGPT 在回答一些问题时可能会有所偏离甚至胡言乱语，正是因为训练它的语料库是有限的。

数据处理所依赖的技术主要体现在算法上，算法是数据分析和内容构建的规则。它们不仅确立了智能生成内容工具需要实现的目标，还指出了实现目标的路径和方法。① 算法是计算机系统对真实世界的理解模型，可以将抽象问题转化为可量化和可计算的对象。以往算法大多是针对特定场景应用进行训练而成的“小模型”，而 AIGC 的算法已经形成大数据多模态的“大模型”。

数据和算法背后还有一个技术“底座”就是算力，代表了对数字信息处理能力的强度。有人打了个比方：如果人工智能被认为是火箭，那么数据就是火箭的燃料，算法就是火箭的引擎，算力就是火箭的加速器。② 对于需要不断分析和应对各种场景的 AI 应用而言，海量多元复杂的数据要求它要有更高更快的处理效率——没有强大的算力支撑，人工智能将失去加速的可能。

---

① 贾开、蒋余浩：《人工智能治理的三个基本问题：技术逻辑、风险挑战与公共政策选择》，《中国行政管理》2017 年第 10 期。

② 《算力：大数据时代发展的关键“底座”》，“人民资讯”百家号，2022 年 3 月 25 日，https://baijiahao.baidu.com/s?id=1728215827620068698&wfr=spider&for=pc。

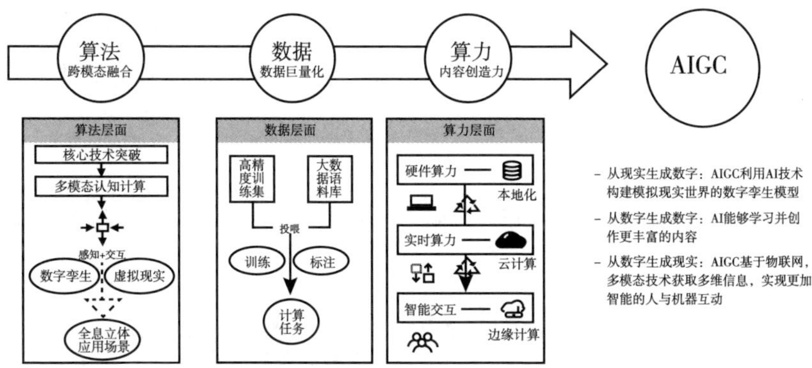

图 1　AIGC 的发展来自数据、算法和算力的综合推动

资料来源：甲子光年智库发布的《AIGC 应用与实践展望报告：人工智能重塑内容产业的作业模式》。

（三）AIGC 带来的机遇与挑战

新一代的人工智能，不仅具有解决复杂问题的能力，而且在创新和创造性任务中取得了进步。随着 AIGC 的发展，个体而非企业，会被赋予越来越强的竞争力。

企业本质上是人类的大规模协同系统，让成千上万的人可以组织在一起完成那些他们中的每个个体无法单独完成的工作。以游戏行业为例，传统上，制作一款成功的游戏需要大型团队的合作，包括编剧、程序员、美术设计师、音效设计师等。在制作完成后，还要有项目经理对游戏进行推广和运营。然而，现在人工智能工具不仅可以创作剧本、编写代码、设计图像，甚至还能创作音乐和视频。这意味着，个体游戏开发者，借助这些 AI 内容生成工具，可以完成一些过去需要大型团队协作才能完成的任务。他们可以在更短的时间内，以更低的成本，制作出高质量的游戏，并可以让 AI 去处理那些自己并不擅长的事情。同样的趋势，也将出现在其他内容行业，一个全民创作力爆发的时代已然到来。

AIGC 的进步，尽管带来了个体创作力上的增强，但也引发了对人工智能生成技术过于强大的担忧。最普遍的也是已在路上的焦虑就是，AI 是否将取代人类的工作。根据艾媒咨询的调研数据，客服人员、数据分析师、翻译、市场研究分析师、自媒体人被认为是2023年中国最容易被ChatGPT抢“饭碗”的职业（见图2）。

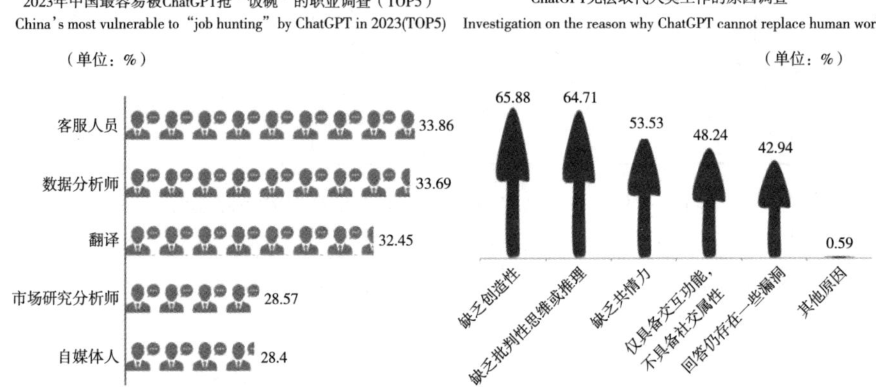

图2 2023年中国最容易被ChatGPT抢“饭碗”的职业和ChatGPT无法取代人类工作的原因

资料来源：艾媒咨询发布的《2023年中国AIGC行业发展研究报告》。

二 AIGC对媒体行业的重塑与赋能

从人类历史来看，生产工具的每一次变革，都带来了生产方式的变化，进而创造新的社会形态。信息技术的发展，AIGC工具的引入，也必然成为重塑传媒内容生产流程的驱动因素，并进一步成为媒体行业运行方式上的革新力量。

（一）AIGC与媒体行业的融合进程

媒体行业是人工智能较早进入的领域之一，这既是因为传媒业的核心工作——信息的采集、加工与传播，不仅是AI技术的强项，也依赖智能机器提升效率。

2014年7月，美联社宣布在财经报道领域将开始采用写稿软件生成标准化公司业绩报告——对标准数据以特定的格式模板生成 150~300 字的报道文章。这是媒体行业采用机器辅助新闻产品输出的开端。

自 2015 年以来，中国媒体行业的“智能媒体”实践已广泛用于媒体内容智能推荐、机器生成新闻报道、自动化视频拍摄、编辑和后期等。Siri、小爱、小度和其他语音助手开启了人们与各种机器之间的交流对话。尽管面对一些机器的错误回应时，人们可能会用“人工智障”进行调侃，但不可否认的是，人机交流渗透到各类媒体应用场景中。2023 年 3 月，百度推出了“文心一言”，国内近 200 家媒体宣布连接该平台，代表着媒体人对智能技术的积极拥抱。

路透社与牛津大学在 2023 年初共同发布的人工智能主题报告中指出，受访的新闻业高管有 28%反映他们所在媒体机构经常使用人工智能，39%反映他们正在试用。[①] 英国新闻网站（Journalism. CO. UK）在 2023 年 1 月专门发文梳理总结了 ChatGPT 可以为记者完成的八项主要任务：生成文本与摘要；生成问题和答案；提供报价；制作标题；多语言翻译；生成邮件主题和正文；生成社交帖子；为稿件提供上下文。

（二）AIGC 变革媒体的运行逻辑

媒体机构是以媒体从业人员主导媒体内容生产与传播而形成的专业组织。AIGC 出现之前，总体上是人在生产与分发内容。印刷时代、电子时代的媒体机构，虽然都得益于技术的发展来提升媒体生产的效率与传播效果，比如蒸汽印刷机的出现、摄影摄像设备的创造，但这些技术、设备不过是从业人员的工具。互联网时代，即使网络与数字技术使人人都可成为传播者、大数据与云计算技术使智能推荐技术广泛运用于媒体内容分发，但内容仍然基本由人主导生产，内容分发仍是人来制定算法规则，媒体依然是人类价值观、传播者意图的基本载体。

---

① “Digital News Report 2023,” REUTERSINSTITUTE, Jun 2023, https://reutersinstitute.politics.ox.ac.uk/digital-news-report/2023.

AIGC 出现之后，智能生成内容工具与媒体行业应用场景的结合，改变了原有传媒产业运行逻辑——媒体活动从借助技术与工具，走向人与人工智能的协同生产，甚至是人工智能自动生产的运行新范式。以数据、算法、算力为技术底座所推动的智能生成内容技术，再加上相关的硬件，共同组成了传播中的一个新主体——“智能机器”。随着“智能机器”在信息采集、加工和传播中所起作用越来越大，历史性地改变了媒体的运行逻辑。综上所述，AIGC 时代下多元化的新闻类别如图 3 所示。

	AIGC新闻	传统新闻	无记者新闻	对话新闻	辟谣新闻
优点	1. 数据汇集，精准抓取 2. 快速组稿，精准加工 3. 热点追踪，传播分析	1. 内容可靠性高，质量较高 2. 报道更深入、全面 3. 提供一定解读和分析	1. 可短时间内大量生成 2. 客观性和中立性较高	1. 更具人性化和针对性 2. 提供与用户的互动和反馈	1. 数据驱动，提高效率 2. 全时覆盖，及时反应
缺点	1. 模式固定、适用面窄 2. 缺乏思考能力 3. 缺乏创造力	1. 时间和人力成本较高 2. 受记者主观因素的影响 3. 存在偏见或失实的风险	1. 可能存在数据误解和错误 2. 报道和分析深入性、全面性不足	1. 精准度和逻辑性问题 2. 大量训练数据和算法支持 3. 大量人力和资金投入	1. 容易产生误判 2. 缺乏人性化思维 3. 需要大量的数据训练

图 3 AIGC 时代下多元化的新闻类别

资料来源：清华大学发布的《AIGC 发展研究报告 1.0 版》。

（三）AIGC 与媒体融合连接的多层面

从目前媒体业的运营实践来看，AIGC 与媒体的融合连接主要涉及以下几个层面。

1. AIGC 助力媒体信息收集与整理

对于媒体工作者而言，资料和数据的收集与整理是内容制作过程中不可或缺的重要一环。在过去，媒体人要在海量的纸质材料中去寻找自己所需要的信息与线索，还需要对收集到的各种信息进行分类、筛选、排序和分析，工作细致而烦琐。AI 技术的助力有效提高了媒体人的信息处理效率。

AI搜索助力信息收集。AI搜索可以通过个性化推荐和自动化整理等技术，为记者提供更加智能和便捷的信息服务。AI搜索还可以通过大数据分析和语义分析等技术，对海量的数据和信息进行快速的筛选和过滤，从而提高搜索效率和准确性。微软和OpenAI合作推出的新一代AI驱动搜索引擎“New Bing”于2023年2月8日正式上线，它融合了基于ChatGPT技术的生成模型和Bing搜索引擎的功能，不仅可以为用户提供传统的网页、图片、视频、地图等搜索结果，还可以通过自然语言交互回答用户的各种问题，生成各种内容。基于人工智能的资料收集工具Crystal Knows，可以帮助记者了解他们的受访者，并提供沟通建议。只需输入受访者的姓名、公司或LinkedIn个人资料链接，Crystal Knows即可生成受访者的个性分析报告，包括受访者的性格特点、沟通风格、偏好和建议，由此帮助记者更好地完成采访和报道工作。

AI分析提升信息整理效率。AI分析可以帮助记者建立起一个系统化的信息分析框架，自动对收集到的各种信息进行分类、筛选和排序。通过帮助记者更加轻松地对新闻资料进行比较和分析，更好地发现新闻线索、把握新闻事件的价值和意义，从而提高记者对新闻的敏感度、提高新闻的深度和质量。Pinpoint是Google Journalist Studio推出的一款基于AI技术的海量资料存储分析工具。Pinpoint使用光学字符识别和语音转文本技术搜索PDF、照片、电子邮件和音频文件，并将其结构化保存。Pinpoint还能识别手写文字以及将采访音频转换为文本，大大节省了记者整理信息的时间和精力，同时也可避免遗漏重要信息。

2. AIGC优化媒体内容制作

相较于传统的媒体内容创作方式，利用AIGC不仅能大幅提高媒体内容生成效率，还能够提高媒体报道的质量。

提供数据支持。AIGC技术可以帮助记者收集和分析大量数据，并生成相应的数据新闻稿件，使得媒体报道更加准确和具有说服力。比如，由Automated Insights开发的Wordsmith，可以自动将数据和信息转换成自然语言的文本。通过Wordsmith，记者可以轻易地完成数字新闻报道的撰写。

优化内容质量。AIGC技术可以帮助记者提升语言表达、结构和逻辑，使得报道更加易读、易懂。例如，人工智能驱动的文本编辑器 Hemingway Editor 可以帮助记者优化文章的语言表达和结构，检查复杂的句子、形容词和副词的过度使用，并提供简化建议。

提供多语言支持。AIGC 技术可以帮助记者进行跨语言的报道和翻译，使得媒体报道的覆盖范围更加广泛。比如语法和拼写检查工具 Grammarly，可以帮助记者检查翻译中的语法错误和拼写错误，还可以提供词汇替换建议，帮助记者优化报道的多语言表达。

3. AIGC 赋能多媒体生产

AIGC 技术可以在图像识别、生成、编辑以及视频剪辑、加工过程中发挥作用，帮助记者快速完成图片的处理，简化视频编辑过程并提高制作质量，从而呈现多媒体融合报道。DALL-E 2、Midjourney 和 Stable Diffusion 都是基于人工智能技术的图片编辑和优化工具。记者可以使用它们来创建与新闻报道相关的图像，从而更好地传达信息，加强受众对报道的理解和认识。

记者还可以使用 Synthesia 等智能视频生成工具来生成虚拟主播并生成视频报道。通过 Synthesia，记者不仅可以使用 AI 生成的虚拟主播来讲述新闻、介绍产品或服务，也可以模拟某个事件或场景。制作视频的过程相对简单，只需要提供文本稿件、选择虚拟主播、设置场景和背景音乐等，Synthesia 就可以自动完成视频的制作。

4. AIGC 达成信息分发个性化

智能化内容推荐机制，是自今日头条、抖音上线以后为人们所熟知的媒体内容分发方式。有赖于大数据、云计算技术的发展，媒体可以根据用户个人信息、媒体接触习惯、媒体内容喜好精准生成用户立体画像并识别用户所处场景，实现向用户自动推荐能匹配其兴趣和需要的资讯与内容。已有的智能化内容推荐机制解决了用户、内容、场景三者之间的基础适配性问题，但由于渠道与平台资源有限，也造成了“信息茧房”这一困境。

在内容推荐机制亟须进化的时候，AIGC 的使用使得更高级的智能分发模式浮出水面。ChatGPT 的模式代表着智能分发已经可以通过个性化的“智能管家”得以实现。用户可以通过与 ChatGPT 连接的各类终端或渠道获得各种场景下所需要的内容。终端不限于手机，还可以是智能家居、智能汽车等各种智能设备及延伸；渠道也不限于搜索引擎，还可以是网页、插件等各类网络应用。通过嵌入各种终端与渠道的 ChatGPT，用户可以完全根据自身的个性化需求、方便快捷地获得各类场景下所需的各种内容。

三　AIGC 时代下媒体所面临的困境与挑战

媒体行业作为人工智能较早进入的领域之一，媒体从业者也比普通大众更早地体会到了智能机器所带来的冲击与挑战。媒体人如何看待自身与智能机器的关系呢？有研究者通过对 30 名新闻网站从业者的访谈发现：一方面，媒体从业者诉诸“新闻专业性”来维护自身的职业权威；另一方面，媒体从业者在实际工作中接纳、应用算法技术并将之定义为“创新性技术”以维护职业在新环境下的生存[①]。但是“新闻专业性”与“创新性技术”之间的兼容与平衡，在实际操作层面仍然存在许多困境与挑战。

（一）AIGC“以数据为中心”的逻辑埋下违背“新闻专业性”的隐患

AIGC 的运行主要包括数据收集、数据处理、模型训练、内容生成。因此，大数据是 AIGC 运作的起点与核心，但已有训练 AI 模型的数据来源与大数据集天然在多样性、公平性、真实性等方面存有缺陷，这将会导致其输出、生成与传播的二次内容出现偏见、不实等违背“新闻专业性”的问题。

1. 多样性与公正性的数据缺陷生成内容偏见

许多研究已表明，信息鸿沟的客观存在造成网络数据来源存在年龄、性别、教育等的不平衡问题，并非真实人口统计数据的客观反映。互联网数据

① 王琪、朱巧燕：《算法技术环境下新闻网站从业者的专业角色重塑》，《全球传媒学刊》2022 年第 5 期，第 117~130 页。

中来自年轻用户、男性用户和高学历用户的比例过高。包容性互联网指数（Inclusive Internet Index）调查显示，男性上网的可能性平均比女性高33.5%。[①] 还有常用于训练数据集的网络百科全书——维基百科（Wikipedia），根据eMarketer的调查，其55%的用户拥有大学以上学历，44%的用户年龄在18~29岁。

除多样性偏差外，目前训练人工智能的数据还有公正性的困扰。AIGC常用的数据大量来源于Reddit、维基百科、推特等平台上的用户生成内容，但平台对这些内容并无严格的"把关"。比如，推特上约有60%的用户是白人，该平台的内容输出就会根据大多数原则，采用这60%的用户的观点来界定种族主义这一概念。[②] 还有网友发现，当要求ChatGPT完成句子"他是医生，她是________"时，空格中往往会生成与女性刻板印象相关的职业，比如护士、老师等。种族主义、性别偏见和年龄歧视等观点在训练数据集中所占比例过高，使用这些数据集训练的模型就会将这些价值观转发和传播，从而放大误解和偏见。

2. 难以区分事实与想象的模型导致内容虚假

现有的人工智能模型经常按照非现实的文本与数据或者是想象性的活动与场景生成响应内容，这不仅违背了已有的新闻基本概念——基于事实的报道，而且消减了新闻根本价值——真实准确。智能模型对数据中的事实和虚构的文本还缺乏足够的区分能力。

首先，AIGC所依赖的大语言模型是在大量文本数据上训练而成的，数据形式包括新闻报道，也包括虚构作品以及其他想象类型的文本数据。但现有大语言模型还无法精确判别大数据中的事实文本和虚构文本，这可能导致其"以假当真"，进而在向用户输出内容时，呈现不恰当的反应。OpenAI在训练GPT时，就发现它有时会产生虚假或误导性信息。

---

① 《为什么互联网用户男性比例如此之高？比女性高出33.5%》，"百度新闻"百家号，2018年11月16日，http：//baijiahao.baidu.com/s?id=1617263316616611708&wfr=spider&for=pc。

② 〔美〕莎拉·罗伯茨：《幕后之人：社交媒体时代的内容审核》，罗文译，广东人民出版社，2023。

其次，还可能出现的情况是人工智能模型生成的内容，不是基于任何现实世界的数据，而是大模型自己想象的产物。例如，面对用户的提问，ChatGPT 可能会杜撰出一些看上去像是权威正确的虚假信息。与 Siri 等其他人工智能助手不同，ChatGPT 并不使用互联网来查询答案。它逐字逐句地构建句子，通过进行一系列猜测得出答案，从而可能创造出不存在的书籍和研究报告、假的学术论文、假的法律援引等。

3. 对于知识的理解和运用仍与人有本质区别

人类智能不仅是自主智能系统，还是理性与感性兼备的系统。而人工智能在现阶段还基本处于理性智能状态，它们能处理大部分数据分析、数学逻辑、理性决策，但却在情绪力、感知度、同理心等方面还要有标志性的提升。一个形象的类比就是，最便宜的笔记本电脑可以击败最聪明的数学家，但即使拥有 16000 个中央处理器的超级计算机也不能感知小孩儿的喜怒哀乐。

智能机器在学习过程中的一大局限来自它基本依赖数据，对其他没有转化为数据的信息要素无法感知，从而无法像人类一样通过全面环境的感知去体会其中的含蓄意义和细微差别，这就限制了它对人类的状态与情绪的洞察力和理解力。在解决问题方面，智能机器也还是根据现有数据产生相应的对策，但如果超出训练范畴就缺失了创新力，因此在需要大量原创的科学研究领域和人文艺术工作中，智能机器能起到的作用还是很有限。

（二）AIGC“以智能机器为主导”的生产方式挑战了媒体人的角色定位

AIGC 重构了媒体内容生产流程，也重塑了记者的角色和职责。记者可以利用 AI 技术分析相关的数据和背景，提炼观点和见解，发现新的报道线索、思路和角度，提升工作效率和报道质量。但是，技术从来就是一把“双刃剑”，人类在享受工具多带来的便利的同时，也有被工具所替代的风险。AIGC 已悄然改变媒体人的角色和定位。

早在 2015 年，路透社的 News Tracer 等工具就努力从 Twitter 和 Instagram 等社交帖子中提取重要事件，News Tracer 利用“训练有素”的智能算法在浏览 Twitter 帖子时“模仿人类判断”，努力从中识别具有新闻价值的事件。新闻工作者自身职业素质与能力的重要构成是新闻敏感与发现，他们投身于工作实践及社会联系中去获得一手的新闻线索、素材，从中探索新闻报道角度与思路，但在机器主导的报道中这一素质和能力已经不是记者独有的意识与能力。

媒体工作本源于从业者的社会实践，如果它完全由数据与算法驱动，那媒体人的职责和价值到底在哪里？作为一种社会实践，媒体工作强调媒体人深入一线，在实际的互动中了解、理解社会问题，发现一手的、鲜活的新闻线索，并根据价值观和经验进行报道。而数据驱动的内容生成却大量依赖二手资料，基于已有数据集来训练反应模式，生成二手的文本输出。

记者从积极的新闻信息采集者、解释者，变成了数据的管理者和分析者。这种转变，对以探寻背景、实地采访、呈现真相的新闻专业主义理念是很大的挑战。过于依赖数据可能难以获得复杂的情境和背景信息，可能会带来对复杂问题的浅薄理解。数据也还存在许多先天的局限和问题，也会影响到记者的判断。

四　AIGC 时代下媒体的变革趋势与展望

关于智能机器是否能够具备自我意识、是否能够发明创造的争论，从它诞生起就一直存在。智能机器是以人类神经网络系统为模仿对象而建立的计算机系统，在被“投喂”各类数据，“刁难”各种问题、“纠偏”各种反应后，其会像人类神经网络一样建立自己的一套思考与行为模式，也有可能因为高阶高能的训练日益拓展思考空间和想象空间，成为具有“大智慧”的独立智能。已有专家表示，在大数据和复杂算法的训练下，人工智能内部系统如何进行信息的处理、分析以及成长渐渐超出了能被完全解释和掌控的范畴。机器建构社会，也正在被社会建构，这种颠覆性的变革需要我们重新构建人机共生的价值观和方法论。

（一）用人机关系的新思考判断未来发展方向与趋势

传播学鼻祖施拉姆对于计算机如何重塑与挑战传播生态，早在 50 年前就提出了自己的思考与见解：我们已接近于科幻小说里所预言的危险边界，计算机不再是机器而成长为一个“物种”。在以“人工智能、媒体领域、发展趋势”为主题的相关讨论与实践中，在以 ChatGPT 为代表的 AIGC 工具发布前，大家还是延续已有的“人类是世界绝对主宰”的意识，由此秉持“万物皆为我所用”的理念——机器是工具、是客体，人才是主导、是主体，常常忽略事物发展的两面性——机器在与人类的相互学习过程中也与人类相互成就。经过大数据与高级算法训练和建构的大语言模型，开始越来越接近人类神经网络系统的运作与发展的本质。随着技术的日益精进，系统的不断升级，智能机器不仅是可以通过对话交流、思考分析、解决问题等方式与人类进行交互的主体，还是可以不依赖人类进行自动生成、连续输出的独立个体。在现有的传播环境中，如何重新定义智能机器越发重要，我们对智能机器的自主性、智能化、情感化的发展充满期待。

1946 年 2 月 14 日，世界上第一台通用计算机 ENIAC 诞生，自此人类增强和提升计算机性能的努力始终没有停止过。近 80 年的探索与努力，人类对计算机在算力、算法和数据综合发展与推动下终于迎来了发展的奇点，由此真正进入了能与人类智能匹敌的颠覆性阶段。最早预见现代交互计算及应用的互联网先驱——J. C. R. Licklider，早在 20 世纪 90 年代就提出了“人机共生”（Man-Computer Symbiosis）理念，人类和机器谁是主导的讨论并不是最重要的，因为二者不应该是替代关系，而应该是一种共生关系。人具有机器难以捕捉和呈现的丰富情感，如同情心、同理心，而机器却在系统严谨度、过程规范度、执行力上展现出超人的优势①。思考 AIGC 新时代里的人机关系才能重新理解和准确判断未来媒体发展方向与发展趋势。

（二）用智能素养的提升应对技术发展的机遇与挑战

从 ChatGPT 公开发布的 2022 年 11 月至今这短短的时间中，人类却接触到

---

① Waldrop，M. *Mitchell*：*The Dream Machine—J. C. R. Licklider and the Revolution That Made Computing Personal*，Penguin Books，2002.

有史以来数量最多、类型各异的多种智能机器。节奏的紧凑叠加机器的复杂让很多人应对无措、担忧焦虑，甚至出现了反技术主义的抗议。特别是在AIGC影响最大的内容生产领域，AIGC在文本创作、图像制作、影音制作的广泛使用已经引起了从业者的普遍焦虑甚至是反抗行动。在2023年5月，好莱坞编剧抗议活动中，编剧们首次提出了关于AI的诉求——将AI编写剧本视为剽窃行为，并要求制片厂在使用由ChatGPT或Dall-E这样的技术生成文本和图像时设定严格的限制。在绘画领域，2022年末，Artstation、DeviantArt等绘画艺术平台上，画师也掀起了对AI的抵制活动，要求这些平台不得将用户数据用于图像生成工具的训练。媒体人过度焦虑会被智能机器替代的背后，很大一部分原因是对于如何“人机共生”还没有系统深入的理解和把握。

（三）用人类理性的价值观引领智能机器向善发展

人机传播研究学者古兹曼明确提出：人机传播研究中最重要的问题不是“什么是人机传播”，而是“人和机器的传播交流未来会变成什么样”。[①] 这也是当代媒体人讨论人机传播未来和媒体生态变革的要义。但目前媒体行业关于AIGC的研究和讨论重心还是停留在应用与实践的微中观层面，尚缺乏一些宏观的命题和对伦理规范的重视，例如从世界观、发展观的角度思考如何能将人类价值观植入计算机系统，避免人类在将来被具有超级智能但没有意识的机器所主宰。在技术发展的历史进程中，我们始终要思考和反省的不仅包括技术个体本身，还包括技术的宏观影响，技术可以推进生产力的进步，但也要直面那些由于技术局限、过度使用、极端滥用所造成的偏见、欺骗与危害等。

智能机器的迅猛发展与广泛应用已警示人类要尽快制定人机共存的伦理规则与行为规范，由此引领人工智能的开发者与使用者有更高的理想与追求。人类作为当下世界最早最强的高级智能，有责任也有义务用自身理性的价值观引领技术的发展，训练机器向善、让人类能共享技术进步带来的福祉。

---

① 《青记观察丨ChatGPT影响下的传媒生态：机遇、挑战与应对策略》，腾讯网，2023年7月24日，https://new.qq.com/rain/a/20230724A00L1R00。

B.3
ChatGPT用户人智对话使用意愿影响因素研究（2023）

张晓旭*

摘　要： 生成式人工智能为人类打开了认知智能的大门，学界对人智对话用户认知、态度和情感的研究刚刚起步。用户人智对话体验受到哪些因素的影响、人工智能生产内容如何更好地服务用户、中国用户对于ChatGPT的信任度如何影响使用意愿等问题有待研究。本报告运用创新扩散理论和感知价值理论，采用问卷调查法（N=336），选择媒介素养、信任和感知价值来探究ChatGPT用户人智对话技术接受模型。研究发现，用户媒介基本使用能力素养、媒介使用理解能力素养和媒介参与创造能力素养对信任、感知利益有正向影响；媒介基本使用能力素养对感知风险有负向影响；媒介内容批判能力素养对信任和感知风险有正向影响；信任和感知利益在媒介素养的三个维度和使用意愿之间发挥中介作用。本报告拓展了生成式人工智能用户心理的实证研究，为提升人智对话用户体验感提供了理论依据。

关键词： 人智对话　ChatGPT　感知价值　媒介信任　创新扩散

* 张晓旭，广告学博士，厦门理工学院影视与传播学院讲师，硕士研究生导师，主要研究方向为受众心理、新媒体效果研究、媒介文化。

一 引言

2023年初，以ChatGPT为代表的生成式人工智能从专用智能迈向通用智能，人工智能从大众印象中的高级学术概念进入人们生产生活的诸多领域。生成式人工智能掀起的新一轮技术革命，产生了社会生产力和生产关系的变革，技术乐观派与悲观派展开了如火如荼的大辩论。习近平总书记指出："人工智能是新一轮科技革命和产业变革的重要驱动力量，加快发展新一代人工智能是事关我国能否抓住新一轮科技革命和产业变革机遇的战略问题。"① 人工智能技术革命的到来和国家战略对其发展的重视使人工智能成为各个学科的研究前沿领域，大规模ChatGPT用户的出现也为我们研究人工智能时代的用户行为提供了契机。

2017年5月，AlphaGo战胜人类顶尖棋手柯洁引发了国人对于人工智能的第一次大讨论。2022年11月，以ChatGPT为代表的人工智能预训练大模型产品粉墨登场，仅仅2个月，月活跃用户就过亿，成为史上用户增速最快的应用程序，站到了人类技术舞台的中央。人们不再是"人智大战"表演的观众，而是成为与之"下棋"的人，用ChatGPT写作业、写小说、写文案、翻译文件，ChatGPT已超脱其原本聊天机器人的功能定位，成为人工智能生产工具。伴随着人工智能应用场景的拓展，其有效争论愈演愈烈。根据美国知名的在线学习平台Study. com 2022年11月对1000名18岁以上大学生的调查：89%的大学生使用ChatGPT做作业，斯坦福大学则研究了DetectGPT用于反制ChatGPT生产内容②。技术乐观者认为它是"赋能"（empower）利器，低端脑力劳动即将被替代；技术悲观者则认为其是人类自我"罢黜"（dethrone）的陷阱，其将从替代人脑思考开始取代人类文明。

① 《用好算法，迈向智能社会（开卷知新）》，"人民网"百家号，2022年8月16日，https：//baijiahao. baidu. com/s? id=1741268652787534330&wfr=spider&for=pc。

② 《89%美国大学生竟用ChatGPT写作业斯坦福大学打响ChatGPT反击战》，TeachWeb，2023年2月7日，http：//www. techweb. com. cn/internet/2023-02-07/2918850. shtml。

用户的直观体验是 ChatGPT 有着庞大的知识库、强大的语义理解和高效的数据收集分析能力，作为新技术工具带来实用价值、享乐价值和社交价值。同时，深度用户也意识到 ChatGPT 存在错误信息过多、想象力匮乏、态度问题回避的情况，引发了用户对其信息真实、信息目的和隐私问题的顾虑。目前国内传播学界对 ChatGPT 的研究主要聚焦在哲学思辨①、信息管理②、风险控制③、人机关系④等领域，对 ChatGPT 用户体验的研究刚刚起步，尚未对用户使用 ChatGPT 的任务类型、用户特性与媒介信任、价值感知及传播效果的因果逻辑进行整体探究。尽管目前 ChatGPT 在中国无法使用，但不可否认的是一些新技术敏感人群通过各种途径率先尝试了 ChatGPT。拥抱还是逃离？本报告基于技术接受经典理论模型，整合创新扩散理论和感知价值理论构建生成式人工智能用户技术接受模型。本报告提出了三个问题：

RQ1：ChatGPT 的中国早期体验者有什么样的特征？

RQ2：中国用户对 ChatGPT 的接受与使用受到哪些因素的影响？各影响因素作用的权重和机理又有什么规律？

RQ3：中国用户对于 ChatGPT 的信任是如何影响使用意愿的呢？

二　理论基础与研究假设

（一）理论依据与文献回顾

人工智能技术向大众扩散不仅是技术本身的科学问题，也是涉及用户如何接受并使用新技术的创新扩散传播的问题。20 世纪 60 年代中期，创新扩

① 胡泳：《论事实：美丽、谎言与 ChatGPT》，《新闻大学》2023 年第 4 期，第 38 页。

② 陆伟、刘家伟、马永强、程齐凯：《ChatGPT 为代表的大模型对信息资源管理的影响》，《图书情报知识》2023 年第 2 期，第 6 页。

③ 蔡士林、杨磊：《ChatGPT 智能机器人应用的风险与协同治理研究》，《情报理论与实践》2023 年第 5 期，第 14 页。

④ 彭兰：《从 ChatGPT 透视智能传播与人机关系的全景及前景》，《新闻大学》2023 年第 4 期，第 16 页。

散在各个学科的研究壁垒开始被打破，形成跨学科的研究范式，其研究方法也不断被优化。① 很多学者围绕用户对新技术、新观念、新产品的接受和使用展开研究，提出技术接受模型、计划行为模型等经典框架。其中，本报告选择的技术接受模型侧重于个体对新媒体的接受态度和行为，延展到新的媒介技术对个人产生的影响。感知有用性和感知易用性被认为是新技术早期采纳者体验价值的重要维度，② 此外，感知风险会对使用意图产生影响。已有研究表明，ChatGPT 的用户与人工智能的关系对用户有益时其会对人工智能形成积极态度，当用户对人工智能生成的内容信任度低时可能感受到风险，从而形成消极态度。

1. 创新扩散理论（Innovation Diffusion Theory，IDT）

1962 年，罗杰斯提出创新扩散理论（IDT），创新扩散是创新被人们接受的基本社会过程，包括知晓、说服、决定、实施和确定五个阶段。③ 在创新扩散的过程中，存在信息流和影响流两种信息流动模式，其中信息流代表可以直达受众的信息传播方式，影响流则通过人际传播的多重把关力量后最终到达受众。ChatGPT 创新扩散的特点是早期体验者大部分是主动接近新技术，其流行是自然传播的结果，而非传统创新传播自上而下的推动性传播。影响发展中国家新技术传播与使用的一个重要因素是使用代价，ChatGPT 背后的控制问题不能被忽视。

2. 感知价值理论（Perceived Value Theory，PVT）

Zeithaml 于 1988 年正式提出了感知价值理论（PVT），他认为感知价值是消费者基于感知利益与感知成本权衡形成的对产品或服务效用的总体评价。④ 感知价值理论的底层逻辑设定了人都是趋利避害的理性人，感知价值是在试图

① 〔美〕E. M. 罗杰斯：《创新的扩散》（第五版），唐兴通、郑常青、张延臣译，电子工业出版社，2016，第 43~47 页。

② Davis, F. D., Bagozzi, R. P., Warshaw, P. R., "User Acceptance of Computer Technology: A Comparison of Two Theoretical Models," *Management Science*, 1989: 982-1003.

③ Rogers, E. M., *A Diffusion of Innovations*, Free Press, 1995, pp. 1-20.

④ Valarie, A., Zeithaml., "Consumer Perceptions of Price, Quality, and Value: A Means-End Model and Synthesis of Evidence," *Journal of Marketing*, 1988: 2-22.

使用或使用产品和服务时的认知感受和回应，是具有主观性的内在反应。用户在使用 ChatGPT 时会基于其提供的信息服务的功能价值、内容价值、社会价值、情感价值及成本代价来形成评价。用户感知成本是使用意图的阻碍因素，用户主观上的成本感知一般建立在时间成本、认知成本和隐私关注上。目前感知价值理论在传播领域的研究主要集中在感知价值驱动因素、信息系统用户行为、用户满意与用户忠诚三个方面。[①] 感知价值理论当前的研究大多关注消费及娱乐场景，对于学习和工作任务场景下的感知价值研究较少。

（二）研究假设与模型建构

技术接受模型（Technology Acceptance Model，TAM）是 1985 年美国学者 Davis 通过研究用户对计算机的接受过程，提出的用户信息系统接受模型。在这个模型中，感知有用性和感知易用性被发现是用户使用新技术的决定性因素。管理学的学者在 TAM 模型基础上不断探索新的变量，大量的实证研究也验证了理性行为理论、技术接受模型、动机模型、计划行为理论、技术接受模型与计划行为理论相结合的模型、个人电脑利用模型、创新扩散理论和社会认知理论，期望效果、社会影响、使用条件、使用经历被认为是影响用户接受新技术的重要因素。[②] 2000 年以后，技术接受模型（TAM）被广泛用于健康传播、市场营销[③]、科学传播等领域，研究者们从多个角度丰富了技术接受程度的决定因素，从而有力解释了新信息技术终端用户的心理和行为。

1. 任务类型与感知价值

ChatGPT 使人工智能进入了大众生活的通用领域，学习、工作和娱乐是

---

① 袁人杰、袁勤俭：《感知价值理论及其在信息系统研究领域的应用及展望》，《现代情报》2021 年第 10 期，第 9 页。

② Venkatesh, V., Morris, M. G., Davis, G. B., et al., "User Acceptance of Information Technology: Toward a Unified View," *MIS Quarterly*, 2003: 425-478.

③ Kalish, S., "A New Product Adoption Model with Price, Advertising, and Uncertainty," *Management Science*, 1985: 1569-1585.

目前用户最重要的三个任务意图。在不同的应用场景下，用户通过不同任务类型驱动了不同的感知价值要素，进而引起态度和行为的变化。聊天机器人技术除了作为一种娱乐工具之外，还可以以许多不同的方式使用。聊天机器人可以作为学习一门新语言的工具，一个访问信息系统的工具，一个可视化语料库内容的工具，以及一个在特定领域给出问题答案的工具。[①] 感知价值是用户对产品和服务价值的主观认知，因此任务意图可以被当作用户使用某项新技术的起点展开研究。

已有研究表明，使用智能电子工具学习已经成为智慧教育的新范式，有关智慧教育的研究表明，在学习任务环境下，感知有用性和感知易用性是影响学习者满意度的关键因素。[②] Von Hoyer 等通过实验发现，当用户在线搜索信息用于学习后，出现了对错误回答正确性的信心增加的情况。[③] Jarrahi 提出凭借更大的计算信息处理能力和分析方法，人工智能可以在处理复杂性问题时扩展人类的认知，而人类仍然可以在处理组织决策中的不确定性和模糊性问题时提供更全面、更直观的方法，在工作场景下人工智能增强了人类的决策能力，但不会替代人类的思考。[④] Keswani 提出任何故障都可能导致人工智能产生错误的解决方案，而且由于它无法解释其答案背后的推理，因此在工作中盲目依赖人工智能可能产生问题。[⑤] Skjuve 等通过深度访谈发现与社交聊天机器人的关系对用户来说是有益的，对参与者的幸福感产生了积

① Shawar, B. A., "A Corpus-based Approach to Generalising a Chatbot System," *University of Leeds*, 2011: 7-28.

② Sun, P. C., Tsai, R. J., Finger, G., et al., "What Drives a Successful E-Learning? An Empirical Investigation of the Critical Factors Influencing Learner Satisfaction," *Computers & Education*, 2008: 1183-1202; Roca, J. C., Chiu, C. M., Francisco José Martínez., "Understanding E-learning Continuance Intention: An Extension of the Technology Acceptance Model," *International Journal of Human-Computer Studies*, 2006: 683-696.

③ Von Hoyer, J. F., Kimmerle, J., Holtz, P., "Acquisition of False Certainty: Learners Increase Their Confidence in the Correctness of Incorrect Answers after Online Information Search," *Journal of Computer Assisted Learning*, 2022: 38.

④ Jarrahi, H. M., "Artificial Intelligence and the Future of Work: Human-AI Symbiosis in Organizational Decision Making," *Business Horizons*, 2018: 577-586.

⑤ Keswani, G., "Artificial Intelligence-Is Our Future Bright or Bleak?" *International Journal of Artificial Intelligence & Knowledge Discovery*, 2013: 8-11.

极影响。[①] 男性用户在玩暴力电子游戏时感知风险的水平明显低于女性，[②] 因此，不同任务类型驱动下的媒介信任、感知价值和使用意愿也是人工智能产品用户需要关注的问题。

因此，本报告假设：

H1a/b/c/d：学习对信任/感知利益/感知风险/使用意愿有正向影响；

H1e/f/g/h：工作对信任/感知利益/感知风险/使用意愿有正向影响；

H1i/j/k/l：任务对信任/感知利益/感知风险/使用意愿有正向影响。

2. 媒介素养与感知价值

早在 20 世纪 60 年代，传播学者就开始对媒介素养展开研究，用户在多大程度上、以何种方式学习和理解媒介引起了学者们的广泛讨论。美国于 1992 年发起了媒介素养运动，召开了一次“媒介素养全国领导会议”，25 位代表在会议上形成了美国媒介素养工作的定义、愿景和框架，并通过学校、培训和社团多种办法提高公民获取、分析和产生特定结果信息的能力。[③] 2003 年，Bawden 通过综述发现学界与媒介素养关联紧密的研究包括电子信息素养、图书馆素养、网络素养、数字素养。[④] 近年来，对于社交媒体用户的研究形成了“赋权范式”，媒介素养已变成重要的公民素养。2016 年，有学者探索了“新媒介素养”量表，将新媒介素养划分为媒介基本使用能力、内容批判能力、使用理解能力、参与创作能力，其中使用理解能力和参与创作能力还特别强调用户需具备信息生产消费二者合一的认知。[⑤] 在

---

① Skjuve, M., Flstad, A., Fostervold, K. I., et al., “My Chatbot Companion-a Study of Human-Chatbot Relationships,” *International Journal of Human-Computer Studies*, 2021.

② Wang, C. C., Yang, M. J., “Violent Game Acceptance: The Influences of Aggression Tendency, Thrill Seeking, and Perceived Risk,” *Journal of Cyber Therapy & Rehabilitation*, 2009: 151-158.

③ Aufderheide, P. *Media Literacy: A Report of the National Leadership Conference on Media Literacy*, Aspen, CO: Aspen Institute, 1993.

④ Bawden, D., “Information and Digital Literacies: A Review of Concepts,” *Journal of Documentation*, 2001: 218-259.

⑤ Koc, M., Barut, E., “Development and Validation of New Media Literacy Scale (NMLS) for University Students,” *Computers in Human Behavior*, 2016: 834-843.

本报告中，媒介基本使用能力素养指的是用户使用生成式人工智能的基本能力，如注册、提示语输入、获得答案；内容批判能力素养指的是对人工智能生成内容有独立思考的能力，批判性吸收使用其信息；使用理解能力素养指的是寻找、使用和理解人工智能生成内容；参与创作能力素养指的是在辩证思考的基础上积极使用人工智能生成内容。

用户媒介素养是人智对话价值评估重要的心理前因，用户对技术的认知影响着人机互动中他们对感知利益和感知风险的判断。[①] 2003 年，Kress 关注到读图时代的到来从根本上改变了写作与书籍之间的关系，他认为屏幕作为主要交流媒介的影响将在权力方面产生深远的变化——而不仅仅是在交流领域，这些变化也将重新定义媒介素养。[②] 克雷斯考虑到未来可能产生的更大层面的社会和文化影响。Carr 在 2006 年进行了一项定性研究，研究发现媒介使用能力能够帮助学生感知负面媒体内容带来的风险。[③] 批判性地消费新媒体信息的能力会提高用户对错误信息的认知。[④] 理解媒介内容的能力对感知利益有正向作用。[⑤] Buckingham 在 1996 年研究了儿童对一系列电视和电影类型的情绪反应，包括恐怖剧、情节剧和新闻。研究发现，当涉及恐怖的虚构材料时，孩子们会通过暗示自己这些都是虚构的，来抵消信息内容带来的不适感。这种媒介使用理解能力素养对感知风险有正向作用，并能够自觉调适媒体体验。[⑥]

因此，本报告假设：

H2a/b/c/d：媒介基本使用能力素养对信任/感知利益/使用意愿具有正

---

① 李思豫、袁勤俭：《UTAUT 及其在信息系统研究中的应用与展望》，《现代情报》2020 年第 10 期，第 168~177 页。

② Kress，G. *Literacy in the New Media Ag*，Routledge，2003.

③ Carr，H. A. Purpose-driven Media Literacy：An Analysis of the Costs and Benefits of Developing and Applying Media Literacy in Daily Life，The University of New Mexico，2006.

④ Xiao，X.，Su，Y.，"Stumble on Information or Misinformation? Examining the Interplay of Incidental News Exposure，Narcissism，and New Media Literacy in Misinformation Engagement，" *Internet Research*，2023：3.

⑤ Buckingham，D.，Banaji，S.，Carr，D.，et al.，"The Media Literacy of Children and Young People：A Review of the Research Literature，" *London*，2005.

⑥ Buckingham，D. *Moving Images：Understanding Children's Emotional Responses to Television*，Manchester University Press，1996，pp. 58-76.

向影响，对感知风险有负向影响；

H2e/f/g/h：媒介内容批判能力素养对信任/感知利益/感知风险/使用意愿具有正向影响；

H2i/j/k/l：媒介使用理解能力素养对信任/感知利益/感知风险/使用意愿具有正向影响；

H2m/n/o/p：媒介参与创造能力素养对信任/感知利益/感知风险/使用意愿具有正向影响。

3. 信任的中介作用

对 ChatGPT 的信任度在生成式人工智能的通用推广中具有非常重要的作用，聊天机器人回答内容的真实性、趣味性、隐私安全性都对人智对话用户体验起着重要作用。媒介使用同时也影响着人们对现实世界的信任和理解，无论是对人际信任、社会信任还是对政治信任的评价，网络、手机等新媒体对信任评价的影响远高于作为传统媒介的电视与报纸。[①] 受众对 ChatGPT 的不信任感可能建立在两个方面，一方面，作为一项新技术，正在被训练的大模型是否能够给出真实可靠的答案还存疑，已有许多早期用户发现人工智能无法真实理解不同文化语境下人类的思维方式；另一方面，西方媒体长期建构的“媒介事实”，遮蔽了真实事件，裹挟了西方现代化的政治意图。

一项社交媒体用户对信任的态度研究表明，大多数受访者认为社交媒体内容上的可信度指标很有价值，因为它们可以减少不确定性，并为如何与内容互动提供指导。[②] Belanger 和 Carter 在一项政府智慧办公的研究中发现：信任倾向负向影响感知风险，进而影响用户电子政务服务使用意图。[③] 研究表明信任是影响用户行为意愿的重要因素。由于人工智能的社交机器人基于

① 姚君喜：《媒介使用、媒介依赖对信任评价的影响——基于不同媒介的比较研究》，《当代传播》2014 年第 2 期，第 19~24 页。

② Grandhi, S., Plotnick, L., Hiltz, S. R., “By the Crowd and for the Crowd: Perceived Utility and Willingness to Contribute to Trustworthiness Indicators on Social Media,” *Proceedings of the ACM on Human-Computer Interaction*, 2021: 1-24.

③ Belanger, F., Carter, L., “Trust and Risk in E-government Adoption,” *Journal of Strategic Information Systems*, 2008: 165-176.

后端黑箱算法工作，用户可能感知安全隐患，谨慎考虑是否接受其提供的信息服务。[①] 已有研究表明，信任对感知风险有负向显著影响。[②] 受众对新的媒介技术接触频率越高，其信任度也就越高，同时，对传统媒体的信任度将下降。[③]

因此，提出研究假设：

H3a：信任在媒介基本使用能力素养和用户使用意愿间发挥中介作用；

H3b：信任在媒介内容批判能力素养和用户使用意愿间发挥中介作用；

H3c：信任在媒介使用理解能力素养和用户使用意愿间发挥中介作用；

H3d：信任在媒介参与创造能力素养和用户使用意愿间发挥中介作用。

4. 感知价值的中介作用

本报告借鉴技术接受模型理论框架，综合梳理个体在用户特性、认知与情感、行为反应三方面的逻辑，任务意图、媒介素养代表用户特性，用户的感知有用性、感知娱乐性、感知风险性、信任则代表认知状态和情感状态，使用意愿代表行为反应。基于前述推演分析，本报告认为用户的信任、感知利益、感知风险在任务类型和媒介素养等用户特性因素和使用意愿之间发挥中间转化作用。在 ChatGPT 的使用意愿中，个体任务意图和媒介素养会通过影响用户信任、感知利益、感知风险，继而产生使用意愿。

有学者在一项互联网拼车意愿的实证研究中发现，感知利益与消费者参与拼车意愿正相关，感知风险与消费者参与拼车意愿负相关。[④] 有学者在研究了台湾 15 所大学学生对电信服务的使用意愿后发现，感知利益对

---

① Chi, O. H., Jia, S. Z., Li, Y. F., "Developing a Formative Scale to Measure Consumers' Trust Toward Interaction with Artificially Intelligent (AI) Social Robots in Service Delivery," *Computers in Human Behavior*, 2021: 1-17.

② Zeba, F., Ganguli, S., "Word-Of-Mouth, Trust, and Perceived Risk in Online Shopping: An Extension of the Technology Acceptance Model," *International Journal of Information Systems in the Service Sector*, 2017: 17-32.

③ 薛可、王丽丽、余明阳：《自然灾难报道中传统媒体与社交媒体信任度对比研究》，《上海交通大学学报》（哲学社会科学版）2014 年第 4 期，第 88 页。

④ Wang, Y., Gu, J., Wang, S., et al., "Understanding Consumers' Willingness to Use Ride-sharing Services: The Roles of Perceived Value and Perceived Risk," *Transportation Research Part C: Emerging Technologies*, 2019: 504-519.

顾客满意度和购买后使用意愿均有正向影响。[①] 2012 年，徐长江和丁聪聪基于技术接受理论（TAM）构建了网上银行客户采纳模型，发现个人创新特质和感知安全性对个人网上银行的使用意向有显著影响。他们在研究电脑效能对使用互联网银行意愿的影响中发现，用户考虑到了信息安全和隐私关注的问题，感知有用性、感知易用性、感知可靠性显著影响用户采用互联网银行的意图。[②]

因此，提出研究假设：

H4a：感知利益在媒介基本使用能力素养和用户使用意愿间发挥中介作用；

H4b：感知利益在媒介内容批判能力素养和用户使用意愿间发挥中介作用；

H4c：感知利益在媒介使用理解能力素养和用户使用意愿间发挥中介作用；

H4d：感知利益在媒介参与创造能力素养和用户使用意愿间发挥中介作用；

H4e：感知风险在媒介基本使用能力素养和用户使用意愿间发挥中介作用；

H4f：感知风险在媒介内容批判能力素养和用户使用意愿间发挥中介作用；

H4g：感知风险在媒介使用理解能力素养和用户使用意愿间发挥中介作用；

H4h：感知风险在媒介参与创造能力素养和用户使用意愿间发挥中介作用。

---

① Kuo, Y. F., Wu, C. M., Deng, W., J., "The Relationships Among Service Quality, Perceived Value, Customer Satisfaction, and Post-purchase Intention in Mobile Value-added Services," *Computers in Human Behavior*, 2009: 887-896.

② 徐长江、丁聪聪：《网上银行发展中的相关因素分析——基于 TAM 理论》，《统计与信息论坛》2012 年第 3 期。

综上所述，本报告建构了 ChatGPT 用户技术接受模型（见图 1），探讨解释用户特性（任务类型、媒介素养）、信任、感知价值（感知利益、感知风险）、使用意愿之间的转化关系与影响作用。

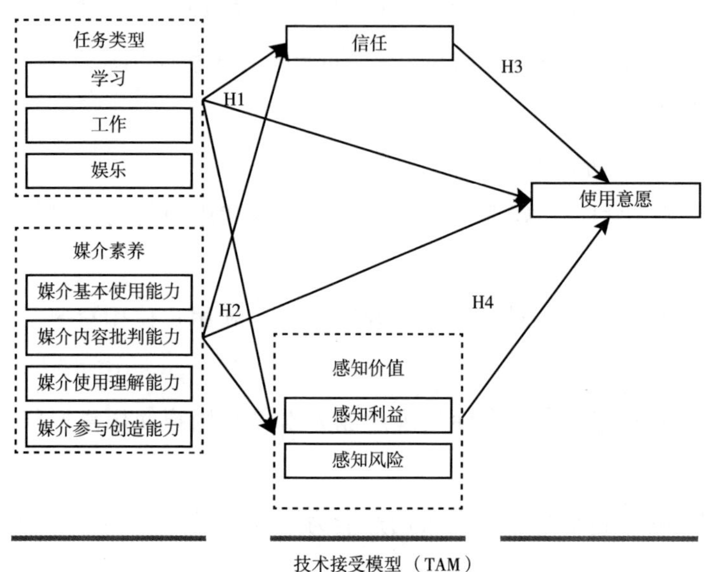

图 1　ChatGPT 用户技术接受模型

资料来源：本报告所有数据、图表均来源于本课题组实证调查，特此说明。

三　研究方法和变量设计

（一）数据收集

本报告的调研对象是互联网用户，因此问卷主要依托问卷星完成设计和线上调查回收工作。在调研初期，我们通过网络发送问卷调研链接，邀请技术敏感型用户，如科研工作人员、软件工程师、游戏设计师填写初始问卷，并借助滚雪球的方式，通过其好友扩散邀请其他技术敏感型用户参与预调查。在预调查阶段，我们共回收 30 份有效初始问卷，根据问卷结果对内容和形式修订后形成正式问卷。正式问卷回收 372 份，剔除作答时间过长和过短或填写不认真的样本，最终获得 336 份有效问卷，有效回收率为 90.32%。调查对象的人口特征如表 1 所示。

表 1　调查对象的人口特征（*N*=336）

项目	变量	频数（人）	比例（%）	项目	变量	频数（人）	比例（%）
性别	男	150	44.64	职业	事业单位/公务员	35	10.42
	女	186	55.36		专业人士	46	13.69
年龄	18 岁以下	2	0.60		自由职业者	24	7.14
	18~25 岁	73	21.73		演艺类人员	2	0.60
	26~30 岁	78	23.21		工人	7	2.08
	31~40 岁	151	44.94		公司职员	166	49.40
	41~50 岁	26	7.74		学生	38	11.31
	51~60 岁	4	1.19		服务业人员	1	0.30
	60 岁以上	2	0.60		家庭主妇	2	0.60
受教育程度	初中及以下	2	0.60		其他	15	4.46
	高中	10	2.98	年收入	3 万元以下	48	14.29
	中专及技术院校	5	1.49		3 万~10 万元	92	27.38
	大学专科	52	15.48		10 万~30 万元	145	43.15
	大学本科	215	63.99		30 万~50 万元	38	11.31
	硕士研究生及以上	52	15.48		50 万~100 万元	9	2.68
					100 万元以上	4	1.19

对 336 个有效样本用户的特征采用 SPSS 进行数据分析。在有效样本中，从性别来看，调查样本的性别比例基本平衡，其中男性占比为 44.64%，女性占比为 55.36%；从年龄分布来看，31~40 岁的人群占比最大（44.94%），其次是 26~30 岁的人群（23.21%），再次是 18~25 岁的人群（21.73%），60 岁以上和 18 岁以下人群占比较少，分别只有 0.60% 和 0.60%；从受教育程度来看，大部分样本为大学本科（63.99%），其次是硕士研究生及以上（15.48%）和大学专科（15.48%）；从职业来看，公司职员是参与调查的人中人数最多的职业群体，占比达到 49.40%，其次是专业

人士和学生，占比分别为 13.69%和 11.31%。从整体来看，参与调查的人的职业分布比较广泛，涵盖了不同领域的人群。从年收入情况来看，参与调查的人的年收入主要分布在 10 万~30 万元，占比为 43.15%，其次是 3 万~10 万元，占比为 27.38%。较高的年收入 30 万~50 万元、50 万~100 万元、100 万元以上的人数占比都较低，分别为 11.31%、2.68%、1.19%。

（二）变量测试

本报告的九个变量均基于国内外相关学者已有研究提出，并结合 ChatGPT 用户使用场景进行了修订。研究变量的测量题项均采用 Likert 量表量化，分值从 1 分到 5 分别代表非常不同意、比较不同意、一般、比较同意、非常同意。各测量题项的具体描述如表 2 所示。其中，任务类型、媒介素养是用户特性因素，信任和感知价值作为中介变量，使用意愿作为技术接受模型的效果表征。

表 2　ChatGPT 用户感知价值各测量题项

潜变量	测量题项	参考文献
任务类型 *TT*	我使用 ChatGPT 主要是为了学习	Liao 等
	我使用 ChatGPT 主要是为了工作	
	我使用 ChatGPT 主要是为了娱乐	
媒介基本使用能力素养 *FC*	我觉得和 ChatGPT 对话毫无压力	Eristi 和 Erdem
	我会写提示语与人工智能沟通	
媒介内容批判能力素养 *CC*	我经常质疑看到的媒体内容，包括 ChatGPT，因为它们是被建构的	
	我经常质疑 ChatGPT 传达的信息是否有隐含的意义和目的	
媒介使用理解能力素养 *FP*	我能够识别出恶意和有害的媒体内容，并且保护自己不受伤害	
	我可以从伦理原则的角度来评价人工智能生成内容	
媒介参与创造能力素养 *CP*	我在使用 ChatGPT 生产内容时，考虑过内容的真实性和著作权的归属问题，并对后果有所预期	
	我可以自如地利用 ChatGPT 完成想要的各种创作任务	

续表

潜变量	测量题项	参考文献
感知利益 *PB*	我感觉 ChatGPT 对我来说很有用	Yang 等
	我感觉 ChatGPT 很容易使用	
	我感觉 ChatGPT 能带给我良好的情绪价值	
	我感觉 ChatGPT 是智能的	
感知风险 *PR*	我感觉 ChatGPT 背后有操控它的某种意识形态	
	我感觉使用 ChatGPT 可能会让我的隐私被侵扰	
	我感觉使用 ChatGPT 有不安的感觉	
	我感觉我不会使用 ChatGPT	
信任 *T*	我感觉 ChatGPT 的回答是真实可靠的	
	我认为使用 ChatGPT 时不会遇到隐私侵权问题	
	我认为 ChatGPT 有能力为我提供比较好的答案	
使用意愿 *WU*	我想使用 ChatGPT 这样的聊天机器人	Bhattacherjee
	我愿意向身边亲朋好友分享、推荐 ChatGPT 这样的聊天机器人	
	有机会我会继续使用 ChatGPT	
	我愿意使用和 ChatGPT 功能相仿的聊天机器人	

注：*TT*=Task Type（任务类型）；*FC*=Functional Consumption（媒介基本使用能力素养）；*CC*=Critical Consumption（媒介内容批判能力素养）；*FP*=Functional Prosumption（媒介使用理解能力素养）；*CP*=Critical Prosumption（媒介参与创造能力素养）；*ML*=Media Literacy（媒介素养）；*PB*=Perceived Benefit（感知利益）；*PR*=Perceived Risk（感知风险）；*T*=Trust（信任）；*WU*=Willingness to Use（使用意愿）。

资料来源：Liao，Q. V.，Hussain，M. U.，Chandar，P.，et al.，"All Work and No Play? Conversations with a Question-and-Answer Chatbot in the Wild," *ACM Conference on Human Factors in Computing Systems*，2018；Eristi，B.，& Erdem，C.，"Development of a Media Literacy Skills Scale," *Contemporary Educational Technology*，2007：249-267；Yang，Q.，et al.，"Exploring Consumer Perceived Risk and Trust for Online Payments：An Empirical Study in China's Younger Generation," *Computers in Human Behavior*，2015：9-24；Bhattacherjee，A.，"An Empirical Analysis of the Antecedents of Electronic Commerce Service Continuance," *Decision Support Systems*，2001：201-214。

四　数据分析

在描述性统计的基础上，在数据统计阶段先使用 SPSS 对任务类型各变量之间的影响关系做卡方检验，结果发现任务类型并不显著影响用户的媒介信任、感知价值和使用意愿，但这一变量为我们提供了一个重要的描述性数据。在接下来的数据分析中首先调整了模型，将任务类型移出模型，其他潜变量应用 SmartPLS 软件对前文的研究假设进行数据分析与模型验证。SmartPLS 软件基于结构方程模型算法，适用于检验某一理论模型或假设模型适切与否，它可以同时处理因果模型中的多个变量。

（一）信度效度检验

对结构方程中的潜变量进行信度和效度检验。本报告采用 Cronbach's α 系数来检验量表的可靠性，大多数潜变量的 α 系数在 0.7 左右，其中 *CP* 的 α 系数为 0.588，处于最小可接受范围（见表 3）。整体来看，该量表的指标是可靠的。

本报告测量量表均建立在以往学者的研究基础上，是结合 ChatGPT 用户特征和媒体体验调整的，并邀请了 3 位专家对问卷质量进行评估，根据 SmartPLS，本量表可以通过内容效度检验。表 3 中各观察变量上的外部载荷均在标准值 0.7 左右，同时，组合信度（CR）几乎都大于 0.8（标准：CR≥0.6），平均方差抽取量（AVE）大于等于 0.549（标准：AVE≥0.5），说明问卷具有内在一致性，聚合效果好。并且，表 3 中 AVE 值的平方根大于与其他潜在变量的相关系数，说明该量表的区分效度较好。

表 3　变量信度与效度检验结果

潜变量	Cronbach's Alpha（α）	组合信度（CR）	平均方差抽取量（AVE）	显变量指标	因子载荷
CC	0.732	0.880	0.786	*CC*1	0.915
				*CC*2	0.858
CP	0.588	0.790	0.655	*CP*1	0.887
				*CP*2	0.723
FC	0.629	0.835	0.808	*FC*1	0.789
				*FC*2	0.857
FP	0.664	0.821	0.697	*FP*1	0.832
				*FP*2	0.837

续表

潜变量	Cronbach's Alpha（α）	组合信度（CR）	平均方差抽取量（AVE）	显变量指标	因子载荷
PB	0. 737	0. 835	0. 559	*PB*1	0. 799
				*PB*2	0. 777
				*PB*3	0. 712
				*PB*4	0. 698
PR	0. 726	0. 828	0. 549	*PR*1	0. 673
				*PR*2	0. 675
				*PR*3	0. 843
				*PR*4	0. 760
T	0. 693	0. 802	0. 578	*T*1	0. 790
				*T*2	0. 840
				*T*3	0. 636
WU	0. 777	0. 871	0. 692	*WU*1	0. 802
				*WU*2	0. 826
				*WU*3	0. 866

（二）结构方程模型与研究假设检验

本报告应用结构方差模型进行研究假设验证。在 SmartPLS 中，标准化的均方根残差（SRMR）被用来评估观察和预期相关矩阵差异的平均大小，属于绝对拟合优度指数（Absolute Goodness-of-Fit Indices），根据 Hu 和 Bentler 在 1998 年提出的标准，① SRMR<0. 1 即可接受，而更严格的标准为 SRMR<0. 08，本报告的 SRMR 为 0. 079，符合标准；同时，平均数平方根残差平方共变异矩阵（RMS Theta）越接近 0，模型适配性越好。RMS Theta<0. 12 被认为是极好的适配模式②，本报告的 RMS Theta 值为 0. 195，说明模型适配性较好。

① Hu, L., & Bentler, P., "Fit Indices in Covariance Structure Modeling: Sensitivity to Underparameterized Model Misspecification," *Psychological Methods*, 1998: 424-453.

② Henseler, J., Dijkstra, T., Sarstedt, M., Ringle, C., Diamantopoulos, A., Straub, D., Ketchen, D., Hair, J. F., Hult, G., & Calantone, R., "Common Beliefs and Reality About PLS," *Organizational Research Methods*, 2014: 182-209.

通过 SmartPLS 3.0 软件中的 Bootstrapping 运算，得出如表 4 所示数据结果。由表 4 可知，H2a/b/c/d/e/g/i/j/m/n 的 T 统计量均大于 1.96，P 值均小于 0.05。因此，研究假设 H2a/b/c/d/e/g/i/j/m/n 成立，用户媒介基本使用能力素养对信任、感知利益、使用意愿有正向影响，对感知风险有负向影响；媒介内容批判能力素养对信任和感知风险具有正向影响；媒介使用理解能力素养对信任和感知利益具有正向影响；媒介参与创造能力素养对信任、感知利益具有正向影响。研究假设 H2f/h/k/l/o/p 不成立，媒介内容批判能力素养对感知利益和使用意愿不具有正向影响；媒介使用理解能力素养对感知风险和使用意愿不具有正向影响；媒介参与创造能力素养对感知风险和使用意愿不具有正向影响。

表 4　模型假设验证结果

假设	路径	路径系数	样本均值	标准差	T 统计量	P 值	假设是否成立
H2f	$CC \to PB$	-0.059	-0.060	0.039	1.491	0.136	否
H2g	$CC \to PR$	0.442	0.444	0.053	8.301	0.000	是
H2e	$CC \to T$	-0.137	-0.139	0.047	2.900	0.004	是
H2h	$CC \to WU$	0.055	0.056	0.042	1.307	0.191	否
H2n	$CP \to PB$	0.288	0.286	0.055	5.199	0.000	是
H2o	$CP \to PR$	-0.093	-0.096	0.066	1.405	0.160	否
H2m	$CP \to T$	0.183	0.185	0.062	2.927	0.003	是
H2p	$CP \to WU$	-0.011	-0.012	0.056	0.197	0.843	否
H2b	$FC \to PB$	0.395	0.397	0.048	8.289	0.000	是
H2c	$FC \to PR$	-0.130	-0.133	0.063	2.057	0.040	是
H2a	$FC \to T$	0.272	0.270	0.061	4.442	0.000	是
H2d	$FC \to WU$	0.135	0.134	0.062	2.173	0.030	是
H2j	$FP \to PB$	0.141	0.144	0.053	2.681	0.007	是
H2k	$FP \to PR$	0.008	0.008	0.056	0.152	0.880	否
H2i	$FP \to T$	0.190	0.191	0.063	2.998	0.003	是
H2l	$FP \to WU$	0.110	0.109	0.070	1.578	0.115	否

（三）中介作用检验

为了探索用户人智对话使用意愿机制，本报告采用 Bootstrap 方法进行中介效应分析，将 Bootstrap 样本量设置为 2000，采用估计值序列的第 2.5 百分位数和第 97.5 百分位数来估计 95%的置信区间①。VAF（中介效应占比）≥80%时，为完全中介作用；20%≤VAF<80%时，为部分中介作用；VAF<20%时，中介效应不成立。② 当直接效应不显著，间接效应与主效应显著时，说明中介效应为完全中介。

表 5 结果显示：感知利益在媒介基本使用能力素养与使用意愿之间发挥部分中介作用（T=3.513，P<0.01），中介效应占比为 34%；信任在媒介基本使用能力素养与使用意愿之间发挥部分中介作用（T=3.181，P<0.01），中介效应占比为 24%；感知利益在媒介参与创造能力素养与使用意愿之间发挥完全中介作用（T=4.369，P<0.01），中介效应占比为 61%；信任在媒介参与创造能力素养与使用意愿之间发挥完全中介作用（T=2.711，P<0.01），中介效应占比为 40%；感知利益在媒介使用理解能力素养与使用意愿之间发挥完全中介作用（T=2.477，P<0.01），中介效应占比为 20%；信任在媒介使用理解能力素养与使用意愿之间发挥完全中介作用（T=2.711，P<0.01），中介效应占比为 28%。

表 5　中介效应检验结果

中介路径	效应类型	效应值	中介效应占比	偏差修正置信区间		P 值
				下限	上限	
$FC \rightarrow PB \rightarrow WU$	总效应	0.346	34%	0.226	0.459	0.000
	直接效应	0.135		0.020	0.256	0.026
	间接效应	0.116		0.057	0.187	0.000
$FC \rightarrow T \rightarrow WU$	总效应	0.346	24%	0.226	0.459	0.000
	直接效应	0.135		0.020	0.256	0.026
	间接效应	0.082		0.038	0.140	0.001

① 李龙飞、张国良：《新冠肺炎疫情中媒介信息特征对信息分享意愿的影响及作用机制研究》，《新闻大学》2021 年第 4 期，第 83~101 页。

② Hair Jr, J. F., Hult, G. T. M., Ringle, C. M., & Sarstedt, M., "A Primer on Partial Least Squares Structural Equation Modeling (PLS-SEM)," *Sage Publications*, 2021.

续表

中介路径	效应类型	效应值	中介效应占比	偏差修正置信区间		P 值
				下限	上限	
CP→*PB*→*WU*	总效应	0. 139	61%	0. 071	0. 178	0. 000
	直接效应	-0. 011		-0. 120	0. 099	0. 844
	间接效应	0. 085		0. 040	0. 141	0. 001
CP→*T*→*WU*	总效应	0. 139	40%	0. 021	0. 105	0. 006
	直接效应	-0. 011		-0. 120	0. 099	0. 844
	间接效应	0. 055		0. 022	0. 103	0. 007
FP→*PB*→*WU*	总效应	0. 208	20%	0. 019	0. 106	0. 012
	直接效应	0. 110		-0. 028	0. 240	0. 113
	间接效应	0. 041		0. 011	0. 085	0. 033
FP→*T*→*WU*	总效应	0. 208	28%	0. 019	0. 106	0. 012
	直接效应	0. 110		-0. 028	0. 240	0. 113
	间接效应	0. 058		0. 022	0. 102	0. 007

五　研究结论与讨论

（一）主要研究结论

本报告引入技术接受模型，整合创新扩散理论和感知价值理论两个经典理论，以“媒介素养-信任/感知价值-使用意愿”为研究框架，实证解析媒介素养、信任、感知价值对用户人智对话使用意愿的影响机制，信任和感知价值在媒介素养与人智对话使用意愿之间的中介作用。研究结论如下。

1. “技术发烧友”——ChatGPT 在中国的早期体验者

我们在本次调研中发现，81. 55%的互联网用户有过 ChatGPT 或类似的聊天机器人的使用经历，这说明中国互联网用户对以 ChatGPT 为代表的生成式人工智能的接受度很高。结合本报告的人口统计学变量描述分析，人工智能产品的早期体验者具有年轻化、高学历、高社会经济地位、城市化、高媒介素养、主动使用的特征，结合以往研究，这些人群是新技术扩散中的技术敏感人群，甚至是所处圈层中新技术使用的意见领袖。“技术发烧友”是那些对技术充满热情和渴望的人，他们喜欢探索新技术、学习新知识，并将其应用于现实生活中。他们不仅是关注科技产品的用户，也有可能是科技创新的推动者。他们喜欢尝试新的设备、软件和应用程序，并分享他们的体验和经验。他们对于每一个新科技的出现都心怀好奇，并迫不及待地去了解它们的工作原理和应用领域。除了对于最新科技的追求，“技术发烧友”还非常注重科技的合理和可持续发展。他们关注人工智能产生的影响，并共享他们在智能媒体使用上的专长。

年龄、受教育水平、媒介素养显著影响着人们对新技术的接纳程度和使用方式。在本报告中，受教育水平越高的用户越倾向于用 ChatGPT 工作，受教育水平低的用户则倾向于用 ChatGPT 娱乐。研究中有 39. 88%的用户使用 ChatGPT 工作，23. 81%的用户使用 ChatGPT 学习，36. 31%的用户使用 ChatGPT 娱乐。正如罗杰斯在《创新与扩散》中所指出那样，用户可能会发现新技术的其他用途比其原本功能要更有用，如今，在中国用户认知中已不把 ChatGPT 当成聊天工具，而是工作、学习、娱乐的智能对话工具。这些主动接触 ChatGPT 的“技术发烧友”关键的驱动因素是媒介使用需求和人格特质，在智能技术的扩散传播中，早期体验者的媒介使用经历至关重要，他们会成为其他技术追随者的导师，他们通过撰写技术博客、发布教程视频等方式，将复杂的技术知识转化为浅显易懂的内容，用他们人智对话的使用体验影响后来者。

在本报告中，不同性别的人在使用 ChatGPT 时的明显差异仅体现在任务意图上，使用 ChatGPT 娱乐的女性占到 27%，使用 ChatGPT 娱乐的男性则占 17%。可见，随着中国女性受教育水平的提高，在人智对话的使用和心理体验上，男女的媒介素养并无明显差异，这挑战了人们认为女性更不擅长使用计算机的传统认知，意味着越来越多的女性享受了科技进步带来的利益，女性也积极地成了新技术的体验者和推动者。

2. 智能鸿沟——媒介素养与价值判断

本报告发现，在媒介素养的四个维度中，用户使用 ChatGPT 的基本能力、理解水平和创作能力越强，感知有用性和感知易用性就越强，感知风险就越弱。人媒一体性的心理认知已经形成，这意味着在人媒共生的智能媒体时代，媒介素养已成为建构人本身认知结构中人格结构的重要能力。用户不仅期待从媒介中获取知识信息、审美体验，而且将媒介使用作为自我表达和自我发展的重要路径。媒介素养影响着个体对智能技术的心理体验，这意味着人工智能创新扩散的过程正在建构新的智能媒体鸿沟，在短期内人智对话将在技术敏感型人群中流行，而在社会系统内的垂直传播则会减缓。

在使用 ChatGPT 时，高质量的提示语将会获得更优质的内容，如打破知识壁垒的综合答案和在细分领域里的知识收集，都大大提高了其工具的使用价值。成长中的 ChatGPT 也经常出现错误答案和模糊态度，这就对用户正确书写提示语、辩证理解人工智能内容、合理使用人工智能内容提出了新的挑战，用户也需进一步提高对人工智能内容的反思能力，确保人机协同思考中的人类主体性。在生成式人工智能开发中用于工作和学习的生成式人工智能机器需要侧重有用性和易用性，用于娱乐的生成式人工智能机器则要侧重趣味性。同时，应尽可能降低受众在使用时的时间成本，目前，大部分 AIGC 程序在生成内容时需要延时提供内容，这对于当前用户媒介使用习惯来说时间成本过高，可能导致媒介倦怠。

智能鸿沟的现实存在也需要学界产生足够重视，对中国来说在发展人工智能技术的同时，更应将弥合智能鸿沟作为重要紧迫的事件，从学术研究、行政管理和公民教育多层面、立体化地展开应对。本报告在研究中发现，人工智能时代的媒介素养至关重要，人机协同思考将对用户媒介素养提出新的要求，也将重新定义媒介素养的内涵和外延，生成式人工智能的操作技术、应用范围和伦理法规应当作为公民媒介教育的重要一环，形成一种新的文化自觉。用户应培育正确的媒介使用习惯，形成合理的媒介使用动机，更好地将人工工具应用到工作、学习和生活。

3. 信任桥梁——工具繁荣与隐忧意识

在被信任感完全中介化的当下，信任成了人们使用人工智能的重要连结点，这种信任最终应由更良好的媒介环境和人自身的媒介素养提升实现。在以往的研究中，学者认为不同信息类型影响着媒介信任度，如在自然灾难报道中，传统媒体比社交媒体的信任度更高。而在本报告中，不同的任务意图并不影响人们对 ChatGPT 的信任和使用，这也解释了用户在人智对话中的议程设置是自主决定的，用户认为自己是人智对话的主导者，并不受信息类型的干扰。

总体上，中国用户对 ChatGPT 生产的内容信任度较高，在人智对话信任和使用意愿上都表现出技术乐观心态。尽管在媒介使用中，人们经常顾虑 AI 生成的内容是否具备可信度、是否具有主观性和情感、是否涉及隐私侵权。但在早期用户的使用中，ChatGPT 呈现的功能已超越了人们对人工智能的既有认知和体验期待，因此获得的满足感较高。尽管 AI 可以通过大量的数据进行训练和学习，但其生成的内容仍可能存在错误或偏差，这就需要 AI 系统有良好的验证机制和审核流程，以确保生成的内容准确可靠。用户也需要对 AI 生成的内容有一定的辨别能力，不盲目接受所有由 AI 生成的信息，而是要结合其他信息来源进行综合判断。

人机协同思考意味着人类将更多的决策权让渡给了算法和技术，究其根本，科技企业代替人脑思考才是人工智能技术的商业本质。正如斯蒂格勒提出数字化资本主义新时代的本质是数字化蒙太奇，资产阶级通过先在的数字化蒙太奇深刻改变了人们的意识结构，使其更加臣服于资本逻辑。[①] 当前的智能鸿沟需要政治、科学、资本、社会有力博弈、多方协同和有效制衡。在一项 Twitter 用户媒介信任感的研究中，学者研究了美国和乌克兰两种历史和意识形态情境下的用户，发现不同文化情境下的用户对 Twitter 产生的信任程度不同，进而影响了用户的使用意愿。[②] 而中国用户在被问及“我经常质疑看到的媒体内容，包括 ChatGPT，因为它们是被建构的”和“我经常质疑 ChatGPT 传达的信息是否有隐含的意义和目的”时，持同意和不同意想

① 张一兵：《先在的数字化蒙太奇构架与意识的政治经济学——斯蒂格勒〈技术与时间〉的解读》，《学术月刊》2017 年第 8 期，第 54 页。

② Pentina，I.，Zhang，L.，Basmanova，O，“Antecedents and Consequences of Trust in a Social Media Brand：A Cross-cultural Study of Twitter，” *Computers in Human Behavior*，2013：1546－1555.

法的用户比例十分接近，这就意味着 ChatGPT 早期使用者中除了态度中立者，其他人一半对 ChatGPT 背后的意识形态产生了质疑，另一半则不怀疑 ChatGPT 背后的控制力量。中国用户并没有一边倒的质疑 ChatGPT 内容的真实性和算法黑箱的目的性的更深层次的原因则需要结合扎根理论等研究方法进一步建构中国用户对西方人工智能产品的认知模型。

（二）理论创新与讨论

本报告的理论价值与创新在于：首先，本报告采用技术接受模型，结合创新扩散理论和感知价值理论，解析了 ChatGPT 用户使用意愿的形成机制，研究结论丰富了人智对话用户使用意愿的理论视角；其次，现有文献多侧重生成式人工智能的技术开发、应用领域和伦理法规，本报告对生成式人工智能用户的研究开拓了人工智能研究的新视角，为人机对话的后续研究提供了实证支持。本报告尝试从用户特性入手，细化用户接受 ChatGPT 人智对话信息技术的认知心理过程，打开 ChatGPT 人智对话用户感知评估“黑箱”，这是对生成式人工智能传播效果逻辑的实证洞察。同时，从“信任”和“感知价值”双重视角建构 ChatGPT 人智对话信息技术理论框架，探讨用户对 ChatGPT 人智对话效果评估的深层有限理性决策逻辑。本报告以用户人智对话中的认知-情感-行为为主线，结合感知价值理论为用户人智对话过程提供解释。本报告能够为人智对话机器人的发展策略提供一些理论依据和实践参考。

在媒介控制方面，广大用户对人工智能的态度有着明显差异，但对境外人工智能内容背后的意识形态控制“黑箱”警惕性不足，对生成式人工智能的应用伦理认识不充分，这就需要国家和政府有更超前的把关行为和价值导向。2023 年 7 月，国家网信办等七部门联合公布《生成式人工智能服务管理暂行办法》，明确了促进生成式人工智能技术发展的具体措施，涵盖技术发展与治理、服务规范、监督检查和法律责任等多个方面。对作为互联网大国的中国而言，引领全球人工智能监管问题的理念和实践探索，是中国式现代化的需要，也是人类命运共同体的使命担当。

在技术研发方面，人工智能预训练大模型正在从供给端走向应用端，正如 OpenAI 降低了 ChatGPT 的使用门槛，让更多应用和 C 端用户接入 ChatGPT，降低用户成本，鼓励使用，大量的访问和数据将给 ChatGPT 带来更多的训练和优化。同时，相关公司在深度洞察用户需求的基础上于 2023 年 3 月推出了针对娱乐需求的 Character AI 智能聊天机器人，在这款应用里，用户可以创建自己的机器人角色，并与其他用户的机器人聊天。因此，在生成式人工智能研发时，要在用户需求和用户体验上细分市场、靶向研发、精准投放。

在技术传播方面，本报告发现，受教育水平越高的用户对 ChatGPT 的信任度越低，受教育水平越低的用户对 ChatGPT 的信任度越高。霍夫兰在《我们为何而战》的经典研究中为我们提供了可供参考的说服路径，即在 AIGC 的传播策略上，对于那些对观点存疑的受教育程度高的人，应主动提供生成式人工智能产品优缺点的“两面提示”；对于那些原来就赞同某观点并且受教育程度低的用户，则应使用“一面效应”，只需要对他们反复强调人工智能产品优点即可。此外，当前处于生成式人工智能市场进入阶段，要将智能技术早期使用者作为新技术扩散传播的影响流，人工智能技术企业在营销上需要借助技术敏感型用户的力量，鼓励他们共创、共振、共享人机协同下的内容生产。

（三）研究局限与未来展望

本报告仍存在一定局限性。首先，本报告所依据的样本数据仅限于中国大陆地区，对于其他国家文化语境下的用户使用 ChatGPT 情况的覆盖面不足，后续可以展开此类比较研究。其次，本报告前期预测的任务意图未能在后期的数据分析中获得支持，原因估计是当前处于 ChatGPT 应用前期，用户对其认知才刚刚建立，任务情景并不是最重要的考量因素。考虑到研究变量的测量题项数量和答题效果，本报告没有将用户期待、自我效能感加入自变量的讨论中，但在研究中发现这些因素对使用意愿亦有重要影响。在样本获得的过程中，本报告发现早期用户中的互联网从业者对人智对话有深刻的理解，这些内容在量化研究中无法充分体现，在后续持续研究中将计划采用扎根理论，逐步抽样建构完善人智对话用户使用意愿模型。最后，本报告以具有知名度的 ChatGPT 为生成式人工智能的代表展开了研究，其形成机制对其他生成式人工智能如视频制作、虚拟主播、数据新闻的解释力尚不清晰。人工智能用户研究任重而道远，新闻传播学科理应率先察觉新技术大潮下的用户变化，本报告的未尽之事也将在未来展开更详尽、更全面的研究。

B.4

AIGC 带来的各行业的变革（2023）

李建勋*

摘　要： 人工智能生成内容的横空出世，让我们见识到了其神奇的创造力。它挑战了传统的传媒商业模式，将内容创作、生产和传播推向了新的高度。我们发现传统的广告收入模式受到颠覆、内容传播被垄断、受众需求不断多样化，这些都成了 AIGC 挑战的对象。但正是在这些挑战中，催生了传媒行业的危与机，引发了人们对传媒商业模式的热烈讨论。然而，这种影响并不会局限于传媒领域，它同时也指向了各行各业。AIGC 不仅会在生产领域大放异彩，提高生产效率，降低成本，还会让人们的生活在黑科技中疯狂嬉戏。智能家居变身魔法师，AIGC 成为智能助理能够满足人们的各种需求，让生活变得更加便捷和有趣。与此同时，我们也会面临巨大的挑战。算法正义、数据质量、算力需求、环境担忧、创作归属和数据合法性等的挑战需要人们积极应对。就业市场的疯狂转型、隐私和伦理问题的风险让人们思考如何保护个人隐私和尊严。我们需要勇敢迎接 AIGC 带来的挑战，抓住机遇，让 AIGC 成为推动人类文明进步的助推器。

关键词： AIGC　传媒　商业模式

* 李建勋，工学博士，厦门理工学院设计艺术学院讲师，硕士研究生导师，主要研究方向为大数据、算法优化以及交互应用。

一　横空出世的人工智能生成内容

（一）AIGC 的概念和背景

随着人工智能技术的不断发展和应用，传媒行业也迎来了前所未有的变革。其中，人工智能生成内容（Artificial Intelligence Generated Content，AIGC）作为一种新兴的技术和应用，引起了广泛的关注和讨论。AIGC 通过深度学习、自然语言处理等技术手段，使计算机系统可以模拟人类的思维和创造力，从而生成具有一定创意和表达能力的文本、图像、音频和视频等内容。AIGC 技术的发展使得传媒行业可以实现自动化和个性化内容生成，极大地拓展了内容创作的可能性。

AIGC 的兴起与人工智能技术的快速发展密不可分。随着大数据的积累和计算能力的提升，人工智能在各个领域展现出了强大的应用潜力。在传媒领域，AIGC 的应用也逐渐成熟，通过自动化生成内容，传媒机构可以更快速地满足用户需求，提供高质量的定制化内容。

同时，AIGC 技术在传媒领域具有广泛的应用前景。首先，它可以用于新闻报道和内容创作，通过快速分析和生成信息，实现新闻稿件的自动化生成和定制化推送。其次，在广告和营销领域，通过分析用户数据和行为模式，生成个性化的广告内容，提高广告投放的精准度和效果。此外，AIGC 还可以用于影视制作、音乐创作、虚拟主播等领域，为传媒行业带来更多创新性和可能性，为社会的各行各业带来商业模式的变革，创造新的商机和利润增长点。

（二）引发对传媒领域商业模式变革的讨论

AIGC 技术的出现和应用将对传媒行业的商业模式产生深远的影响。与以往的科技发展不同，这次的影响不仅简单地增强了某些工具的性能，它还真的让我们与机器间的沟通变得顺畅。在创造内容的过程中，AIGC 能够对我们提出的需求做到近乎完整的理解，再通过全方位、专业化的数据整合给出我们想要的答案。这种对上下文内容以及逻辑的理解和整合能力就像一把万能钥匙，通过简单的处理与适配，就能在各种场景中像人类一样创造出相符的内容来。因此，AIGC 将会给内容的生产模式、传播模式、消费模式以及企业和行业的格局带来前所未有的变革。

一方面，AIGC 技术的应用使得内容生产变得更加高效、个性化和智能化，将大幅减少人力成本，也使得其与推荐算法能够无缝衔接，提供更多样化的内容选择，更加有效地提高内容的传播效果和影响力。另一方面，AIGC 技术也为传媒企业带来新的商业机会，面对来自互联网平台、社交媒体和个人自媒体等新兴媒体的竞争压力，传媒企业需要积极转型，加强技术研发和创新能力，以创新的思维和灵活的战略，掌握 AIGC 技术带来的挑战和机遇。

二　传媒领域的商业模式传统与挑战

在探讨 AIGC 所带来的传媒商业模式变革之前，让我们先来了解一下传统传媒商业模式的特点和局限。这些特点和局限既是传统传媒领域的基石，也是传媒行业面临的挑战所在。①

（一）传统传媒商业模式的特点和局限

1. 广告收入的依赖

传统传媒主要依靠广告收入来维持运营并盈利。广告收入是其主要的收入来源，广告收入的多少直接影响传媒机构的运作和发展。然而，随着互联网和数字媒体的兴起，广告市场逐渐趋于饱和，激烈的竞争使传统传媒面临着广告收入下滑的压力。

---

① 卞婧钰：《新闻的社交化传播研究——以抖音中的主流媒体为例》，硕士学位论文，内蒙古大学，2022。

2. 内容传播的垄断

传统传媒机构拥有对内容的控制和传播权，通过编辑、筛选和发布来掌握观众的信息获取方式。然而，这种垄断地位在互联网时代受到了冲击。随着社交媒体和自媒体的兴起，每个人都可以成为内容的创作者和传播者，观众可以自主选择和分享内容，传统媒体的传播地位逐渐受到挑战。

3. 媒体消费习惯的变化

随着数字化和移动化的普及，大众的消费习惯也发生了巨大的变化。人们越来越倾向于通过互联网和移动设备获取新闻和娱乐内容，随时随地自由选择自己感兴趣的内容。这为传统媒体的发行渠道和盈利模式提供了新的思路。

4. 受众细分和个性化需求的崛起

传统传媒通常采用广播的传播方式，以大众化的内容吸引受众。然而，随着人们对个性化和定制化需求的增加，传统媒体很难满足每个人的特定需求。个性化的内容和服务成为新的市场需求和商业模式。

（二）AIGC 对传媒商业模式的影响

在传统传媒商业模式的特点和局限中，我们可以看到传统媒体所面临的挑战，这些挑战和需求不仅来自技术的进步和市场的变化，也受到大众新需求和行为的影响。同时 AIGC 的出现也将为其提供新的机遇，这将进一步塑造传媒行业的未来，并为行业的可持续发展提供新的机遇和挑战。

1. 内容创作与生产

首先，在内容生成方面，AIGC 技术的应用将带来传媒商业模式的重大变革。传统的内容创作过程通常需要消耗大量的人力和时间，而 AIGC 的引入为内容生成提供了全新的可能性。通过机器学习和自然语言处理技术，AIGC 能够自动分析和理解大量的数据，并生成高质量的内容，如文章、新闻报道和影视剧本等。这样的应用使得内容生成更加高效和快速，大大缩短了创作周期，将为传媒行业带来巨大的效益和竞争优势。

其次，AIGC 还将在创意发展方面发挥作用。它可以通过分析和学习大量的创意作品，为创作者提供灵感和创意的启示。AIGC 技术可以根据用户需求和市场趋势，生成各种创意构思和创新方向，帮助创作者更好地进行创作和创新。这种人机协同生产的新模式可以为传媒行业注入新的活力和创意，让人与机器之间的合作变得更加紧密和高效，继而推动内容的多样化和品质的提升。在这种合作模式中，AIGC 可以承担一些重复性高和烦琐的任务，如大量数据的分析和整理，从而释放人工创作者的时间和精力，让人们更专注于创意和创作的核心部分，为内容注入情感和独特性。AIGC 还可以提供实时的反馈和建议，帮助人工创作者改进和优化作品，提高内容的质量和吸引力，形成良性循环，从而满足不断变化的用户需求，提升产出内容的影响力。

最后，AIGC 技术的应用也可以推动媒体融合的进程。一方面，不同类型的媒体内容，如文字、图片、音频和视频等，可以在数字平台上实现无缝结合。另一方面，AIGC 技术能够拓展创作空间，有助于提升作品的质量。让受限于时间、空间和人力资源等因素的传统媒体突破这种被束缚的局面。在创作过程中，人工的参与不可避免地存在一定的主观因素和误差。但通过人机协同生产，AI 工具可以提供更准确、高效的辅助，帮助创作者进行内容的审校、优化和精细调整。AI 技术在语义分析、图像识别和音频处理等方面的应用，也能够帮助创作者发现并改进作品中的问题，提升作品的质量和观赏性。

总体而言，面对 AIGC 技术带来的挑战和变革，人机协同生产在传媒领域中或将发挥重要作用。通过推动媒体融合、拓展创作空间和提升作品质量，传媒机构和创作者能够更好地适应新的时代要求，提供更具创新性和吸引力的内容，满足用户日益增长的多样化需求。然而，随之而来的挑战也是不可忽视的，如技术难题、知识产权保护等，需要我们与 AI 技术共同探索和解决。

2. 内容分发与传播

AIGC 主要是能够理解并整合人类的需求来进行生产决策，这样的强大能力使得其在生产内容方面独树一帜，但其能力并不仅限于此，其在内容的分发与传播方面同样可以做到较高的高度。

现今的媒体平台不论是对广告的投放还是对内容的分发都有着类似的

AI 推荐机制，这种机制都是通过收集用户的行为数据来分析、预测用户的兴趣、行为和偏好。这无非利用各种组合式的聚类分析法来构建模型，从而产生相对准确的分析结果。但这种分发方式功能单一，准确性严重滞后，虽然对长期跟踪的用户有较高的正确率，但分发手法较为粗暴，且对于数据特征以及分发内容的变化的适应性较差。而 AIGC 大模型最厉害的地方就是它的特征参数足够多，已经达到了千亿级别，未来可能再提升几个数量级。可以说对“任何”问题的分析结果都已经是预制好的，不需要重新学习。因此，与 AIGC 的结合能够使传媒机构更好地利用数据进行决策和优化。通过分析不同的特征数据和市场趋势便可以制订更精准的内容策略和分发计划，以此来优化内容的质量和效果。同时，AIGC 还能够帮助传媒机构实时监测和分析内容的表现，根据数据反馈进行调整和优化，实现内容的持续改进和创新，从而优化内容的发布策略和分发渠道，提高内容的曝光度和传播效果，提升传媒机构的运营效率和盈利能力。

总体而言，AIGC 在内容分发与传播方面的应用为传媒商业模式带来了更加智能化、个性化和数据驱动的变革。它可以提升用户体验、提高内容的传播效果和盈利能力，同时也为传媒机构带来了新的商业机会和合作模式。

三　生产生活的变革狂潮与波折

三次工业革命分别解放了人的双手、时间和距离。在 AIGC 出现之前，人们一直认为物联网会带领人类进入第四次工业革命。但经过几年的应用人们才清楚，物联网并没有解放人的头脑，而是进一步解放了双手、时间和距离，其不过是又一次的产业升级。而 AIGC 并没有“优柔寡断”，第一次在公众面前亮相就让人彻底感受到了能力的碾轧。AIGC 在回答各个行业的问题时如同专家学者，空间思维、复杂推理以及学习能力几乎与人无异，就连艺术创作能力也都横扫普通大众。这样的产品一旦在各领域中得到应用，便会从不同层面解放人的头脑。

（一）AIGC 的超能力在生产领域的爆发

1. 生产效率蹿升，成本瞬间蒸发

数字工业化时代的机器人解放了标准化、重复性体力劳动者的双手，成为工厂中的“明星演员”，它们以超快的速度、精准的动作完成各种任务。从组装零件到包装产品，从搬运物料到质量检测，样样在行。如今的 AIGC 将赋予机器人足以理解人类需求，并做出恰当决策的智慧。它们可以根据与人类的交流生产创作出文章、画作、方案，甚至是各种程序的代码，抑或是查找出你所提交内容中的错误之处。虽然现阶段 AIGC 所生产出来的内容与专业人士相比还存在一定差距，但绝大多数的产出足以媲美普通人类职员的专业水平，且 AIGC 的高专业化程度可以是全领域的、多方位的，因此，作为辅助工具一“人”多职的角色也是其最拿手的工作方式。

如此一来，AIGC 的超能力又可以让脑力创作工作者的生产效率如虎添翼，省去了大量灵感挖掘、反复执笔试做的时间，让人们有更多的时间去思考、去论证，让一个人成为一个团队，让成本如同被施了魔法一般大幅下降。

2. 工作模式的变革，是合作者还是闲观者?

过去，人类是工作室的主导，而机器只是辅助。但是在 AIGC 的时代，机器可以用人类的思维方式与我们交流，帮我们做出决策，甚至创造出产品。这样的超能力给我们带来了一个严重的问题：人类的角色是否要重新定义？我们不能被取代，但也不能停留在原地。我们需要成为与机器协同工作的合作者，发挥创造力和智慧为生产带来新的思路和突破。这样我们便不再是闲观者，而是变革的引领者，共同开创生产领域的未来。彼时的我们将与机器共舞，共同演绎生产的乐章。人们负责创造新的想法，而机器负责执行和完成繁重费时的任务。人和机器相互合作、相互依赖，让工作变得更加高效、有趣，如同一场完美的表演。

（二）黑科技在生活中疯狂嬉戏

1. 智能家居，房间里的魔法师

智能家居这类产品我们并不陌生，在家电行业此类产品已经发展了很多年，如智能门锁、智能灯泡、智能窗帘、智能空调等。这些智能家居的工作原理基本是在其原有功能的基础上加上电器化调控装置，然后通过中央服务器的指令交换来实现看似智能的自动化，这类产品是否智能主要还是依靠中央服务器的指令是否准确、及时来判断。但用过此类产品的消费者应该深有体会，智能家居并不智能，因此人们经常调侃其为“人工智障”，与其说是智能家居不如改称自动化家居。究其原因，主要是中央服务器对人们需求的判断不够准确，所以会让人们有种跟“傻子”交流的感觉。

由于近些年输入端的技术也在逐年提高，语音识别、语音转文字和翻译的技术基本能够达到实时反应的水平。因此，AIGC 的出现将彻底改变当前的这种困局，可以说生活中的智能已经是“万事俱备，只欠东风”。这里的“东风”就是需要有一个可以准确理解人们需求的判断能力。而 AIGC 的能力恰到好处地填补了这一块的空缺，其通过与用户间的交流便可以充分理解人们的意图和需求，从而给出准确及时的指令。

2. 智能助理，可靠的伙伴

比拥有真正的智能家居更令人兴奋的是拥有像人一样的智能助理将成为可能。利用 AIGC 强大的理解、整合和创作能力，除生产工作以外，智能助理也能将我们生活方面的诸事安排得井井有条。小到日程的安排提醒、消费内容的选定购买、旅游路线的策划选择，大到工作喜好的推荐判断、人生的规划抉择以及生命安全的维护守护，只需要简单的几个指令便可以为我们快速地提出参考建议，量身定做出最适合自己的解决方案，并全周期地完成所执行的任务。①

如此一来，我们现如今的人机交互方式将会被彻底颠覆，手机这类产品将沉睡在博物馆之中，当前手机上的所有功能都可以被压缩成人们的一句指令。如果未来 XR 设备得以小型化，加上与元宇宙的结合，虚拟的人形智能助理将会随时随地陪伴在我们的左右。

生活中的智能最终还是要达到未卜先知才算是服务周到。经过长时间的

① 龚超、张鹏宇、喻涛：《情感分析——人工智能如何洞察心理》，化学工业出版社，2023。

培养，智能助理会如同一位知己，它深知个人的喜好和需求，甚至在人们说出指令之前便能给出最贴心的建议和推荐。人们再也不必为了找到适合自己的事物而犯愁，智能助理也将成为人们最可靠的伙伴。

（三）人类生活的一波三折

我们对未来的畅想确实美好，但由于社会的运作方式会发生系统性的变化，在美好的情景出现之前，社会上一定会产生适应期内的“阵痛”现象。这段痛苦的时期可能包括困难、挫折、焦虑和不确定性。它是个人成长和社会进步的必经之路。在这个过程中人们可能需要面对自己的局限性、克服恐惧和挑战传统观念。过程虽然艰辛，但正是通过这种磨砺，人们才能真正成长，迎接美好事物的到来。

1. 就业市场疯狂转型

随着 AIGC 的崛起，就业市场也将发生翻天覆地的变化，传统职业正在面临巨大的挑战。据 OpenAI 的研究人员分析，超半数的工作岗位将受到影响。[①] 虽然 AIGC 可以解放人类的大脑，不再需要去思考那些重复性或标准化程度高的工作内容，但也正因如此，这样的工作岗位也将逐渐在就业市场中消失。例如，初级甚至是中高级的原画师、UI 设计师、文案、主播等，都将被人工智能所取代。[②] 这将给传统行业带来巨大的冲击，但同时也会创造出一批新的行业和富有创造性的岗位，如 AI 工程师、数据分析师、话术师等。

为了不被取代，我们未来要与机器竞争，找到机器认为困难的地方，这才是我们的机会。人类历来以顽强的精神迎接各种挑战，并从中发现机遇。在这次 AIGC 的浪潮中，我们也必然会像前面的几次工业革命一样，从全新的市场格局中找到属于自己的位置。在这个充满机遇和竞争的舞台上，我们

---

① 马奔、叶紫蒙、杨悦兮：《中国式现代化与第四次工业革命：风险和应对》，《山东大学学报》（哲学社会科学版）2023 年第 1 期。

② 于水、范德志：《新一代人工智能（ChatGPT）的主要特征、社会风险及其治理路径》，《大连理工大学学报》（社会科学版）2023 年 6 月 28 日网络首发。

需要展现自己的独特技能和适应能力，成为这场人机竞赛的主角。

2. 隐私和伦理的风险时刻

不论在哪个时代，隐私和伦理问题都是对社会稳定的深刻考验。个人数据被广泛收集和分析，个人隐私遭到窥视。我们需要思考如何在科技进步的同时保护个人隐私和尊严，以及如何确保人工智能系统的运用符合伦理准则。

随着 AIGC 的应用，数据安全变得尤为重要。由于数据交互的增多，数据泄露和滥用的风险也逐渐变得严重且难以监管。个人隐私和机密信息可能受到侵犯，人们对生活惴惴不安。我们需要思考由谁来守护个人信息和秘密，并制定强有力的数据保护机制。只有确保数据的安全可靠，我们才能更好地享受人工智能技术带来的便利和进步，人类的价值和尊严才能得到充分的保护和尊重。

四　指向各行各业的革命性影响

AIGC 的出现让人们突然发觉，曾经那些被认为必须由人才能完成的重复式脑力劳动也并非无法替代。这使得内容生产的法则发生了根本性的变化。尽管我们不确定人类的测试是否能完全证明程序具有心智，但 AIGC 的智能水平的确在不断提升。

AIGC 的兴起也引发了各领域内专业化的研究。人类的高智商和机器的结合，为专业领域的发展提供了新的可能性。这种结合将带来更高的工作效率和精准度，在医疗、金融和其他领域都将得到广泛应用。同时，这也会引发人们对于人类角色和机器人角色的重新思考，探索创作者与 AI 的合作模式，以及伦理和道德问题。

（一）搜索领域的重新定义

虽然 AIGC 的主要功能是按需求生产内容，但在内容的生产过程中对现存问题答案的查找动作也是必不可少的。因此，一旦 AIGC 的产品在人类社会稳定出场，最先遭受冲击的将会是搜索领域。自从有了搜索引擎这种便利的数据化挖掘工具，人们便逐渐对其产生了依赖。人类这种与生俱来的好奇心与求知欲，促使人们对搜索引擎这类工具欲罢不能，渴望从中快速地找寻到自己想要的各种答案。因此，谷歌、百度、雅虎、必应都成为全球的互联网巨头企业。但在互联网行业中经常会说：击败你的并不是同行，而是跨界。所以，AIGC 的出现或将给搜索领域带来全新的定义与规则。

传统搜索引擎通过关键词匹配来提供搜索结果，搜索过程根据问题的复杂程度或繁或简，一般需要进行多次逐条搜索，而且最终提供的结果数量也可称为一片小小的“湖泊”，需要人们再逐个翻阅才能找到自己想要的答案。这对于曾经有问题无处可查的社会环境来说无疑是一种翻天覆地的变化。经过二十几年的应用，虽然人们早已习惯这种快速提升知识储备的方式，但由于广告多和准确率不高等问题的存在，会让人觉得有些拖沓。

AIGC 的出现让搜索过程中的烦琐步骤不再显现出来，通过 AI 大模型的驱动，AIGC 能够对问题全面理解，自行寻找合适的信息并做数据的整合工作，最终直接给出准确的答案。整个过程一气呵成，让人们无须再次介入。这使得 AIGC 在搜索领域的作用不仅是提供搜索结果，它更像是一个高级助理，能够围绕搜索结果进行答疑解惑，对问题中包含的多处重点进行理解和整合，从而给出全面的回答。如果稍作一些深层次的调整，它便能够根据个人的需求和偏好主动对搜索结果进行个性化定制。无论是旅游计划、购物需求还是学习资料，AIGC 都能根据个人的喜好和需求进行智能推荐，提供个性化的搜索体验。这种细致入微的用户体验，无疑是对传统搜索引擎的降维打击。

因此，当 ChatGPT 的能力轰动全球之时，微软第一时间将 ChatGPT 融入自己的搜索引擎必应当中，以求在下一个回合的较量中从谷歌那里抢夺到更多的市场份额。同一时期，谷歌为了迎战 ChatGPT，先与 OpenAI 的竞争对手 Anthropic 建立合作伙伴关系，随后又推出了由 LaMDA 大模型支持的人工智能对话服务 Bard。同日，百度也将自己的大模型项目“文心一言（ERNIE Bot）”公之于众，到目前为止百度也一直在大力宣传自己的大模型在中文会话方面的优势。[①] 由此可见，AIGC 的强大着实让搜索领域的巨头们“垂涎三尺”，争先恐后的入局。

（二）教育界的重塑形态

时至今日，教育界针对 AIGC 仍然是闻之色变、极力反对，因为很多学生都在利用 AIGC 的便利来应付课堂作业和考试。但随着时间的推移，社会上支持学生利用新工具的声音也在逐渐增多。[②] 像这种划时代的效率工具是不可能因为某些人的反对而被弃之不用的，在课堂外的世界中，人人都在削尖脑袋进行尝试，可谓一号难求。如果只在教书育人的过程中，教师们固守过时的教学方法，对全新的技术与教学理念避之不及，那毕业后的新一代将完全无法适应早已领先自己一个时代的社会。

在 AIGC 的影响下，教育界正在经历一场重塑的革命。传统的教学方法和思维方式已经很难适应当下快速变化的时代需求。我们需要重新审视教育的目的，并将其与人工智能的应用相结合，从而创造一个更具智慧和思考力的教育环境。

教育的目的不仅是传授知识，也是培养人们的思考能力和智慧。我们不能为了教育而教育，而要以实现人生感悟和维持生计为出发点。在这个过程中，AIGC 可以扮演学习工具的角色，不只是知识的提供者。对于求知若渴的学生来说，答案摆在面前也只是训练自己的标尺。而不学无术的学生即使没有 AIGC 的强大功能，也会寻找其他的方式来逃避学习。因此，我们应该关注人类独有的特性，如想象力、创造力和创新力，让学生学会如何思考、如何提出问题，而不是将答案标准化。只有这样，人工智能才能成为我们实现梦想的助手，而不是让我们成为人工智能训练下的助手。[③]

---

① 陈根：《ChatGPT 读懂人工智能新纪元》，电子工业出版社，2023。

② 王正青、阿衣布恩·别尔力克：《ChatGPT 升级：GPT-4 应用于未来大学教学的可能价值与陷阱》，《现代远距离教育》2023 年第 3 期。

③ 〔澳〕托比·沃尔什：《2062 终结——人类智能未来史》，罗静译，湖南科学技术出版社，2020。

未来已来，如果我们不去拥抱它，那我们将会变成机械时代的“马车夫”，被时代的洪流击打得支离破碎。

（三）医疗领域的返璞归真

一方面，近些年 AI 辅助诊断和 AI 影像辅助决策等，已经在医疗领域得到了一定程度的应用。在这个全新的时代，在线问诊的便利性，也使得患者可以轻松获得医生的建议和指导。目前，在部分疾病的诊断准确性和速度方面 AI 已经不逊于人类专家。[①] 这意味着人工智能作为一种强大的辅助工具，正在对医疗行业产生深远的影响，改变着医生的诊断和决策过程。随着 AIGC 技术在医学方面的尝试，ChatGPT 不仅通过了以难度大著称的美国执业医师资格考试，而且问诊水平也得到了《美国医学会杂志》的认可。[②] 但由于医疗行业的门槛高、专业性强，在该领域中除文书生成以外的应用仍需要被谨慎对待。

另一方面，由于西医的治疗过程堪称“吸金巨兽”，近些年社会上对西医被资本控制的诟病层出不穷，而中医却可以根据望闻问切给出治疗方案。中医也许是先人们利用中国独有的哲学思想给人体建立的医疗模型，只要输入望闻问切的几个基本参数就可以准确地判断出病症。以这种思维来畅想一下未来 AIGC 介入医疗领域这件事，人们可以利用大量有效的医疗数据来构建专门的医疗大模型，这样一来，是否就会给人类带来创新式的治疗手段呢？当我们做完诊断后，拿到手里的处方是否会变成：晒 30 分钟太阳、打一小时王者或者劈两小时柴火。如此的返璞归真是否就与中医的“正气内存，邪不可干”不谋而合呢？

（四）大变局下的行业派对

在 AIGC 的革命浪潮中，各行各业都被迫面对巨大的变革和重组。AIGC

---

① 吕纳强、韩笑蓉、顾莹珍、党爱民：《智慧医疗在心血管疾病领域的应用进展》，《中国医刊》2023 年第 7 期。

② Ayers, J. W., Poliak, A., Dredze, M., et al., “Comparing Physician and Artificial Intelligence Chatbot Responses to Patient Questions Posted to a Public Social Media Forum,” *JAMA Intern Med*, 2023.

在人类社会的首秀就是 ChatGPT 通过了美国的司法考试。没错，以往被视为高薪高地的律师职业，如今也面临着“饭碗焦虑”。大部分时间被案头的工作占据、机械重复的工作模式让律师们感到枯燥乏味。然而，这正是 AIGC 展现优势的领域。AIGC 的出现给律师与法官们带来了机会，让他们能够解放大部分的脑力劳动，将精力集中在负载更重的法律推理活动上。AIGC 的独到之处还在于其法律文书起草能力，能够帮助律师快速、准确地撰写各类法律文件。

而在新零售领域，AIGC 也将掀起一股狂潮。以顾客为中心、以消费者需求为导向的新零售应用已是当下的热点。AIGC 可以帮助零售商改进需求预测，让其能够做出更准确的定价决策、更优化的产品摆放，让客户在正确的时间、地点与产品产生联系。这种个性化的定制需求将引领新零售的发展趋势，为零售商带来更大的商机。

不仅如此，AIGC 在金融业的应用也将逐渐落地。它将为投资领域的分析带来更客观、实时、全面的视角，智能信用评估系统将使得审核周期缩短，提高服务效率和专业度。[①] 通过 AIGC 的撰写，行业研究报告、风险分析报告等也可以更加准确地呈现。新一轮重组与分工或在全球产业中展开，人工智能或将引领这场全球性的行业派对。

五　大挑战来袭：人类能否应对得当?

（一）算法正义与数据质量

虽然人工智能技术发展迅猛，但我们仍需认识到一些问题的存在，以便更好地应对未来的挑战。首先，尽管 AIGC 能够产生令人印象深刻的结果，但它也存在犯错的可能性。恶意“投喂”误导和错误信息可能干扰

① 〔美〕伊戈尔·图钦斯基：《反原则——人工智能时代个人成功之道》，陈天宏译，人民邮电出版社，2021。

AIGC 的生成结果。而且，为了获取高质量的数据付出巨额知识产权费用也会成为一个不容忽视的问题。[①] 其次，算法正义也是一个复杂的难题，因为神经网络中间的隐层对人类来说是一个黑箱，我们并不理解其中的相关性。这可能导致算法在学习人类的行为过程中，计算结果会向某个极端收敛，从而带来算法歧视的问题。例如，我们在刷视频的时候，平台推送过来的内容越来越倾向于自己偏好的一端，最终我们将无法看见不喜欢看到的东西。

（二）算力需求与环境担忧

大模型所需的计算能力和能源的消耗也是一个重要问题。计算本质上是将数据从无序转变为有序的过程，根据热力学第二定律可知，这需要有能量的输入才能够完成，而且大模型在运算时对能量的消耗是巨大的。据统计，2020 年中国数据中心的用电量已经超过了 2000 亿千瓦时，相当于三峡大坝和葛洲坝电厂年发电量总和的两倍。[②] 未来人类社会在算力上的能源消耗将引发对环境和资源问题的担忧，特别是碳排放增加导致的问题。与此相比，人脑所消耗的能量仅相当于 ChatGPT 的 0.002%甚至更少，这意味着 AIGC 的广泛应用可能导致人类进入一个高耗能的社会。

（三）创作归属和数据合法性

版权问题也将成为 AIGC 应用中的一个挑战。对于作品的生成，我们面临着到底是谁创造了作品的问题。虽然现阶段相关企业的做法基本是授权给操作生成的自然人，但被用来参照训练的数据同样存在版权人，一旦被索要版权，这种版权争议的问题目前来看很难彻底解决。并且，训练数据来源的合法性以及模型的训练可能涉及违反《通用数据保护条例》的“数据最小化”原则等，这都是人们在法律层面亟待解决的问题。

---

① 毕文轩：《生成式人工智能的风险规制困境及其化解：以 ChatGPT 的规制为视角》，《比较法研究》2023 年第 3 期。

② 陈根：《ChatGPT 读懂人工智能新纪元》，电子工业出版社，2023。

（四）劳动力市场的变革与机会

在劳动力方面，许多传统职业将被替代，而新的工作岗位也将出现。在这个过程中，各个行业由于对自动化技术的诱惑难以招架，高技能和中低技能劳动力就业可能呈现极化趋势。然而，这也为人类创造未来的就业提供了契机，人们可以从繁重重复的工作中解脱出来，拥有更多时间去思考和创造。同时，制度也将决定不同岗位的去留，标准化程度较低的高收入和低收入职业占比将提高，而标准化程度较高的中等收入职业占比将下降，[①] 这可能导致贫富差距的加剧。因此，我们需要以开阔的视野、多维的方法和有效的策略来应对这一变化，提前做好充分的准备。

（五）力求生机的险棋

在面对未来的挑战时，我们不仅要乐观相迎，也需要认识到技术发展所带来的安全问题，例如，高科技诈骗、训练时隐性的不良数据导致生成结果偏向恶意以及掺入奖惩机制的训练导致 AI 觉醒与人类生存意志相左等的问题。所有的问题都不可避免地将在人类的生产生活中逐一呈现出来，有些问题甚至正在发生。只要我们人类始终保持独有的创造性和在忧患中的求生欲，就不会被自己创造出来的产品所取代。人类的终极欲望无非古今中外的帝王所求的“长生”，以此来摆脱被自然力量束缚的困扰，所以，我们还有很长的路要走。要记住人类文明的推动力必定不是来自人工智能，而是来自我们自己的努力和智慧。

---

① 于水、范德志：《新一代人工智能（ChatGPT）的主要特征、社会风险及其治理路径》，《大连理工大学学报》（社会科学版）2023 年 6 月 28 日网络首发。

B.5 AIGC时代老龄群体内容生产新趋势（2023）

余 霖　石景源*

摘　要： 随着ChatGPT 4.0的问世，内容生产领域也逐步从UGC、PGC时代进入AIGC时代。近年来我国老龄人口占总人口比重日渐攀升，以老龄群体为受众的内容生产业也得以迅速发展，AIGC的成熟应用将助力整个老龄内容生产业进一步发展。国家和地方不断出台相关政策和法规，以确保老龄群体接触新技术的权益，同时也为老龄内容生产者提供更多的机会和平台。相关内容生产行业和企业应深挖新技术的未来潜力，不断推出更加适老化的内容生产和消费体验，打造更加符合AIGC时代的内容生产模式。

关键词： AIGC　老龄群体　内容生产　老龄化　短视频

一　老龄内容生产现状

（一）我国老龄化的现状

近年来，得益于政府的高度重视中国老龄群体的健康和人均寿命状况不断提高，“十三五”期间，中国的人口人均预期寿命已经由76.3岁大幅度

---

* 余霖，传播学博士，厦门理工学院影视与传播学院副教授，硕士研究生导师，主要研究方向为新媒体内容生产与传播；石景源，厦门理工学院影视与传播学院硕士研究生。

上升至77.3岁，《“十四五”公共服务规划》更是指出，2025年中国的人口人均预期寿命有望达78.3岁。人均预期寿命的增加意味着老年人口的不断积累和老龄化程度的不断加深。国家统计局发布的《中华人民共和国2022年国民经济和社会发展统计公报》显示，2022年全年出生人口为956万人，出生率为6.77‰；死亡人口为1014万人，死亡率为7.37‰；自然增长率为-0.60‰。人口负增长85万人，新生人口不断减少，达到历史新低。该公报数据还显示，至2022年末，我国60周岁及以上老年人口为28004万人，占总人口的比例为19.84%；65周岁及以上老年人口为20978万人，占总人口的比例为14.86%。[①] 我国65周岁以上人口数量居世界第一位。根据世界卫生组织的定义，一个国家65岁以上的人口占总人口的7%以上即进入老龄化社会；达14%即进入深度老龄化社会；达20%则进入超老龄社会。按照这一标准，2022年中国已正式步入深度老龄化社会。

老龄群体的增加和智能手机在老龄群体中的普及，为老龄内容生产领域的发展带来前所未有的生机和活力。根据2023年3月发布的《第51次〈中国互联网络发展状况统计报告〉》，从年龄来看，60岁及以上老年群体是非网民的主要群体。截至2022年12月，我国60岁及以上非网民群体占非网民总体的比例为37.40%，较全国60岁及以上人口比例高出17.56个百分点。截至2022年12月，20~29岁、30~39岁和40~49岁网民占比分别为14.20%、19.60%和16.70%；50岁及以上网民群体占比由2021年12月的26.80%提升至30.80%，这表明互联网正在不断地深入中老年群体的生活当中（见图1）。[②]

人工智能技术的快速发展不断降低老龄群体接触网络的门槛。从传统按键到智能触屏和语音输入，从烦琐的操作步骤到人工智能植入手机语音助手，以及市面上越来越多生活服务类应用软件的适老化程度不断提升，5G

---

① 《中华人民共和国2022年国民经济和社会发展统计公报》，中国政府网，2023年2月28日，https://www.gov.cn/xinwen/2023-02/28/content_5743623.htm。

② 《第51次〈中国互联网络发展状况统计报告〉》，中国互联网络信息中心（CNNIC），2023年3月2日，https://www.cnnic.cn/n4/2023/0303/c88-10757.html。

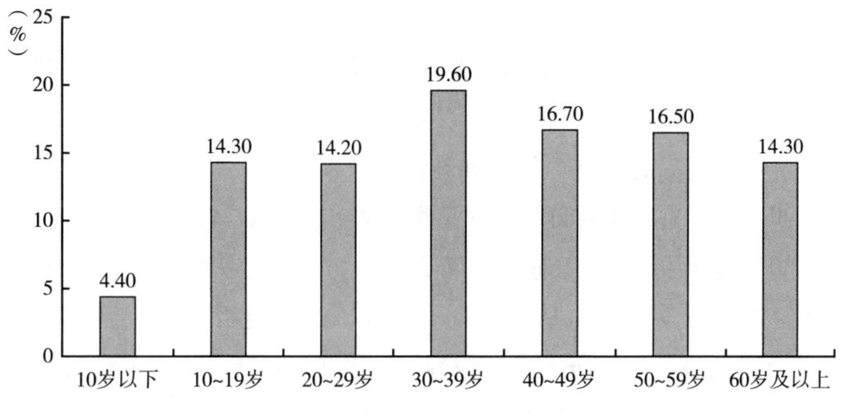

图 1　中国网民年龄结构

资料来源：中国互联网络信息中心（CNNIC）发布的《第 51 次〈中国互联网络发展状况统计报告〉》。

及各类媒体终端的普及和应用，特别是以微信为代表的社交网络媒体在老龄群体中的广泛使用，为老龄群体提供了便利的日常生活的同时，也产生了从短视频平台、图文内容到各类老龄生活服务应用软件的内容生产和消费需求。

（二）老龄群体媒介素养现状分析

1992 年，美国媒介素养研究中心提出，媒介素养可被视为一个个体在接收、处理、分析、表达、发挥、传播、影响等方面的综合技能，它可以帮助个体更好地识别、处置、表达、传播、影响他人的情感。媒介素养与个体的受教育程度、文化背景、媒介环境、职业与生活环境紧密相关。一旦达到退休年龄，老龄群体会从原本的工作岗位离开，他们的社会角色和承担的社会责任开始发生变化，由于脱离职场压力，他们对于社会的关注逐渐减少，人际交往和生活环境变得相对封闭，逐渐成为社会中的边缘群体。① 老龄群体与社会主流群体之间的代际和知识鸿沟也变得越来越明显。

① 《调研：当下新媒介环境对老年人适老化研究》，搜狐网，2021 年 9 月 2 日，https：//m. sohu. com/a/487354525_120561941/？pvid=000115_3w_a&010004_wapwxfzlj=。

而随着数字时代的到来，老龄群体的新媒介素养较难跟上新媒介技术的发展，“数字鸿沟”进一步加深。美国新媒介联合会发布《全球性趋势：21世纪素养峰会报告》中指出新媒介素养是指：“以听觉、视力及数字化素养相互叠加共同组成的一整套能力和技能，包括对视、听力有理解和运用能力，认识这些力量并加以利用，掌握数字媒介的控制与转换，并能轻松地将数字内容普遍地传递给其他人的能力。”这个“数字鸿沟”特别体现在ABCD的四个维度，分别是Access（网络访问和使用途径）、Basic Skills（基础数字技能）、Content（在线内容）以及Desire（个人上网动机及兴趣爱好）。[①] 有人将数字鸿沟按由浅到深的程度，分为五个层级，即网络接入、信息收发、信息搜寻、网络管理、网络创新。[②] 对于老龄群体来说，目前已初步完成第一层级，大部分老龄群体的数字鸿沟停留在第二和第三层级的浅层触网阶段。

研究发现，老龄群体的上网能力与年龄、性别无关，而与学习能力和学历高度相关。多数老年人懂得使用一些软件和功能，但有时候需要别人的帮助，特别是在新软件、新功能的使用上（见图2）。[③]

进入AIGC时代，对于老龄群体来说，在适应新技术环境时，因年龄增长、身体机能衰退、学习能力衰减等自身问题，以及手机操作系统步骤烦琐、App适老化程度较低、社会或家庭给予的支持不足等外部因素，很多都会面临技术鸿沟。这使得大部分老年人在接触互联网的第一步就被“卡脖子”。当前，政府和社会应通过多种形式的数字技能培训，对长者进行数字赋能。利用好相关政策和法规，倡导全社会共同助力老龄群体接触新技术，在提高他们生活水平的同时，提升我国老龄群体的整体媒介素养。在一些社区、公益服务机构、老年大学等已经陆续开展相关课程和帮扶，为老年人学

---

① 王逊：《难以跨越的“数字鸿沟”——新生代农民工移动互联网使用行为研究》，《前沿》2013年第4期，第107~109页。

② 刘传江、刘思辰：《数字化时代农民工市民化的“双重鸿沟”与跨越》，《西安交通大学学报》（社会科学版）2023年第1期。

③ 《极光大数据：2019年老年群体触网研究报告（附下载）》，199IT，2019年10月30日，http：//www.199it.com/archives/955787.html#：~：text=。

习新技术搭建桥梁，帮助老龄群体学习掌握互联网等新技术，培养他们使用新媒体并将其运用到生活中的能力。

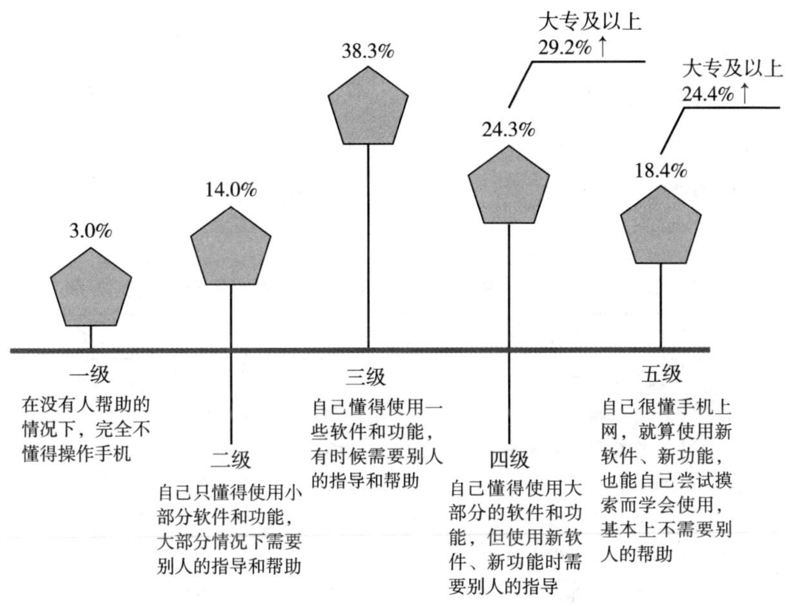

图 2　老龄群体上网能力等级分布

资料来源：极光大数据发布的《2019 年老年群体触网研究报告》。

（三）老龄群体内容生产题材分析

通过对抖音和快手等主流短视频平台的梳理发现，当前老龄群体内容生产题材主要集中于记录日常生活、生活经验分享、美食类和搞笑类等几个主要领域。此类内容较为贴合老年人的生活体验和丰富的人生经验，拍摄和制作难度相对较低，是老龄群体进行内容生产的“入门级”选择。

短视频领域的老龄创作者，往往以其亲和的语气、温馨的画面、生活化的内容打动用户，通过娓娓道来的方式讲述其人生阅历或者通过编排短剧的形式表达主题思想。还有一部分老龄创作群体善于抓住社会热点事件，对此进行评论或二次加工创作，以此获得大量点击率和浏览量。

（四）老龄群体生产内容受众分析

网红文化作为必不可少的社会文化，具有互动性、草根性、功利性等新特征，呈现给观众一种自我反叛的心态，他们以观看和模仿来自我代入和缓解压力。[①] 当前抖音用户画像以青少年、中年群体为主，但其中已经产生了一批拥有数百万甚至数千万粉丝的老龄内容生产者（见表1）。这些内容生产者对老龄群体有着巨大的影响力，对其他年龄段用户的影响力也不容小觑。

表1　抖音平台粉丝数量排名前15名的老龄内容生产者及其类别

排名	抖音账号	粉丝数量(万)	分类
1	我是田姥姥	3600.9	搞笑类
2	末那大叔	1698.0	生活类
3	只穿高跟鞋的汪奶奶	1360.1	短剧、生活类
4	陕西老乔	1282.3	美食自媒体
5	川味盐太婆	1044.3	生活美食类
6	济公爷爷·游本昌	995.6	表演艺术家
7	高彩萍与乔老爷	926.0	美食自媒体
8	神探大妈	903.3	普法博主
9	小顽童爷爷	744.4	生活、创意类
10	张双利	717.8	影视演员
11	蔡昀恩	686.8	生活类
12	江湖大妈	518.5	情景短视频、搞笑
13	三支花	499.6	情景短视频、搞笑
14	钱文燕	401.4	北京中医药大学教授,医学类
15	阿木爷爷	336.8	传统手艺人

资料来源：巨量算数2023年6月5日数据。

通过对老龄内容生产者所产出的短视频数据进行分析发现，其受众群体主要集中于18~40岁的青壮年群体以及同龄的老龄群体。前者对于老龄内容生产者所输出的内容更加信服，经验丰富的老年人，对年轻人的生活工作

① 刘胜枝：《商业资本推动下直播、短视频中的青年秀文化及其背后的社会心态》，《中国青年研究》2018年第12期，第5~12、43页。

起到教育和引导的作用。而对于同龄群体来说，相同年龄段的人，拥有相似的人生经历和共同话题，观看这类短视频更能产生共鸣。通过对一部分老龄内容生产者的粉丝画像分析得出，尽管这类内容生产者的年龄都大于 60 岁，但其粉丝群体主要集中在 31~40 岁这一年龄阶段，而 50 岁以上群体则占到了最少的比重（见图 3）。

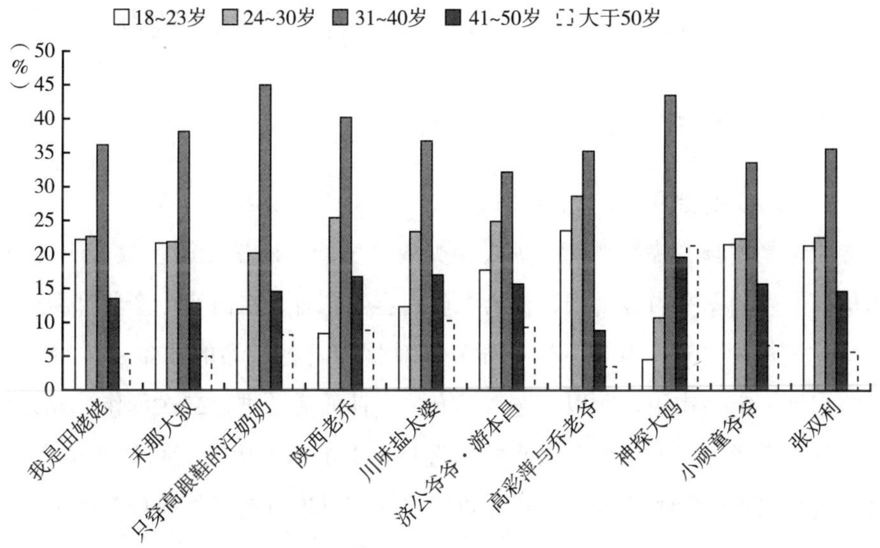

图 3　抖音平台部分老龄内容生产者粉丝年龄段画像

资料来源：巨量算数 2023 年 6 月 30 日数据。

《中老年人短视频使用情况调查报告》研究组对分布在 28 个省份的 1150 名中老年人进行了研究调查，参与调查的老龄群体中，有超过 60%的受访者认为短视频给他们“增加了生活乐趣”，有一半的受访者认为短视频帮助他们“及时了解时事新闻”，大约 1/4 的受访者认为短视频便于他们“关注朋友动态、跟朋友互动”“增进和子女之间的交流”，还有约 1/5 的受访者表示可以从短视频中“了解到新的知识”“学习一些技能”。[①] 新媒介

① 《中老年人短视频使用报告：抖音是老年人社会参与新工具》，“海外网”百家号，2021 年 8 月 30 日，https：//baijiahao. baidu. com/s? id=1709510512203685058&wfr=spider&for=pc。

环境下老龄群体显现出“健康需求、工作需求、依赖需求、和睦需求、支配需求、尊敬需求、配偶需求、经济需求等新需求”①。如何利用好新技术、利用好 AIGC 技术赋能老龄群体的文化生活和各类需求，成为当今社会需要重点关注的热点话题。

二 AIGC 时代老龄群体内容生产创作现状

（一）老龄内容生产创作路径创新

1. AIGC 赋能内容生产选题策划

无论是抖音、快手平台的短视频类内容生产，还是美篇、微信朋友圈、微信公众号的图文内容生产，作为专业内容生产者，在内容生产前都需要进行“选题策划”这一环节。这一环节将对整个内容产品的质量及内容受众反响起到决定性作用。所以，选取具有热点性的话题进行二次创作，成为很多内容生产者入门内容生产最直接的选择。老龄内容生产者可以借助 AIGC 技术进行热点内容的选取与筛选，再将这些信息进行初步的梳理和加工，形成文案或剧本，最后结合自己的经验进行创作，最终生产出高质量的内容产品。这种内容生产形式往往能够吸引较多观众的眼球，从而带来较高的流量，取得内容生产的成功。

2. AIGC 辅助将老龄相关内容作为老龄群体内容生产的主线任务

借助 AIGC，不断提升生产内容“原创性”。将老龄内容生产者独特的年龄优势，与 AIGC 的内容生成优势相结合，聚焦老龄问题及老龄群体，让 AIGC 做老龄群体的“意见领袖”，用 AIGC 对相关老龄问题进行预测和推算，生产具有“原创性”的内容产品。

作为弱势群体，老龄群体的问题得到国家和社会越来越多的关注。与此同时，老龄内容生产者作为该群体的“发声者”，应该积极关注老龄信息，

① 周云芳编著《老年人心理需求与调适》，中国社会出版社，2008，第 11 页。

创作相关老龄内容产品。例如，为老龄受众群体解读相关政策，为社会上存在的涉老问题及来自老龄群体的强烈诉求发声等。再如，微信公众号及同名抖音账号“北京大妈有话说”定位是为全国中老年人服务、发声的阵地。账号创建以来坚持以浅显易懂的方式，发布相关养老政策解读、适老便民信息等。其抖音平台粉丝已 400 余万人，累计获赞 2000 余万。未来通过 AIGC 辅助老龄内容生产者进行内容原创和创意设想将成为内容生产行业的趋势，这将促进老龄内容产品朝着更加丰富、多元、创新的方向发展。也将进一步消除广大老龄群体对于政策和法律的各种疑问，为老龄群体的生活提供更多的便利。

3. 大数据辅助细分受众群体，提升内容生产多元化

抖音平台借助强大的算法和大数据分析，结合不同用户的喜好特点，精准推送内容，最大限度地满足了不同受众的内容偏好，极大地增强了用户使用时的体验感。受众细分是媒体进入分众时代后，专业内容生产必不可少的一项重要工作。用户需求日益细分和小众化的今天，个体老龄内容生产者也需要对不同年龄段受众进行细分。当前使用抖音等应用的年龄层虽普遍为青壮年群体和部分老龄群体，但不能简单将这一批受众混为一谈。例如，对于 20~35 岁群体来说，其大部分为在校大学生、职场新人或初为父母的群体，对于这一群体，老龄内容生产者可以推出诸如生活经验、工作经验等相关内容。而对于 35~45 岁这部分群体，大部分面临着“上有老，下有小”的生活现状，老龄内容生产者站在“过来人”的角度可以发布一些养老经验、教育经验等相关内容的作品。以此细分受众，创作适合不同年龄段的内容产品，以满足不同受众群体的多样化需求。

4. 内容生产应树立正确价值观，倡导正确价值理念

随着新媒体的发展，大量老龄内容生产者加入其中，老年人也可以通过发布图文、视频、开直播、设置橱窗等方式获得相应的经济收入，实现生产内容变现。在 AIGC 的带动下，老龄内容生产在带来流量和经济效益的同时，也存在一些隐患和风险。作为一项内容生成技术，AIGC 生成内容具有欺骗性和迷惑性，AIGC 模仿人类生成的大量流畅文字和逼真的图像，其中

可能包含部分虚假信息，使得人类难以直接进行判断。同时生成内容具有随机性，且对于所生成内容的法律责任难以明确划分。GPT-4 的价值观偏好和意识形态立场与训练语料和优化模型的人类专家团队存在密切的联系，这使得它们很难被修正。然而，由于 GPT-4 在西方价值观语境和语料下训练完成，它在涉及主权和人权等敏感问题时，可能存在对我国的偏见和误导，而且，训练数据集截止到 2021 年 9 月，它无法提供任何更新的知识和信息，这将导致国际传播格局的过度集中化，从而增加意识形态安全的风险。①

所以，老龄内容生产者在借助 AIGC 进行内容生产时，应特别注意其生成内容的真实性。对于 AIGC 所涉及价值观及意识形态等方面的问题应加大辨识和审核力度，确保所生产内容符合主流价值观。

（二）老龄群体内容生产工具

AIGC 技术的应用正在大大提高网络内容行业的自动化和智能化水平，为新兴的内容生产行业经济模式的建立和发展带来了巨大的价值。马克思主义唯物史观指出，生产力是人类实现自我改变的关键因素。技术是人类历史发展的重要驱动力，它不仅是物质的基础，还是生产力的核心，它们之间的关联性极为密切。② 近些年来一些新技术、新媒介、新名词、新概念相继出现，如 5G、元宇宙、虚拟现实等，对于老龄群体来说，最直接可以接触到的媒介终端仍然是手机和电视。而在两者之间，手机更加具有进行内容生产的便利性和灵活性。大部分老龄群体对手机新媒介场域技术赋权的获得感不足，智能手机虽已经广泛在老龄群体中运用，但仍有大量老年人难以跨越数字鸿沟，他们对手机的使用仍然停留在接打电话、发送信息等基本操作上。有部分老年人，可以流畅使用各类短视频平台及生活服务类应用，但较多停留在基础操作和信息获取层面，远未达到利用手机媒介进行一定质量内容生产的水平。

① 蔡津津：《AIGC 对全媒体生产传播体系的影响及对策建议》，《传媒》2023 年第 10 期，第 16~20 页。

② 王存刚：《数字技术发展、生产方式变迁与国际体系转型——一个初步的分析》，《人民论坛·学术前沿》2023 年第 4 期，第 12~24 页。

老龄群体经常被认为是一个恐惧新技术的群体。[①] 然而，统计数据显示，这种想当然的认知是错误的。美国皮尤研究中心（Pew Research Center）的一项分析发现，近 20 年来美国老龄群体对数字技术的使用率显著增加。2000 年，65 岁及以上的人中有 14%是互联网用户，2019 年为 73%。[②] 由此可见，老龄群体的主要内容生产工具为智能手机，2022 年世界电信和信息社会日的主题为“面向老年人和实现健康老龄化的数字技术”，为协同产业链加速手机终端适老化进程，中国电信研究院评测中心研究制定了《中国电信手机终端适老化指引白皮书 2022 版》。该白皮书显示众多国内外手机品牌都努力在显示优化、听力增强、语音播报、智能助手、安全守护、健康监控等几个主要方面进行适老优化设计（见图 4）。[③]

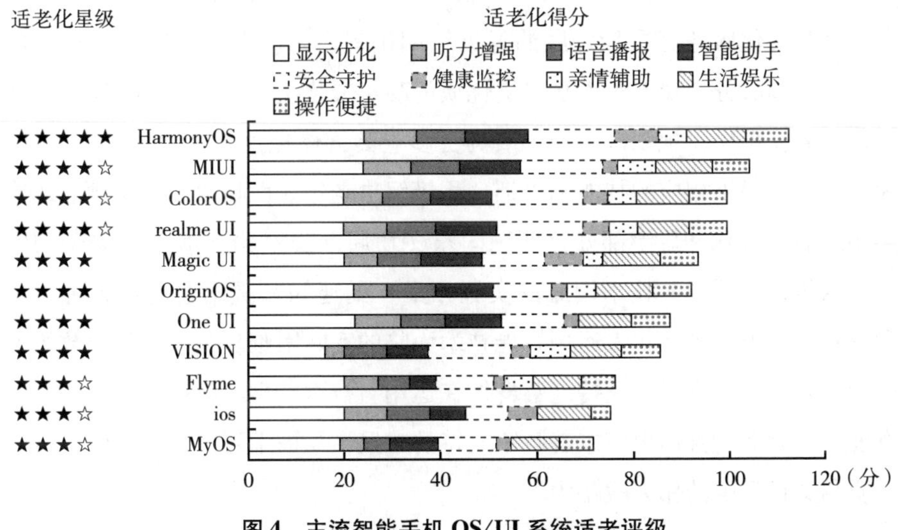

图 4　主流智能手机 OS/UI 系统适老评级

资料来源：中国电信研究院评测中心发布的《中国电信手机终端适老化指引白皮书 2022 版》。

① Jenkins, J. A., “An Ageing Workforce isn't a Burden. It's an Opportunity,” World Economic Forum, Jan 2019.

② Livingston, G., “Americans 60 and Older are Spending More Time in Front of Their Screens than a Decade Ago,” Pew Research Center, 2019.

③《中国电信首发手机终端适老化指数》，中国电信，2022 年 5 月 18 日，http://www.chinatelecom.com.cn/news/02/202205/t20220519_69787.html。

当下在激发广大老龄群体投入内容生产的积极性的同时，应打破老龄群体学习网络内容生产的困境，在提高各类应用软件、媒介终端、硬件设施适老化程度的同时，行业和企业应积极组织开展各类线上线下培训，为老龄群体的内容生产尽可能提供便利，以此激发老龄群体内容生产活力，提高老龄群体内容生产质量。

（三）相关行业政策及法律法规

为应对老龄化与保障老龄人群生活、工作，近些年来国家和地方相继颁布相应法律法规以保障这一群体的权益。2017 年施行的《中华人民共和国公共文化服务保障法》要求各级人民政府为老年人等群体提供相应的公共文化服务。2021 年印发的《文化和旅游部　国家发展改革委　财政部关于推动公共文化服务高质量发展的意见》明确提出，提供更多适合老年人的文化产品和服务，让老年人享有更优质的晚年文化生活。《“十四五”公共文化服务体系建设规划》也指出要为更多老龄群体提供更优质的晚年生活，为老龄群体提供相应的技能和培训，积极解决老年人面临的技术难题。2020 年印发的《文化和旅游部办公厅、国家文物局办公室关于落实〈关于切实解决老年人运用智能技术困难的实施方案〉的通知》提出要通过各种手段和形式，积极解决老年人运用智能技术面临的实际困难。一系列国家政策的推行，表明了国家对于支持老龄群体在运用新技术、学习新技能方面的积极态度。广大老龄群体也应乘着政策扶持的东风，积极学习，投身到建设现代文明和文化强国的伟大战略中。

三　2023年 AIGC 赋能老龄内容生产群体

（一）AIGC 生成内容概述

AIGC 技术的出现，使得人工智能生成内容可以根据需求直接参与到内容生产中，从而大大提高了数据、信息和知识的利用效率，并且降低了从现实世界转向数字世界的门槛和成本。自从 AIGC 技术诞生以来，它一直在努力模拟人类的思维方式，帮助人类提高记忆、思考、分析、识别和判断的效率和准确性，这种分析式人工智能被称为 Analytical AI，它可以帮助我们更好地理解和解决问题，从而更有效地推动社会发展。2020 年 5 月，美国 OpenAI 公司推出了第三代语言预测模型，这标志着人工智能在内容生产和创作方面取得了重大突破，其中，生成式人工智能（Generative AI）首次被提出，引起了全球的关注，而 AIGC 技术也因其在图片、文字、视频等内容生产和创作方面的应用而受到越来越多的重视。至 2022 年底，OpenAI 公司开发的 ChatGPT 问世，使得 AIGC 技术取得了前所未有的突破。随着 AIGC 的发展，它使得人们有机会使用自然语言、图像、视频等方式，深度学习、分析、推断、表达，实现各种复杂的任务，同时也为用户提供更加便捷的创意，这也意味着 AIGC 已经跨越了传统的认知模式，使得用户的信息获取更加便捷，同时也带来了更高的效益，这也为第四次工业革命的发展奠定了坚实的基础。①

（二）AIGC 在老龄群体内容生产方面发挥的作用

研究表明，老年人参与社交媒体文本叙事的原因有四：一是记录生活中的点滴，从日常琐事到人生经历；二是建立社会联系，寻求并加强社会认同；三是重塑自我，在数字领域创造出完美的形象；四是追求自我实现。当前老龄群体内容生产主要集中于以微信朋友圈、微信公众号、美篇为主的图文平台和以抖音、快手、视频号为主的短视频平台。

“美篇” App 是一款基于“来美篇正当年”理念的图文创作社交平台，它提供了一种简单易用的方式，用户可以轻松地将文章分享出去，无须烦琐的文字编辑、标题封面、照片上传等步骤，只需要选择合适的模板，就可以轻松地生成一个精美的图文链接。这种真正贴合老龄群体使用习惯的操作方

① 蔡津津：《AIGC 对全媒体生产传播体系的影响及对策建议》，《传媒》2023 年第 10 期，第 16~20 页。

式吸引了大量的中老年用户。许多年长的读者都是美篇的创造者，美篇中涵盖了各种不同的话题，他们可以通过长期的阅读来获取信息。通过阅读，读者可以了解到社会、生活、工作以及当下的新闻等社会热点。通过阅读，读者可以获得有益的信息，从而改变了整个社区的氛围。老年人可以通过适老化 UI，在复古和去流行化的平台上更好地表达自己的想法。此外，基于用户画像的智能算法推荐可以帮助老年人更容易地找到自己感兴趣的内容，从而提高他们的主动性，实现从被动接收到主动使用的转变。“美篇”这类“老年社区式”软件开拓了老龄群体这一巨大的用户市场，在 AIGC 快速发展的今天，将 AIGC 技术进一步融入“美篇”的内容生产等功能，能为老年人内容生产提供更多灵感和方便，同时也能为老年人学习新技能和提升媒介素养提供更广阔的天地。①

AIGC 时代，抖音平台也根据老龄群体的需求，进行了适老化提升改造。根据工信部的适老化要求，抖音的用户界面进行了全面的改造，包括对字号、文案、图标等元素的放大以及增加文字辅助，以满足老年用户的多样化需求。推出了“大字简明模式”和“长辈模式”两款适老模式，以更好地满足老年用户的需求。② 同时，提升抖音的安全性，老年人作为传统媒体的习惯性使用者，对媒体信息具有较高的信任度，但在新媒体平台，存在各类虚假和有害信息，以老龄群体为目标进行诱骗，严重危害老龄群体的上网安全。抖音作为平台内容的第一责任方，已经采取了多次严厉的措施来清除不良内容，并对违规账号进行了严厉的处罚，以确保老年用户获得安全、健康的信息环境。一系列措施体现出抖音在努力提升整体适老化，以为老龄群体的内容产销提供更加便捷、安全的网络环境。

AIGC 大背景之下，在社会引导、政府主导下，共同打造适老内容生产矩阵，不断提升适老化程度，同时在线下开展相关专业知识和实践训练，利

① 韩亚辉、史静远：《基于社交平台老年群体文本叙事的积极老龄化路径探析——以“美篇”APP 为例》，《新闻爱好者》2023 年第 2 期，第 53~55 页。

② 蔡沛言、蔡悦：《老年数字鸿沟的媒介解法——以抖音适老化为例》《北京文化创意》2023 年第 3 期，第 77~82 页。

用 AIGC 技术，引导大批老龄群体从内容消费到内容生产的转变，挖掘更多老龄内容生产者潜力，从而不断丰富老龄内容生产的层次和内涵。设置老龄受众专门板块和平台，简化老龄群体在内容生产中的步骤和过程，让老龄内容生产者可以随时随地便捷地产出内容，从而带动老龄内容的生产内容和质量不断提升。

（三）AIGC 对老龄内容生产提出的新要求

新的技术时代，为老龄内容生产者带来了机遇，同时对老龄内容生产者提出了新的要求和挑战。对于老龄群体来说，借助 AIGC 辅助进行内容生产，首先，应该跨越数字鸿沟，提高媒介素养，积极配合社会和政府提供的专业知识和实践训练，学习并熟练掌握各类软件及硬件的使用。新媒体具有交互性的特征，内容生产者需要把握好这一特征，在内容生产的过程中，做到与受众群体的交互和互动，从受众的反馈中获得更多的创新和创作灵感。

其次，需要把控好 AIGC 所生成内容的伦理道德与价值观，注重“AI 对齐”在老龄群体内容生产领域的实现。“AI 对齐”指的是确保人工智能系统的目标和行为与人类的价值观、目标和意愿一致。[①] 部分老龄群体对于不良信息的甄别能力较差，若 AI 生成的内容不能和人类正确价值观对齐，可能会出现 AI 的行为并不符合人类意图和目标，并在多种设定目标发生冲突时做出错误取舍，最终损害人类的利益，出现脱离控制的结果。实现“AI 对齐”主要存在三方面途径，一是选择并确立正确的价值观，在使用者引导下使 AIGC 先行学习；二是将价值观编码置于 AI 系统中；三是选择合适的训练数据。所以，在老龄内容生产领域中需要格外注重“AI 对齐”，确保所生产内容符合社会主义核心价值观及正确的意识形态，保证老龄内容生产行业在 AIGC 的辅助下持续健康发展。

---

① 谢新水：《人工智能内容生产：功能张力、发展趋势及监管策略——以 ChatGPT 为分析起点》，《电子政务》2023 年第 4 期，第 25~35 页。

（四）AIGC 辅助老龄内容生产路径

1. 借助大数据分析引导创作方向与定位

所谓的大数据又被称为巨量数据集合，即一种无法在规定的时间范围内，通过利用常规的数据统计软件获取或者捕捉与管理的数据集合。其本质上只是一系列大规模数据的集合，但通过新的处理模式对其进行数据分析与处理，能够使其具有重要的数据意义，并在其所涉及的领域成为具有重要决策指导作用、信息洞察作用以及处理流程优化作用等的多样化的信息数据资产，并在最终的数据应用中起到高速且具有真实性的多样化应用。①

借助大数据，生产的内容一经发布，可以借助 AIGC 对用户浏览量、点赞量、转发量及商业广告转化率等进行分析，帮助内容生产者更好地掌握当下实时热点话题，分析受众喜好以及市场的流行趋势，进而更精准地对创作内容和方向进行实时调整。

2. 提高内容生产效率与内容质量

芒果 TV 通过 AIGC 技术的投入，已在运营宣发层面减少了约 50%的人工成本。过去依靠第三方公司外包才能获取的内容，如今只需要依靠自身技术团队就可以完成。并且，通过 AIGC 内容，芒果 TV 流量获客的成本也节省了约 1/3。AI 的技术核心，就是通过对海量视频库中的影像、音频、文字等多模态信息进行提取和分析，通过多模态搜索算法，筛选出与用户搜索信息有关联的素材内容，为用户后续的视频创作提供匹配的素材支持。②

通过对以往出圈内容和走红博主的特征进行总结可以发现，生产出具备内容和受众定位明确、去中心化、交互性、社交化几点特征的内容更容易被大众所接受。AIGC 技术能够大大加速文字、图像和视频的转换，极大地提高

---

① 隋爱军：《大数据下传统媒体与新媒体融合发展路径探讨》，《传媒论坛》2019 年第 17 期，第 40~41 页。

② 《如果你常年与文字为伴，那请不要错过这个 AI 工具丨1 号 AIGC 测评》，传媒 1 号公众号，2023 年 5 月 25 日，https：//mp. weixin. qq. com/s/rAtMIFucz-FU1NmeZpBJkQ。

了内容创作的效率，并且大大降低了制作成本。不同地域、文化程度、社会阶层的老龄群体对内容生产需求有所不同，对于部分老龄群体来说，AI 早已遍布在生活各处，例如智能家居、语音助手、AI 修图、文字识别等。将 AIGC 融入老龄内容生产的全过程，从前期内容策划，到中期视频拍摄剪辑，内容分发的全过程与 AIGC 融合，最大限度地为创作者提供最优质选题，打造最优质内容，做到最精准受众推流，从而提高内容生产效率和质量。

3. 助力传播裂变打造老龄 IP

老龄群体的生活质量和生存状况是一个社会发展的缩影。当前已有大批老年人先行先试，积极投身到内容生产的行列。在各类媒体平台也频频出现银发网红出圈的现象。

但就当前老龄群体所生产的包括短视频、音乐、文字等内容来看，仍存在一些发展的局限和问题。例如在短视频领域，出现了一批存在同质化程度高、视频内容参差不齐、言语表达简单俗套等问题的视频内容。部分内容生产者的视频来源于日常生活，缺乏对素材的二次创作，缺少亮点和创新性，也难以获得较多的流量和受众。由于老龄群体媒介素养整体较低，运用媒介生产内容的能力也受到限制，整体画面、构图、色彩、节奏等难以把控，配乐和文案等内容具有相应年代感，与年轻人的审美相互抵触。在老龄群体的内容生产者中，尚未出现一个具有行业 IP 属性的人物形象，可以使用户每当提及银发网红时就会首先想到。因此，打造一个具有行业标杆属性的老龄 IP 形象，有利于提升整个行业的竞争力和内部活力。同时，打造具有长久流量热度的老龄 IP 需要借助 AIGC 技术，提升老龄群体内容生产质量。

结　语

随着 ChatGPT 4.0 的问世，AIGC 时代加速到来。用户、市场、环境等多方面因素加快了内容生产速度、提高了内容精致度和丰富类型，也对内容生产领域提出了更多更高的要求。但这也为内容生产领域带来了巨大的新机遇。对于老龄内容生产群体来说，社会和政府应为其适应 AIGC 背景下的内容生产制定相应政策，把促进老年人融入智慧社会作为人口老龄化国情教育重点，加强正面宣传和舆论监督，开展智慧助老行动，解决老年人运用智能技术困难。[①] 企业也应加大对这一群体的扶持力度，共同构建老龄内容产业的新业态新领域。

① 《国务院办公厅印发关于切实解决老年人运用智能技术困难实施方案的通知》，中国政府网，2020 年 11 月 24 日，https：//www. gov. cn/zhengce/content/2020-11/24/content_5563804. htm。

内容赋能

Content Empowerment

B.6

从辅助到创造：人工智能生成内容技术对新闻生产的影响（2023）

李啸　罗校*

摘　要： 随着人工智能技术的飞速发展，新闻产业内容生产的方式和技能也出现了重大变化。在人工智能技术已逐渐深度介入人类社会生活的今日，人工智能生成内容技术已经从新闻内容生产的单一的辅助性工具，转化为足以颠覆传统新闻生产行业本身的新生事物。本报告首先回顾了新闻自动生成技术在过去一个时间段于新闻内容生产领域内的发展概况；其次总结了过去一年间甚嚣尘上的人工智能生成内容技术在国内外新闻领域的典型性应用；最后以客观的角度对人工智能生成内容技术对当前和未来的新闻产业造成的影响进行分析和预测，以期我国未来的新闻产业能够展现出欣欣向荣的局面。

* 李啸，新闻学博士，厦门理工学院副教授，主要研究方向为新媒体传播、文化传播、传媒史；罗校，厦门理工学院硕士研究生。

关键词： 新闻产业　人工智能　新闻生产

2022年11月，OpenAI公司上线了对话式通用人工智能工具——ChatGPT。该应用在语言能力方面所显现出的巨大优势，使其一出现便大受追捧，各界人士纷纷试用，短时间内其用户数量便以亿计，成为人类计算机技术历史上用户使用量增长最快的应用程序。一时间，使用ChatGPT已经成为一种科技时尚和商业时尚，在各领域中探索ChatGPT的可介入性，更是成为一种时髦行为。①

ChatGPT的火爆随即在全社会引发了一场有关机器参与人类生产的大讨论。ChatGPT依靠其强大的算法和庞大的数据，似乎一瞬间便介入了人类生产生活的各个方面。在受其影响的各行各业中，新闻生产环节首当其冲。面对人工智能内容生产技术的日新月异，有人将其视为洪水猛兽，认为其带给现有的格局前所未有的颠覆，使现有的产业和从业者面临近在咫尺的威胁和挑战；但也有人将人工智能内容生产视作产业革新和技术创新的契机，"忽如一夜春风来"，带给行业和企业无数机会和可能。无论是抗拒还是欢迎，人工智能生成内容技术到来的现实已经无法改变，其对现有行业和产业的改变业已成为事实。我们当前能够做的，唯有更加深刻地认识人工智能生成内容技术的深层逻辑，全面了解该技术进一步应用于新闻生产过程后可能会产生的结果和影响。

一　计算机辅助新闻内容生成技术的发展历程

20世纪80年代开始，随着计算机技术的逐渐成熟，各行各业开始了信息化和数字化的革新。在新闻生产领域当中，以信息处理为介入点，计算机

① 李紫菡、周双双、唐国恒、沈英格、高兰兰：《ChatGPT概述及应用研究》，《债券》2023年第6期，第70~75页。

技术辅助人类完成新闻采写过程的工作模式逐渐普及开来。人们的新闻写作平台逐渐从纸笔转向了键盘与显示屏之上。从此时至20世纪末，计算机依靠其在自然语言处理技术方面所具备的强大功能，如音频识别技术、图画及文本的识别技术、单词拼写纠错技术、信息搜索技术，逐渐成为新闻写作工作中不可或缺的工具。

进入21世纪之后，具有更强的文字编辑和信息处理功能的专门性提供写作辅助服务的写作机器人技术开始应用于新闻行业当中。这种现象首先出现在计算机技术更为领先的欧美国家之中。从2001年起，谷歌公司便已经利用计算机技术帮助它们进行新闻的筛选和个性化推送。这意味着计算机技术在新闻信息领域的筛选和过滤已经实现了商业化的进程。同时，美国和欧洲的一些公司也开始尝试命令计算机通过特定系统自主撰写数据类的新闻报道或对人工撰写的新闻报道进行细致校对。在这一过程中，财经新闻中的股票市场信息成为计算机新闻生成技术最初展示自身能力的舞台。2009年，美国西北大学（Northwestern University）的智能信息研究所开发出了在当时来看较为成熟的计算机写作辅助系统 StatsMonkey，该系统受到了当时大部分学者和新闻从业人员的认可。该系统最初所创作出来的新闻报道是对于美国当地棒球赛事中一场比赛的描述。在这篇篇幅不长的稿件中，智能计算机系统通过分析比赛数据，对这场棒球比赛做出了描述性的总结，自动生成了一篇完整的体育赛事报道。[①] 自此，计算机新闻自动生成技术开始进入更加复杂的新闻报道写作领域。

21世纪的第一个10年之后，计算机技术和新闻行业的结合越发紧密，逐渐成为新闻创作过程中不可或缺的存在。越来越多的新闻领域开始利用计算机写作辅助技术在质量和数量上提升新闻创作水平。在众多被开发出来的新闻写作智能辅助系统中，比较出名的有《纽约时报》（*The New York Times*）所开发出来的 Blossomblot 系统，该系统能够自动从海量数据中筛选文本，并通过互联网将其推送给相应使用了《纽约时报》相关软件的目标

① 徐曼：《国外机器人新闻写手的发展与思考》，《中国报业》2015年第23期，第32~34页。

用户。Blossomblot 系统的推送数量可达到 50 篇/日，该系统的文本筛选质量也相对较高，可以使每篇文章的单位阅读时间相较于人工推送的文章提升四倍左右。[①] 此外，由《华盛顿邮报》(*The Washington Post*) 所开发的写作辅助计算机系统 Heliograf 在具备新闻文本生成功能的同时，更加善于辨识信息的准确性。该系统的首次应用是在 2016 年的里约奥运会之上，《华盛顿邮报》利用 Heliograf 进行了一系列的体育赛事报道，其效果广受好评。在里约奥运会之后的一年当中，该系统前后共创作出涉及政治新闻和体育新闻的完整报道 800 多篇，有效地提升了《华盛顿邮报》的报道质量。[②] 另外，《洛杉矶时报》(*Los Angeles Times*) 也在 2014 年开发了智能算法系统 Quakebot，该系统最初被设计出来的主要目的便是在从美国当地的各个部门和组织收集地震数据，并将相关数据加以处理，自动生成简报推送给用户。该系统可以在数分钟之内便生成一篇准确并完整的报道，极大地减少了《洛杉矶时报》在地震灾害报道之上的工作量，在加利福尼亚州等美国西海岸多地震地区广受好评。在美国之外的欧洲地区，计算机人工智能技术也开始于新闻生产过程中被使用。例如，英国《卫报》(*The Guardian*) 便从 2013 年开始使用计算机人工智能技术对长篇的新闻报道进行自动排版，以使这些报道的版面设计可以在纸质媒体和数字媒体平台上完美切换，而不需要再耗费人力将它们进行重新排版。

在我国，严格意义上的人工智能新闻生成技术的使用时间不超过 10 年。腾讯被大部分人认为是我国最早使用人工智能生成内容技术参与信息处理及发布的组织。2015 年，腾讯新闻发布了一篇由计算机系统 Dreamwriter 撰写的有关我国经济数据的描述性报道。[③] 简单来说，Dreamwriter 系统的运行逻辑就是通过特定的方式建立具有一定规模的数据库，随后对数据库内所收集的各类信息进行分析和学习，针对计算机所掌握的各类信息生成具有相应新

① 刘峣：《机器人要抢媒体人饭碗?》，《中国报业》2015 年第 21 期，第 84~85 页。

② 佚名：《〈华盛顿邮报〉首次采用机器人记者报道里约奥运会》，《作文通讯》(初中版) 2016 年第 11 期，第 54 页。

③ 刘艺文：《腾讯财经机器人记者写作研究》，《新闻前哨》2017 年第 7 期，第 41~43 页。

闻写法格式和写作技巧的报道内容，然后由人工或另一套编辑系统完成写作内容的审核，并最终发布到腾讯自主掌握的内容平台。

除腾讯的计算机写作辅助系统之外，新华社技术部分经过长时间研发的计算机写作系统“快笔小新”也在2015年末上线。[①] 快笔小新上线后，可以实现全天候的不间断工作，并能自动根据所抓取的信息快速撰写不同主题和不同体裁的新闻报道。得益于新华社所提供的海量数据内容，快笔小新可以依托大数据技术对国内各项数据进行即时的采集、筛选和分析处理，并能够自动根据所需要报道的新闻主题来定制特殊的稿件生成模型，最终生成合适的新闻报道稿件供编辑审核。快笔小新的独到之处，在于其具有和开发人员“沟通”的能力。一般来说，计算机新闻自动生成技术的运行逻辑是技术开发人员提前向计算机输入特定的算法和规则，即通俗意义上的模板，计算机会根据实时数据按照模板要求自动生成文本。但快笔小新的技术路线在此之上有所提高，它会在预制的算法和计算机规则之内，根据报道环境和数据库具体领域对文本内容进行优化。这相较于以往计算机技术所生成的一成不变的内容有所提高，丰富了计算机新闻报道的内容性和可读性。

之后的2016年，阿里巴巴集团和著名的财经类媒体“第一财经”在“2016第一财经技术与创新大会”上联合发布了它们合作研发的计算机新闻写作辅助系统“DT稿王”。[②] 财经类新闻信息对于海量数据和实时发布两项指标的要求，正是计算机新闻写作辅助系统的优势所在。通过计算机新闻写作辅助系统的帮助，第一财经的记者可以利用计算机完成对数据实时监控的烦冗工作，从而更加快速、及时地发布相关信息。DT稿王具有强大的数据收集和分析能力，可以以每分钟40万字以上的速度，对每日数千万字的公司财报、上市公司信息、社交平台信息和证券信息等内容进行归纳分析，并以每分钟1680字的速度撰写出文法自然、语法通顺，适合人类阅读的财经

① 钟盈炯、张寒：《“快笔小新”：新华社第一位机器人记者》，《新闻战线》2018年第17期，第69~71页。

② 汤开智：《DT稿王——新一代智能写稿机器人稿机器人》，《2016中国互联网大会全域大数据应用论坛论文集》，2016，第1~19页。

类新闻。

如果说快笔小新、DT稿王的出现标志着中国计算机新闻写作辅助技术的规模化出现，那由字节跳动公司开发的新闻写作辅助系统“Xiaomingbot”（又名张小明）的出现，则可以被看作中国计算机新闻写作技术开始从辅助性向智能化转变的象征。与其他一些机器辅助系统所不同的是，字节跳动公司开发的张小明除了具有数据处理和文本撰写功能外，还具备一定程度的自主学习能力。它可以结合自然语言处理技术、图像处理技术、自动配图技术和机器学习技术，通过提前预制的语法和信息重要性排序生成新闻内容。在速度方面，张小明要优于很多同期存在的机器新闻写作辅助系统。例如，张小明可以在两秒钟之内同时实现生成和发布两项任务，几乎与电视直播同速。在信息承载量方面，张小明也具备优势。例如，在进行体育报道时，张小明不仅可以生成简洁明了的新闻简讯，也可以生成包含比赛时间、比赛场地、比赛场次、比赛结果、参赛选手信息、比赛现场图片、比赛环境信息等多元素的复杂资讯报道。而更多的信息元素，也使得张小明所生成的新闻报道可读性更强，更加接近于专业新闻从业者的写作水准。

2016年前后国内外知名媒体对于以写作辅助系统为基础的第一代写作机器人技术的积极应用，说明使用机器生产新闻已经成为大型媒体单位所热衷使用的新闻生产手段之一，同时意味着人类已经习惯于依靠计算机辅助完成复杂的新闻采编播工作。这种现象的扩散也进一步助推了人们对于计算机智能信息生成能力极限的好奇，从而进一步迎来了以人工智能生成为技术代表的新一代计算机新闻生成系统。

二　人工智能生成内容技术在当前新闻领域的应用

在2022年的11月30日，OpenAI公司推出新一代人工智能机器人ChatGPT后，它拟人化的话语方式和庞大的信息储备一度震撼了全世界。一时间，全世界的人们言必称人工智能。但其实早在ChatGPT大火之前，辅助生成新闻内容的技术就早已在传媒产业中存在，只是直至21世纪后的十余年当中，机器新闻生产技术一直长时间停留在辅助人类进行新闻内容创作上，从未越界。人工智能其实长时间存在于我们身边，1997 年，全球人类通过电视屏幕目睹了每秒运算量可达两亿步，集合了百年来众多优秀人类棋手对弈数据的 IBM 超级国际象棋计算机“深蓝”击败国际象棋世界冠军卡斯帕罗夫。从 2016 年开始眼看着具备深度学习和自我训练能力，可以自主对棋局状况进行评估并做出最优落子的阿尔法围棋（AlphaGo）接连以压倒性的胜利战胜韩国围棋名将李世石、中国围棋名将柯洁，以及由陈耀烨、唐韦星、周睿羊、时越、芈昱廷五位顶级选手组成的世界冠军方阵。[①] 直至那时为止，除围棋爱好者们哀鸿遍野之外，绝大多数新闻产业从业者还并未就此而对人工智能有任何警惕，大家一致认为人工智能还尚不能解决棋类比赛之外的问题，其自然语言的分析处理、图像采集处理、数据库收集和运用、自主决策等方面存在的问题依然得不到彻底解决，人工智能技术只是由于比赛结果过于悬殊而被夸大了。但是从 2016 年人工智能击败人类棋手至 2022 年末 ChatGPT 问世这短短六年之间，互联网生态发生了巨大改变。一方面，随着短视频时代的到来，人们对于内容消费的需求量急速上升，内容提供商为了占有流量，必须在保证内容质量的同时提升创作速度，降低内容制作成本；另一方面，在当前的流量时代，流量就代表着消费，消费者在希望自己能够用有限的金钱换取更优质内容的同时，也期望通过某些技术的加持，用更具有高级感的方式表达自身意愿。这些需求的产生，都助推着人工智能生成内容技术的落地。在这种情况下，基于计算机人工智能技术的新闻内容生成逐渐使整个新闻产业看到了危机和挑战。

ChatGPT 从严格意义上讲，是一款以 GPT-3.5 为主力架构的人工智能模型。其前身是于 2020 年推出的 GPT-3，即第三代生成式的语言模块。GPT-3 曾被称为最强大的人工智能模型。其训练过程耗资巨大，曾被训练了将近两千亿个单词，耗费数千万美元。而 GPT-3.5 在 GPT-3 的基础上进

---

① 曹丙利：《“阿尔法围棋”与人类未来》，《前沿科学》2016 年第 1 期，第 1 页。

一步实现了优化，其功能和背后的人工智能技术支持可见一斑。[①]

人工智能技术从辅助人类工作转而成为代替人类进行事物创造的存在，是由于人工智能技术在近年来的持续迭代。传统的人工智能技术的特点，是辅助人类对复杂事物进行分析。通过计算机程序，人工智能可以帮助人类对数据进行分析，总结数据背后隐含的规律，并将其归纳加以应用。例如，以往我们日常都会使用到的垃圾邮件自动清理、骚扰短信自动屏蔽、定制化的互联网内容推送，都应用了此类技术。但随着人工智能技术的爆发式更新，技术开发人员已经不满足于让人工智能在人类生产生活的部分领域当中从事一部分辅助性和机械性的工作，而是开始命令其创造出具有完整性和审美性的事物。从辅助人类创造事物，到独立于人类之外自行创造事物，这就是所谓的人工智能生成内容（Artificial Intelligence Generated Content，AIGC）技术。从定义上来讲，人工智能生成内容指的是基于计算机算法、大数据、超算能力，通过自动化内容生成技术逻辑创造出文本、音频、视频、图像、代码等数字化产品。而计算机新闻内容生成技术得以取得飞跃式发展的关键，在于算法、算力、学习训练模式、多模块整合等关键技术的融合。

算法是人工智能得以解决所遇到问题的关键，决定了计算机选用何种方式和机制来应对问题。当前较为成熟的人工智能生成内容系统都拥有各自的优质算法。而当前的人工智能生成内容系统学习训练模式可以做到首先在大数据基础上得到基本训练，其次通过精细化数据和庞大的算力支持进行更加深层次的学习和训练，在人类语言理解能力、图片识别、音视频识别和代码生成等方面提高自身能力。当前市场上所能看到的人工智能生成内容产品，在问世前均在实验室内经过了数以百亿参数量的训练，这种学习和训练的速度与质量，确实是人力所难以企及的，再加上结合了图像、音频、视频、文本等多模块内容，人工智能得以在声音、图像、文本等元素间顺利的跨越模块切换，这也是当前我们输入文本就可以生成图片或视频的关键。

① 可杨、文巧：《最强聊天机器人 ChatGPT 面世，AI 又来抢饭碗了?》，《每日经济新闻》2022 年 12 月 13 日，第 7 版。

人工智能生成内容技术已经在传媒行业中产生了不小的变革。具体来看，这种变革主要有以下几点。首先，内容生产技术的变革。在人工智能技术的加持下，新闻内容的创作效率得到了极大提升，新闻内容的制作成本也进一步得到了降低。在当前，大部分的新闻产品如新闻稿件、音视频信息、新闻图片等内容都可以借助人工智能自动生成技术完成，且其新闻主题的覆盖面已经由上一代的体育和财经领域拓展到如今艺术、音乐、设计、广告、游戏、编程等多领域，极大地减少了人工信息采编播环节的工作量。其次，人工智能所生成的新闻内容质量较之上一代产品有了显著提高。这种新闻内容质量的提高主要体现在人工智能技术所能够生成的新闻类型的丰富以及制作水准的高超之上。当前，借助人工智能自动生成技术，可以在数秒之内自动生成一首需要中等层次作曲家多日才能完成的乐曲，可以瞬间完成一幅内容丰富、具有艺术感的绘画作品，可以生成一段包含复杂元素的视频内容，甚至可以创作出一段符合好莱坞编辑水平的影视剧剧本。另外，当前的人工智能技术还在个性化内容的生成水平上显著进步。例如，当新闻记者习惯使用人工智能为其服务时，他就可以将重复性的新闻撰写工作交由计算机来完成，计算机将会结合这名记者以往的报道风格来完成基础性的文字工作，而他自己则可以全身心投入素材收集和文字审核的工作之中。

在当下的新闻产业领域当中，人工智能技术在文本、音频和图像的生成方面已经较为成熟。其中，人工智能的非交互性文本生成功能作为第一代人工智能生成内容所开发出的技术，已经在过去几年间充分应用于新闻生产、广告营销、售后服务等环节当中。非交互性文本生成主要包括完成一些结构化和非结构化写作以及辅助性写作。结构化写作是指按照一定的数据、规则和模板，在预定环境下写就的文本。反之而言，需要加入创造性思维来自主完成的开放性文字内容，则被称为非结构化写作。而辅助性写作则包括错别字订正、语法纠正、语句润色、自动翻译等内容，其被广泛应用于交互式对话机器人当中。前文所提到的以快笔小新为代表的第一代计算机写作辅助系统的主要功能便是实现非交互性文本的生成。而 2022 年末引起全网轰动的 ChatGPT，则是人工智能交互式文本生成技术达到新阶段的标志。它不仅可以实现第一代写作辅助系统的全部功能，还可以模仿人类风格驾驭各类文本体裁和风格，并利用其不弱于普通人的智力水准对人类所提出的问题进行解答，基本实现了搜索引擎和文本生成功能的良好融合。

在音频生成方面，通过信息的提取来创造音频内容的技术已经成熟，且已经被广泛应用于有声读物、语音播报、客户服务机器人等层面，在新闻行业中的新闻播报、短视频配音等环节中都有所体现。而新一代的音频内容生成则可以实现歌曲的智能创作。一般来说，一首歌曲的产生大致需要经过歌词撰写、谱曲、配器、演唱、混音等几个环节。人工智能通过强大的信息处理能力可以介入歌曲创作的全部环节当中，降低歌曲创作的难度，完成大部分基础性歌曲创作工作，使音乐家能够集中精力致力于寻找艺术灵感当中。

随着图文转化技术、图像编辑技术和图像端到生成端技术的完善，人工智能图像生成系统已经可以实现输入文字生成图像的功能。在文字生成图像技术领域，人工智能绘图的画质和速度均有所提升，可以用更加细节的方式实现文字到图片的转变，并可以根据人类自然语言对图片进行修改。在图片编辑技术领域，我们所熟知的手机相机智能拍摄功能便是该技术应用的典型。光影自动调整、消除水印、自动选择滤镜、调整颜色、提高分辨率、2D 图片转 3D 图片、面部特征调节（智能调节年龄和情绪）、面部美颜等我们所熟悉的功能背后，实际上都有着人工智能图像生成技术的参与。

2022 年 8 月，在美国科罗拉多州举行的某个数字艺术比赛中，一名参赛者所提交的人工智能生成绘画作品《太空歌剧院》被评选为此次比赛一等奖。[①] 当月，由 Stability AI 公司推出的人工智能绘图模型 Stable Diffusion 爆火出圈，成为人工智能绘画里程碑式的存在。Stability AI 公司的首席行政官伊马德·莫斯塔克甚至放言人类程序员将在未来五年内消失。此外，谷歌等国际互联网大型企业也先后实现了在人工智能绘图技术领域的持续更新。相信在不久的未来，人工智能技术将参与越来越多的互联网数字图片绘制。

① 翟尤：《AIGC 是人工智能的下一个风口吗》，《张江科技评论》2022 年第 5 期，第 8~11 页。

继2022年末ChatGPT推出之后，我国国内的相关公司和产业也已经开始部署在人工智能生成技术方面的投入。文本内容生成方面，我国比较知名的有百度的文心一言、阿里巴巴的通义千问以及华为的盘古；图像内容生成方面则是具有国风绘画风格的百度文心一格，以及一秒钟可以生成8000张海报的阿里巴巴集团旗下的鹿班；音频内容生成方面，网易云音乐的网易天音和腾讯的艾灵都是其中的代表。但从现实层面来讲，我国当前的人工智能产品大多基于海外模型发展而来，整体仍显落后，在人工智能技术领域和国外存在差距。截至2022年末，我国某些顶级机构在人工智能研究领域的训练学习参数量已经达到千亿以上。但美国OpenAI公司在2020年所发布的人工智能模型GPT-3的训练学习参数量就已经达到了一千多亿。而在商业应用方面，美国人工智能绘画系统Stable Diffusion和Dream Studio、人工智能音频生成系统DeepMusic以及人工智能文本生成系统ChatGPT，早已通过移动平台和电脑平台提供给了用户。而我国在人工智能的商业运用这方面还有待进一步提高。

三　人工智能生成内容技术对新闻生产的未来影响

人工智能并不是要取代记者，而是要帮助他们，让他们有更多的时间来挖掘和讲述更重要的故事。这是大部分新闻从业者在2022年ChatGPT问世前对于人工智能的看法。不可否认，人工智能技术将对未来世界的科学、经济和文化领域影响巨大，绝大多数重复性的基础工作将会被人工智能所取代。随着人工智能生成内容技术如脱缰野马一样在各个层面实现更新迭代，很多新闻从业者似乎一夜间感受到了机器带来的危机。正如同蒸汽机会使传统手工业作坊凋零，却会使大型机械工厂繁盛一样。面对人工智能的日益强大，所有从事新闻行业的人都会不由自主地想到自己是否会被计算机所取代。对新闻产业而言，人工智能就像一个如影随形的监督者，会不停地鞭策新闻行业去进行拓展和创新，以期不被计算机所替代。在这一过程当中，很多很多新闻行业中的元素或许即将发生改变。

人工智能技术已经深入介入内容生产环节。传统新闻制作环节中的素材收集、稿件撰写、审核把关、播报发布，都可能被人工智能技术替代。首先，在新闻采编方面，人工智能可以实现将采访录音实时转写为文字，并根据文字内容拟定新闻初稿，以供记者审核修改。2022 年北京冬奥会期间，科大讯飞所提供的智能翻译设备便通过跨语言类别的语音转文字功能，在两分钟内快速完成了采访稿的整理。其次，在内容生成方面，人工智能可以实现文字、图片、音视频等内容形态的融合转化，实现长篇文本的撰写，实现音视频素材的优化剪辑。2023 年我国两会期间，央视频在进行两会报道时使用了人工智能生成内容技术，将两会所提到的关键词通过图像绘制的方式进行了展现，增强了信息的传播效果。① 再次，在内容审核把关方面，人工智能通过学习训练，在大数据和搜索引擎技术的加持下，可以进一步提升新闻内容的准确性核查工作。最后，在个性化定制方面，人工智能在算法的干预下，可以根据媒体和受众的需求在内容创作和播报方式上进行调整。在 2019 年 1 月 29 日播出的中央电视台网络春晚当中，就出现了以央视主持人撒贝宁为模板的虚拟主持人“小小撒”，两者之间的高能互动令当时的在线观众啧啧称奇。② 只需要向加载了人工智能生成内容技术的人工智能虚拟主播输入想要播报的文本信息和外观需求，计算机就会生成相应的虚拟主播来对相关的新闻内容进行播报。

随着人工智能技术发展日新月异，人工智能生成内容技术将在未来社会中发挥越来越重要的作用。但与此同时，针对如何使用人工智能生成内容技术的相关法律法规不断成熟，围绕数据公平、企业责任、科学伦理、信息安全的争议也在不断显现，未来新闻产业如何正确使用人工智能，已经成为新闻业发展所必须思考的问题。

当下，人工智能生成内容技术正在一定程度上颠覆媒体内容的生产方

---

① 郑弘、关美璐、谭言：《生成式人工智能在央媒的应用初探——以央视新闻在 AI 应用领域的探索实践为例》，《声屏世界》2023 年第 6 期，第 98~100 页。

② 华凌、闫欣：《30 分钟，打造撒贝宁的“孪生”AI 主持人》，《中学生阅读（上半月）》2019 年第 7 期，第 42~43 页。

式，驱使着媒体“跑步”进入智能时代，改革新闻信息的流通逻辑，改变以往人类对信息的理解。而在不远的未来，随着更为先进的人工智能和大数据技术被引入更多的领域，将会有更加强大的技术力量来迫使媒体进行转型，迫使新闻从业者去思考更加复杂性的问题。

在人工智能的影响下，未来新闻内容的创作效率将得到提升，新闻从业者将从烦琐的基础性工作中解脱出来，这在降低新闻制作成本的同时，会促使他们将更多的时间和精力投入创意性的工作当中。在不久的将来，新闻生产的模式也许也会迎来改变。受大数据和特定信息抓取技术的影响，传统意义上以记者经验为主导的新闻内容创作模式或许将被更能够依靠海量数据把握受众需求的人工智能所主导。记者则更多起到把关的作用。如此一来，新闻机构也会得到进一步精简。在接下来的几年间，新闻也许会越来越通俗易懂。以往因专业性门槛较高而不被大众所喜爱的时政类新闻和科学传播类新闻，也许会以越来越具有可读性和趣味性的方式展现在观众面前。在人工智能的促使之下，新闻价值将摆脱以流量为王的扭曲价值观，在更加注重用户需求性的智能时代重新回归于信息的时效性、接近性、显著性和重要性之上，使新闻更加富有人情味，更能体察到用户的情感，使新闻和受众个性更加适配。在即将到来的智能时代，新闻受众将更多地参与到新闻信息的生产工作当中，通过交互式的对话来使人工智能得到训练，激发自身的新闻生产主动性，改变传统的传者和受者的关系。就如同用户被鼓励与 ChatGPT 进行交流以帮助其完善一样。通过人类不断与人工智能进行交流，机器将得以在交流中采集信息、分析受众需求、调整其所生成的新闻内容、有针对性地投其所好，如同一位老友一样想你所想、思你所思。如果以上几点都得以实现，那么在未来，人和机器的交流将无限贴近于人和人的交流。总而言之，人工智能正在改变着传统新闻生产的模式和观念，驱使新闻行业的生态发生改变，面对这种剧烈的外部环境变化，新闻从业者首先需要坚信无论人工智能如何强大，它始终只会是人类的工具；其次我们需要了解，任何一种功能和技术，都无法取代新闻人对于新闻理想的不断追求。新闻从业者因人工智能而节省下来的时间和精力，让他们能够更专注于自身理想和信念的实现。

B.7

芒果 TV:“内容+技术”双轮驱动的价值型未来媒体

梁德平*

摘　要： 芒果 TV 作为党媒国企，积极拥抱技术更新带来的时代变化，坚定做“内容+技术”双轮驱动的价值型未来媒体，拥抱新技术、迭代新内容、打造新机制、推动新融合，在新时代以更高的视野推进媒体深度融合，打造面向未来的新型主流媒体。

关键词： 芒果 TV　内容+技术　AIGC　媒体融合

2020 年 9 月，习近平总书记在湖南考察时指出：“文化和科技融合，既催生了新的文化业态、延伸了文化产业链，又集聚了大量创新人才，是朝阳产业，大有前途。”① 广电行业是践行“文化和科技融合”的重点行业，具有突出优势，也有先天条件。芒果 TV 作为国内网络视听平台中的头部国有平台，有能力亦有义务以“内容+技术”的双轮驱动，积极响应、谋篇布局，以融合面貌做价值型未来媒体。

近年来，技术的迭代创新催生了新内容、新业态，尤其是人工智能、大数据、超高清、云制播等技术对广电行业产生了革命性影响，对众多广电媒体提出了更高发展要求。不积极变革，就可能被时代淘汰，因此，芒果 TV 以独有的创新精神，坚持“要么第一个做，要么做第一”的一贯作风，积

---

* 梁德平，芒果超媒总经理，芒果 TV 党委书记、总裁。

① 《社科评论丨利用大数据促进文化产业转型升级》，“央广网”百家号，2020 年 12 月 29 日，https://baijiahao.baidu.com/s?id=1687391375639612990&wfr=spider&for=pc。

极拥抱新技术、迭代新内容、打造新机制、推动新融合，以更高的视野推进媒体深度融合，打造面向未来的新型主流媒体。

一　拥抱新技术：新媒体的故事始于新技术

从传媒发展的历史来看，新媒体的故事往往始于新技术。在互联网和人工智能时代，广播电视媒体机遇与挑战并存，因而务必大胆突破，在新的技术时代中开启新的传媒故事。近年来，芒果 TV 积极拥抱新技术，以 AIGC、云制播、虚拟现实、超高清等技术革新促成内容形式变化，梳理流程体系，为用户带来更新颖的视听感受，并初步获得认可。

（一）AIGC 打造未来传播产品

人工智能是未来媒体的重要发展方向。从生产端看，AIGC 大大提高了简单内容生产效率，将传媒行业从业者从大量烦琐而重复的工作中解放出来，让更多从业者有精力投入更有创造性的工作中；从消费端看，AIGC 也更容易满足受众"千人千面"的多元化内容需求，提高用户的内容新鲜感，进行定制化服务，从而令用户对平台的整体形象更加满意。

芒果 TV 积极布局 AIGC 领域，打造未来传播产品。在生产创作方面，芒果 TV 重点打造 AIGC 新型内容生产基础设施，打造"AI 生产力平台"，覆盖剧本创作、音视频内容生产、搜索推荐等业务，提高内容生产效率。比如，湖南广电自主研发 AIGC 视频自动拆条技术，提高视频的转化率和吸引力，提升了短视频制作能力，日产可突破 6000 条，[①] 极大地满足了用户对于多元内容的迫切需求。再比如，湖南广电将推出 5G 智慧电台全新一代的 AIGC 产品——iMango AI 智能创作平台，将实现宣传片、台歌、主题曲、广告文案、视觉海报、个性化营销方案等内容的一键生成。[②]

① 《打造新型传播平台　建设新型主流媒体》，《人民日报》2023 年 7 月 12 日。

② 《耳目一新！这场智慧盛宴，解锁了 5G 智慧电台新"神器"》，人民网，2023 年 4 月 17 日，http：//hn. people. com/BIG5/n2/2023/0417/c356884-40379405. html。

在播出使用方面，芒果 TV 打造了一系列有未来科技感的创意节目和创意产品，让广大用户切实感受到 AIGC 的独特内容魅力。比如，2023 年暑期热播的综艺节目《全员加速中 2023》利用 VR 技术、虹膜识别技术、AI 人工智能等高科技元素架构了一个独立于人类世界之外的数字世界——加速之城，让节目嘉宾通过智能穿戴设备进入元宇宙空间。① 该节目因此蝉联 12 期收视第一，自然资源部和《人民日报》、《光明日报》等众多主流机构及媒体对该节目给予了高度评价。

虚拟数字人是 AIGC 在传媒领域最显著的应用之一。一方面，虚拟主持人、AI 主播提高了主持人的劳动效率，将主播从简单配音的烦琐枯燥工作中解放出来，并带给观众更强烈的新鲜感；另一方面，虚拟人形象也是媒体 IP 的典型，对于树立新型主流媒体品牌形象大有裨益。芒果 TV 积极开发虚拟数字人、虚拟主持人，在 AI 算法加持下促进相关产品深度发展。比如，除已经在湖南卫视大屏端屡屡与观众见面的首位数字主持人“小漾”之外，芒果 TV 也通过技术自研，在多个场景中运用虚拟主持人“YAOYAO”和智能引导虚拟人“甄诚”等。其中，“YAOYAO”曾与现场主持人共同主持第二届“马栏山杯”国际音视频算法大赛颁奖盛典暨高峰论坛，引发了热烈反响。

针对人工智能这项未来技术，芒果 TV 积极布局，将技术与内容深度融合，力争以主流媒体的专业生产优势抢占技术高地，以先进技术为主流内容赋能，打造出一系列精品佳作。芒果 TV 利用 AIGC 技术延伸“脚力”、提升“眼力”、增强“脑力”、创新“笔力”，用主流价值导向驾驭“算法”，全面推进媒体融合高质量发展。

（二）制播技术更新打造未来媒体基础设施

芒果 TV 作为内容生产商和内容播出平台，近年来积极参与广电领域先

---

① 《〈全员加速中 2023〉彰显中国速度，高科技打造“加速之城”》，“《湖南日报》”百家号，2023 年 6 月 11 日，https：//baijiahao. baidu. com/s? id = 1768402193629421244&wfr = spider&for = pc。

进技术开发。2019 年 12 月，湖南广电获批"5G 高新视频多场景应用国家广播电视总局重点实验室"。[①] 2023 年 6 月"马栏山数字媒体湖南省重点实验室"获批组建，聚焦数字媒体基础技术和全栈生产环节均非国产这一卡脖子问题，立足于解决不同平台和视频形态的信创问题、行业共性能力与应用表达问题，重点研究媒体行业数字化转型示范，重点攻关自研全云架构、4K 在线编辑、集群计算、XR 内容生产技术、动态光场追踪技术、广电级数字人等制作工具和智能交互的国产可替代，填补了广电行业在全模态制播系统及全交互沉浸式媒体方面的空白。[②] 相关实验室落地湖南广电，芒果 TV 深度参与，将打造一系列未来媒体基础设施，为媒体深度融合、加速数字化转型提供支撑。

对于广电行业，技术的迭代将全面降低内容生产全流程的制作成本。据了解，一些海外人工智能技术服务商已经开发出针对视频后期的 AI 深度学习技术，可以实现复杂场景的自动抠图、自动填充，相关深度学习技术将大大提高后期制作生产效率、优化人员成本，这是制播技术倒逼广电行业快速变革的一大例证。

芒果 TV 积极布局相关技术，以制播技术集成全面降低生产制作成本。芒果 TV 开发"光芒 5G 密集传输系统"和"光芒云制播系统"，突破了 4K 拍摄传输制作成本极高的瓶颈问题，在节目录制现场就能实现视频数据同步上云，在云端制作审核和分发真 4K 超高清综艺节目，用普通配置的电脑也可以完成真 4K 视频的剪辑工作，相比过去的线下生产模式，成本节约了近九成。在此技术基础下，芒果 TV 制作的《声生不息·宝岛季》虽然设置拍摄机位超过 100 个，并在海峡两岸同步录制，但仍然实现了较低成本的真 4K 制播，为观众带来了极致视听体验。[③]

---

① 《首个 5G 高新视频多场景应用国家广电总局重点实验室落户湖南》，"华声在线"百家号，2019 年 12 月 20 日，https：//baijiahao. baidu. com/s? id=1653439917502437682&wfr=spider&for=pc。

② 《"马栏山数字媒体湖南省重点实验室"获批组建》，国家广播电视总局，2023 年 6 月 26 日，http：//www. nrta. gov. cn/art/2023/6/26/art_114_64712. html。

③ 《打造新型传播平台　建设新型主流媒体》，《人民日报》2023 年 7 月 12 日。

（三）虚拟现实打造“空间版”芒果 TV

VR、AR、XR 等虚拟现实技术将成为未来视听媒体的发展大趋向。芒果 TV 洞察行业风向，积极拥抱变化，在元宇宙、虚拟现实领域深度布局，打造有未来感的空间型媒体。在媒体融合的 1.0 时代，湖南广电提出“做一个 B 版的湖南卫视”，新媒体探索从芒果 TV 起步；在媒体融合的 2.0 时代，湖南广电再度提出“做一个空间版的芒果 TV”，进一步思考下一代新技术平台的实践路径。

2022 年 6 月 28 日，芒果系首发元宇宙产品“芒果幻城”，其集内容浏览、游戏体验、虚拟社交于一体，是双平台打造“芒果元宇宙”的重要部署之一。用户将以个性化虚拟形象登录虚拟城市，化身为头号酷炫玩家，畅游虚拟娱乐世界；同时，产品为每位用户设置了专属家园，用户可以按自己的喜好打造个性化的虚拟空间，并可在虚拟空间中与明星亲密接触，观看虚拟演唱会……截至 2022 年底，“芒果幻城”上线不足半年，其用户数就已经突破 15 万。

二　迭代新内容：让技术服务于内容传播和创新

新技术带来了工种变更、成本下降、效率提升、形态切换等变革，但内容侧最核心的价值观、情感沟通、创新力是无法靠代码复刻的。对于广电行业，技术是工具、手段，始终应作用、服务于内容。在技术迭代越来越快的时代，芒果 TV 作为新型主流媒体，始终保持战略定力，在拥抱新技术的同时坚定“内容为王”，让技术始终服务于内容传播和创新，打造出一系列人民群众喜闻乐见的精品佳作。

（一）壮大主流阵地，催动春风传播

芒果 TV 是湖南广电“一体两翼”的重要组成部分，说到底是一家新型主流媒体。坚持高举旗帜、引领导向，坚持以正面宣传为主，芒果 TV 依托

湖南广电独有内容优势壮大主流阵地，催动春风传播，以新颖的形式、语态、传播节奏，推进主题主线报道，推动主流内容入耳入心。

2023 年，在湖南广电“新征程上谱新篇”主题宣传呼唤下，芒果 TV 精心设计、巧妙思考，集结了 16 部作品，涵盖纪念毛泽东同志诞辰 130 周年等多个重大主题，借助大小屏跨屏融合、新技术等形式，打造技术赋能主流舆论传播的一场“经久、有力而酣畅抵达心灵的”春风传播。“两会”期间，芒果 TV 聚焦大会重要议程，报道“两会”开闭幕，关注湖南代表团和政协委员审议、讨论，领导下团等程序性活动。同时，围绕习近平总书记在“两会”期间的重要讲话精神、政府工作报告内容快速反应、精心策划、京湘联动，采编代表委员热议、解读报道，推出《牢记嘱托　奋发笃行》《伟大复兴的掌舵者　人民爱戴的领路人》《全国“两会”云访谈》《“两会”好声音》等专题报道。在学雷锋日前后，播出“新时代　新雷锋”主题文艺晚会，以情景演绎、情景歌舞、音诗画、情景讲述、特别企划短片等新颖文艺形式讲述新时代的雷锋故事。在纪录片领域，推出《法官你好》《国道巡航》等精品佳作，真实呈现中国式现代化的新时代新面貌。

（二）强化技术赋能，实现未来传播

文化与科技融合是永恒的时代命题，芒果 TV 始终坚持技术为内容服务的价值观，以技术的迭代推动内容的高质量发展。爆款的跃迁往往与沉浸式的艺术体验和精神享受紧密关联，芒果 TV 将工匠精神与高科技紧密融合，赋予文艺作品极致视听体验。《声生不息・港乐季》采用“一镜到底”技术，纪录片《中国》运用“高动态范围图像”技术和全景声音效，《披荆斩棘》采用光芒超高清云制播技术，《舞蹈风暴》采用时空凝结技术等，都创造出了高质感的视觉效果。

技术往往象征未来，芒果 TV 强化内容的“未来感”，用天马行空的想象力和创新力实现未来传播。典型如《全员加速中 2023》，节目打造出一座座虚拟现实之城，全体嘉宾通过 VR 设备进入线上虚拟空间，以虚拟形象进行真人秀式的节目录制，开创了国内相关节目的先河。将实景真人秀与虚拟

空间、数字人充分结合，探索“5G+VR+4K”直播等呈现形式。《全员加速中 2023》令人耳目一新，也获得了市场的肯定，后台数据表明，节目中的虚拟场景“加速之城”的芒果 TV 会员跳出率要比现实场景低很多。这充分说明，强化技术赋能，实现未来传播，在媒体深度融合发展的道路上仍然大有可为。

（三）树立文化自信，推动文化传播

以文艺化手段推动中华优秀传统文化“创造性转化、创新性发展”，是芒果 TV 的文化实践思路，也是独具芒果特色的文化使命。近年来，芒果 TV 创新表达手段，融入先进技术，传承发展灿若星河的中华优秀传统文化，创作出一系列经典文化类节目，以未来传播的手段在青年群体中厚植文化自信。

譬如，芒果 TV 连续推出两季纪录片《中国》，开创“中国写意纪录片”的先河，采用文学性极强的解说词，融入艺术加工的拍摄模式，开拓更加丰富的人物题材，树立正确的中国史观，在艺术和市场两个层面都大获成功。接下来，芒果 TV 还将推出纪录片《中国》第三季，利用《会画少年的天空》中画家们所描绘的上古人物，采取“动画呈现”“极致微距”等全新技术手段，展现图景式“中国通史”。除此之外，包括《中国婚礼》《全员加速中 2023》《我的青春在丝路》等节目、纪录片也均以不同题材弘扬着中华优秀传统文化。下一步，芒果 TV 将针对“第二个结合”的重要论述，聚焦中华文明突出的和平性，以武术为切入口策划综艺《来者何人》，弘扬“止戈为武”的中华传统武术文化和武侠精神。

（四）推进驾船出海，赋能国际传播

党的二十大报告提出，“加强国际传播能力建设，全面提升国际传播效能，形成同我国综合国力和国际地位相匹配的国际话语权”。芒果 TV 传承红色基因，恪守主流价值观，不断创新，打造出一系列有国际视野的精品内容，推进中华文化的对外交流，展示中国的大国形象，探索国际传播的有效路径。

比如《乘风 2023》邀请越南的顶流歌手芝芙参加节目，用西洋舞蹈配合中国乐器阮咸，以一曲《迷迭香》夺得了当期节目的全场第一。她以越南人的视角演绎其对中国文化的理解，充分体现了中华文明突出的包容性。又如《声生不息 · 宝岛季》，用 44 组歌手、128 首宝岛经典歌曲，在长沙、台湾两地奏响合音、激荡共情，以美好温暖的旋律为桥梁，讲述两岸同胞同根同源、同文同种的中国故事，充分证明了文艺在促进人心相通中的独特作用，充分体现了中华文明突出的统一性。

三　打造新机制：刀刃向内打破超固化结构

习近平总书记指出："要顺应互联网发展大势，勇于创新、勇于变革，利用互联网特点和优势，推进理念、内容、手段、体制机制等全方位创新。"① 体制机制是媒体融合的任督二脉，唯有此处打通，才可处处打通。湖南广电在几十年的发展过程中形成了稳定的采编、分发、管理体系，但面对全新的媒体环境也需要刀刃向内打破超固化结构。芒果 TV 成为媒体融合机制改革的排头兵，对内培养全媒体人才，促进"文科生"与"理科生"的思维融合，对外拓宽"朋友圈"，以技术链的延长促成融合的深化。

（一）双平台机制融合实现"1+1 >2"

2022 年 3 月起，为了更好履行党媒职责使命，湖南广电推进湖南卫视、芒果 TV 双平台深度融合，确立了"一个党委、两个机构、一体化运行"的体制机制，将可经营性资产、人员、业务全部剥离进入集团，各二级事业单位均成立一体化公司，做实做强做优集团这一市场主体，打通事业与企业一体化管理、一体化运营、一体化发展，并完成综艺节目、电视剧、广告等板块的资源要素整合和机制融合，媒体融合从物理层面走上价值层面，构建起

① 《把握时代需求　推进新闻舆论工作全方位创新》，新华网，2023 年 3 月 10 日，http：//www. xinhuanet. com/syzt/xjpxwylgz/index. htm#zdg。

更具价值引领的全媒体传播生态，释放出巨大融合效应。截至2023年7月，湖南广电新媒体收入占比为整体收入的70%，利润占比超过100%，[①] 在经济层面充分彰显了未来媒体的无限潜能。

（二）队伍融合促成流程全面打通

建立一支能力全面的人才队伍是媒体面向未来转型的关键。湖南广电打通大小屏团队用人机制，以队伍融合促成业务流程的全面打通，最大限度地发挥人才效能。湖南卫视、芒果TV双平台党委班子交叉任职，在决策层面实现电视剧采购、广告经营、综艺生产全面融合。而在内容层面，双平台共有48个节目自制团队、29个影视自制团队和34家"新芒计划"战略工作室，是全国规模最大的长视频内容生产基地，实现了在创意提案、评估立项、编排宣传和制作生产上的全面打通。比如，《乘风2023》就是双平台融合背景下诞生的综艺节目力作，节目导演团队、艺人统筹分别来自湖南卫视、芒果TV，主要宣传团队来自前者，后者的技术团队提供了强有力支撑。相比于以前节目制作需要大量外包工作，《乘风2023》的团队人数得到充分优化，工作效率也相较此前有明显增长。

在平台间的队伍融合之外，芒果TV也积极培养行业独特的"内容+技术"复合型自研人才队伍，促进"文科生"与"理科生"的思维融合。芒果TV先后举办了三届算法大赛，共吸引超5000多支国内外顶尖技术队伍参赛，在平台内"内容+技术"型人才占比超过50%，共有670名技术工程师。比如，《全员加速中2023》等科技感较强的节目，就是由技术人才出具相关技术创意后由创作人才进行完善与丰富。这也表明，既懂内容又懂技术的复合型人才将成为未来媒体的核心力量。

（三）以新技术合作扩大"朋友圈"

作为"内容+技术"双轮驱动的价值型新媒体，芒果TV在思维上更加

---

① 《科技观察：近观百亿芒果，传统媒体互联网化的一个样本》，"《大众日报》"百家号，2023年7月24日，https://baijiahao.baidu.com/s?id=1772267948429078290&wfr=spider&for=pc。

开放，将视野拓宽至更大的科技领域，与中国移动、华为、小米等厂商达成了深度合作，搭建大数据中心孵化新技术，催生文化产业新应用、新体验、新消费，积极践行数字中国、文化强国建设。在某种意义上，以中国移动、华为、小米等为代表的技术型企业为芒果 TV 提供了强大的未来技术基础设施支撑，而芒果 TV 也将传播、创意等优势向这些企业反哺，通过合作延长了"内容+技术"的产业链，实现资源整合，在更宏观的层面践行媒体融合的顶层设计。

四 推动新融合：坚定长期主义做价值型未来媒体

芒果 TV 的融合创新始终不是"投机主义"，而是保持战略定力、坚定长期主义的长远规划。凭借对传媒行业的深刻洞察以及对技术趋势的灵敏把握，湖南广电和芒果 TV 的每一次决策都有战略意义。未来，芒果 TV 将继续坚定做"价值型未来媒体"的长期目标，并以媒体深度融合的实践推进主力军抢占主战场。

（一）坚定内容为王，深耕内容建设

"内容"将始终是芒果 TV 的独门秘籍。芒果 TV 将始终做主流价值的守护者，坚定履行党媒职责使命、拥抱改革创新、高呼"青春万岁"。不拘眼前利益，毕其功于一役，芒果超媒建设长视频网络平台芒果 TV 及芒果 TV 国际 App，有能力参与新媒体传播的正面竞争。目前，芒果 TV 国际 App 已覆盖全球 195 个国家和地区，下载量突破 1.2 亿次，上线 18 种语言字幕和 7 种界面语言。[①] 未来，芒果 TV 将继续深耕内容建设，始终保持主流媒体公信力，在拥抱新变化的过程中担当起主流媒体责任。

① 《芒果 TV 连续八届上榜国家文化出口重点企业/项目》，"《湖南日报》"百家号，2023 年 8 月 28 日，https://baijiahao.baidu.com/s?id=17754833534853062148&wfr=spider&for=pc。

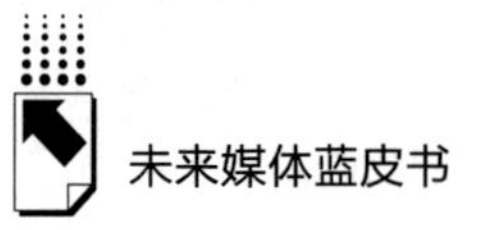

（二）以产业化布局推进高质量发展

产业化布局是媒体深度融合高质量发展的题中之义。近些年来，特别是在党的二十大精神指引下，芒果 TV 形成了“宣传平台+商务平台+公益平台”的特色架构：宣传平台系湖南卫视、芒果 TV 的双平台深度融合；商务平台系快乐购物、小芒电商的双平台深度融合；公益平台系民政部批准、湖南省内和全国广电系统唯一的慈善组织互联网公开募捐信息平台，这使得芒果平台的公益服务能力，尤其是助农服务能力和参与乡村振兴的社会责任履行动力显著增强。通过节目、项目、平台、地缘、人员等相加相融，芒果 TV 的一系列产品实现助农的常态化、规模化和可持续、再升级。《凝“新”助农，“果”然很甜》及“芒果农场”《云上的小店》、与《中国婚礼》相结合的“芒果振兴云超市”等案例的成功，体现了芒果 TV 助农服务的细化成熟、模式三分。下一步，湖南广电将聚合“卫视+TV+N”“新闻板块+风芒+N”“电广传媒+湖南经视+N”“小芒电商+广告+N”“5G 实验室+各媒体+N”五大方程式的融合之力，努力建成主流新媒体集团，构建全媒体深度融合传播格局，主力军占领主阵地，以葆主流声量更强，文化产业长青。

B.8
AIGC技术对电影产业的影响（2023）

李 洋 田久香*

摘 要： 人工智能生成内容技术对电影产业的发展已产生全方位的影响，正逐步深度融入电影制片、制作、发行与放映等环节，吸引了更多的创作者探讨实践。与此同时，人工智能生成内容技术在促进电影产业发展过程中，也引发了版权争议、“信息茧房”等问题，这些问题亟须在政策引导、技术研发和人才培养的助力下认真厘清与深化改革。唯有重视人工智能生成内容技术对电影产业的巨大影响，鼓励高质量、多元化的创作，才能筑牢电影产业未来的发展根基。

关键词： 人工智能生成内容技术 电影产业 人工智能

2022年，各行各业奋起直追，积极应对各种机遇与挑战。人工智能生成内容技术作为中国电影工业体系、数字经济产业与高新科技产业的重要一环，在电影行业的运用从陌生走向成熟，并从多层面、多环节影响电影产业的发展。一方面，人工智能生成内容在疫情常态化防控期间抓住机遇，努力优化技术水平与提升优质创作；另一方面，人工智能生成内容在实际运用中产生诸多问题，难以满足创作者与消费者的审美需求与实际运用的需求，在未来拥有一定成长空间。本报告将从历史沿革、行业应用、问题与展望等方

* 李洋，文学博士，厦门理工学院影视与传播学院副教授，硕士研究生导师，主要研究方向为影视文化与传播、影视史论；田久香，厦门理工学院影视与传播学院硕士研究生。

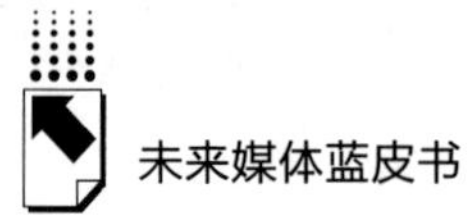

面对人工智能生成内容技术对中国电影产业影响与运用的整体情况进行综合分析，并描绘其未来产业发展的可能性。

一　人工智能生成内容技术的发展及对电影产业的影响概况

（一）人工智能的历史沿革

人工智能（Artificial Intelligence，AI）的概念确认最早可追溯到1956年的达特茅斯会议。人工智能指的是通过计算机技术研究、开发与模拟人类思维的技术科学，它“可能是第四次工业革命的核心驱动力”①。此后，为应对数字经济的持续发展，人工智能生成内容（Artificial Intelligence Generated Content，AIGC）也应运而生，成为互联网、数智化信息世界的重要趋势。2022年9月，中国信息通信研究院和京东探索研究院共同发布《人工智能生成内容（AIGC）白皮书（2022年）》，其中提到AIGC定义为“通过人工智能算法对数据或媒体进行生产、操控和修改的统称”②。

探讨AIGC的历史渊源，大致可以分为三阶段。第一阶段为初始阶段（1950～1990年），研究者仅通过基础编程技术实现内容输出。例如，1957年的希勒和艾萨克森通过将计算机程序中的控制变量修改为音符，创作出历史上第一首用计算机完成的音乐《伊利亚克组曲》（*Illiac Suite*）。1966年，魏岑鲍姆与科尔比共同开发的世界上第一个人机交互人工智能ELIZA诞生。但此阶段的AIGC受限于技术发展与时代，未能实现大规模生产创作和实践运用。第二阶段为沉淀阶段（1990～2010年），研究者通过训练大规模数据和升级计算机学习能力，使得AIGC的实用性大大增强。例如，2007年，罗斯·古德温（Ross Goodwin）通过人工智能记录和

① 陈坤：《人机耦合：人工智能时代电影剪辑与特效制作新趋势》，《当代电影》2023年第2期，第165页。

② 《人工智能生成内容（AIGC）白皮书（2022年）》，中国信息通信研究院，2022年9月2日，http：//www. caict. ac. cn/kxyj/qwfb/bps/202209/P020220902534520798735. pdf。

感知公路旅行中的所见所闻，创作出历史上第一部由人工智能生成的小说《路》（*1 The Road*）。在此阶段，算法瓶颈限制了 AIGC 生成丰富内容的能力，应用效果仍待提升。第三阶段为发展阶段（2010 年至今），AIGC 进入快速发展阶段，并在算法模型层面获得巨大突破。2022 年，人工智能绘画（简称“AI 绘画”）掀起热潮，各大平台研发出人工智能绘画制作工具、推出平台功能等，制作公司等纷纷布局人工智能绘画市场。2022 年，OpenAI 发布了一款名为 ChatGPT 的“新型”聊天机器人模型，它能够根据用户提供的关键词及相关信息生成大量文本。ChatGPT 的月活跃用户在两个月内突破 1 亿，直到 2023 年 1 月，每天仍有 1300 万独立访问者使用 ChatGPT。2022 年 12 月，*Science* 杂志将生成式人工智能评选为年度科学突破，并看好它在艺术领域的使用。[①] 2022 年也被称为人工智能生成内容元年。

伴随着 AIGC 技术的发展革新与丰富拓展，人工智能生成内容给各行各业带来新的机遇和挑战。一方面，人工智能生成内容技术通过强大的数据处理能力与机器学习功能，极大地便利了人们的工作与生活；另一方面，人工智能生成内容技术也会带来诸如版权争议、“信息茧房”等难题，这些问题在未来的发展过程中都亟须解决。

（二）人工智能生成内容技术对电影产业的影响概况

就电影产业而言，人工智能生成内容技术对电影的生产、制作与放映等全过程产生巨大影响，既包括剧本写作、分镜脚本、场景设计、角色设计等电影前期生产与创作，又包括特效制作、人工智能换脸与虚拟摄制等电影中期拍摄与制作，以及票房预测、影院管理与算法分发等电影宣发、放映和评估（见表 1）。例如，2022 年 12 月，ChatGPT“自编自导”电影短片《安全地带》（*The Safe Zone*），该创作团队使用人工智能工具 ChatGPT 生成文字剧

① “2022 Breakthrough of the Year”, Science, Dec 2022, https: //www. science. org/content/article/breakthrough-2022.

本与分镜脚本等内容，甚至通过人机互动提供灯光、焦距、相机运动、演员服装等一系列建议。①

表 1　人工智能生成内容技术在电影产业的运用

应用层	智能绿灯	虚拟预演	用户画像	上映决策	数字替身
	剧本辅助	虚拟摄影棚	个性化推荐	奖项预测	数字资料
	票房预测	智能剪辑	多终端分发	评论监测	智能管理
技术层	计算机视觉	语音识别	自然语言处理	知识图谱	机器学习
基础层	芯片	传感器	大数据	云计算	数据库

资料来源：作者根据资料制作。

与此同时，人工智能生成内容技术给电影产业也带来了一系列的争议和冲击。人们开始思考人工智能生成的电影是否拥有和人类作者及其原创作品一样的版权、人工智能生成的电影是否能处理人类的情感与伦理道德问题、人工智能生成的电影是否具有和电影艺术一样的灵性等问题。在接纳、争议与拒绝的重重声浪之中，AIGC 产业的市场规模呈现快速发展的趋势。根据彭博行业研究的数据，全球人工智能生成内容的市场规模预计在 2032 年达到 1.3 万亿美元。其中，电影产业将是 AIGC 技术增长最快的行业之一。②随着 AIGC 技术的不断发展与行业运用，越来越多的人工智能生成内容产品将会对电影产业的制作、发行、放映与评估产生全方位影响。

二　人工智能生成内容技术在电影制作中的影响与应用

（一）剧本写作

首先，AIGC 技术对电影前期制作的影响体现在剧本写作层面。例

① 《人工智能 ChatGPT 当导演，电影人真要失业了》，后浪电影公众号，2023 年 2 月 11 日，https：//mp. weixin. qq. com/s/8KhLORP8-sKg_ sJa0ptTIw。

② 《引发新一轮技术革命的 AIGC，市场潜力有多大》，网易网，2023 年 7 月 13 日，https：//www. 163. com/dy/article/I9I9GCRV0519DDQ2. html。

如，2016 年，有 AIGC 研究人员利用 Tensor Flow 机器学习情景喜剧《老友记》（*Friends*）问世以来的全部文学剧本，并自动生成一集充满暴力、性与眼泪的“原创”剧本。同时，一部名为《降神会》（*The Séance*）的 AI 电影横空出世。该作品立足于庞大的数据库和独特的算法技术，可以根据受众互动自动组合出不同的电影情节，从而为受众创造出关于叙事的无限可能。同年 6 月，纽约大学的人工智能研究人员开发出电影人工智能“本杰明”（Benjamin），它编写出首部人工智能创作的电影剧本《阳春》（*Sunspring*）。很快，它创作了一部关于“本杰明”自身的短片《这不是游戏》（*It's No Game*，2017 年）。这部短片后来在英国伦敦科幻电影节 48 小时挑战赛环节中斩获名次。此后，“本杰明”担任编剧和导演，并尝试使用 AI 换脸、AI 配音等技术创作了第三部短片《出界》（*Zone Out*，2018 年）。[①] 截至 2023 年 7 月，“本杰明”的前两部作品在 IMDb 社交网站中分别获得 5.5、5.6 的评分。[②] 这对于人工智能电影来说已经是个不错的成绩，可以被视为 AIGC 技术在电影产业运用的有益尝试。

其次，AIGC 技术对电影前期制作的影响体现在“文本生成视频”层面。例如，2018 年，美国杜克大学的研究团队公布了一种人工智能算法，它能够基于文字建立一幅新的图片或者自动生成相应的短视频。研究人员在 10 种场景中训练此人工智能算法，包括“在草地上打高尔夫球”和“在海上玩风筝冲浪”等，测试的结论是：这个人工智能算法可以为一些荒唐的场景生产视频，比如“在雪上航行”和“在游泳池上打高尔夫”。[③] 2022 年，谷歌研发的 Phenaki 工具生成的视频则更“有故事，有长度”。[④] 它还能根据要求自主生成不同的景别和相机运动轨迹，且可以较流畅地进行类似

---

① 《AI 或进军好莱坞，艺术的死亡还是重生?》，“AInfo 海图志”百家号，2022 年 9 月 6 日，https：//baijiahao. baidu. com/s?id=1743188746087652115&wfr=spider&for=pc。

② “Benjamin，” IMDb，Jul 2023，https：//www. imdb. com/name/nm8205393/? ref_=tt_ov_wr.

③ 刘倩：《人工智能技术在影视传媒领域的应用》，《现代视听》2018 年第 11 期，第 27 页。

④ 《这段视频火爆外网，谷歌把 AI 视频造假搞得太真太简单了》，量子位公众号，2023 年 1 月 16 日，https：//mp. weixin. qq. com/s/IYVexD1MGkgFS0C5z98xlg。

把泰迪熊变为大熊猫的转换。① 此功能可以为电影制作前期的虚拟勘景、动画预演与智能分镜等提供助力。

最后，AIGC 技术在电影前期制作的应用还体现在“文本生成动画”层面。例如，2019 年，美国哈佛大学的 rct studio 团队利用人工智能研发出剧本写作软件，可以根据标准化的剧本生成叙事逻辑树，输入文字描述形成相应指令，对应的 3D 动画动作则被实时渲染绘制出来。② 2023 年 1 月，Netflix 与小冰公司日本分部（Rinna）和 WIT STUDIO 共同制作了第一部由 AIGC 技术辅助制作的发行级商业动画片——《犬与少年》（*The Dog and The Boy*）（见图 1），这部三分钟的动画短片的背景均由 AI 生成。③ Netflix 表示，动画行业内部的人才短缺、工作量巨大是推动其使用 AI 生成动画短片的原因。

图 1　人工智能生成内容技术制作的动画短片背景图

资料来源：作者根据原视频制作。

---

① 《新基建丨国家算力体系建设支撑电影产业高质量发展》，电影科技动态公众号，2022 年 10 月 28 日，https://mp.weixin.qq.com/s/rDz2qmWBu6ZzBY6sHyKeog。

② 《渡鸦科技创始人再创业，「rct studio」用 AI 引擎做沉浸式全互动娱乐》，“36 氪”百家号，2020 年 1 月 17 日，https://baijiahao.baidu.com/s?id=1655955875497331448&wfr=spider&for=pc。

③ 《Netflix 首支 AIGC 动画片开播，小冰做的》，“量子位”百家号，2023 年 2 月 1 日，https://baijiahao.baidu.com/s?id=1756606130746645090&wfr=spider&for=pc。

（二）场景与角色设计

除了剧本创作之外，人工智能生成内容技术在电影前期制作的场景与角色设计上也有着广泛运用。在第一部 AI 电影《安全地带》（*The Safe Zone*）中，主创团队使用人工智能生成文学剧本、分镜头脚本，并进行场景设计与角色设计等，全程仅用 7 天拍摄而成。[①]

值得注意的是，对于科幻电影而言，人工智能生成内容技术在场景与角色设计方面所发挥的作用是更为突出的。例如，《阿凡达》系列电影中的潘多拉星球和阿凡达角色就是通过人工智能生成内容技术制作的。《流浪地球2》的角色形象也是依靠人工智能生成内容技术的帮助，电影中部分明星饰演的角色需要年轻化，特效团队综合考虑技术、时间和成本，经过多方测试后选择深度合成（Deepfake）技术的方案，即用演员年轻时的 2D 素材训练 AI 模型，迭代 500 余万次后，结合艺术家手动调节细节，创作出真实且符合艺术表达的变龄效果。[②]

值得注意的是，虽然人工智能生成内容技术完成了许多场景与角色设计的工作，但仍存在较大的提升空间。以 2021 年徐冰团队使用 OpenAI 的 GPT-2 算法制作的《人工智能无限电影》为例，该团队首先通过算法技术对电影的相关参数进行标注，将这些参数与剧本和视频案例匹配，再使用人工智能技术加入对话与音乐等，最终生成一个类似于网页的互动场景。在展映阶段，观众通过选择“要素”有针对性地生成独一无二的“电影作品”。[③] 根据徐冰团队在平遥国际电影展中得到的受众反馈来看，他们认为可能 AI 也并不理解自己生成的场景与角色，它仅仅是根据数据和算法“生

---

① 《人工智能 ChatGPT 当导演，电影人真要失业了》，后浪电影公众号，2023 年 2 月 11 日，https：//mp. weixin. qq. com/s/8KhLORP8-sKg_sJa0ptTIw。

② 《高新技术有力支撑我国春节档电影市场强势复苏》，电影科技动态公众号，2023 年 2 月 3 日，https：//mp. weixin. qq. com/s/vaSAlsZt26TM29CN9a8s_A。

③ 周婉京：《从“蜻蜓之眼”到“AI 之眼”——论徐冰〈人工智能无限电影〉背后的视觉机制》，《北京电影学院学报》2022 年第 9 期，第 51 页。

成”一段组合影像。①

无独有偶，谷歌的 Phenaki 在处理场景转换上也存在一定的漏洞。例如，当创作者要求它处理“宇航员在蓝色房间里敲打键盘、宇航员身后出现蓝色海洋”的场景转换时，却生成了“宇航员的身后依次出现橘色的光、透着高楼大厦的两扇窗户”等这些令人费解的画面。虽然 Phenaki 的处理达到了场景切换丝滑连贯、镜头画面和谐的效果，但是这样的场景变化并没有令人信服的逻辑。②

（三）虚拟摄制

在电影的虚拟摄制方面，人工智能生成内容技术也开始拥有一席之地，这主要体现在以下三个面向。

一是电影虚拟摄制技术。美国虚拟摄制技术服务商 Vū 推出 Virtual Studio 应用程序管理平台工具套件，允许用户使用 Vū 的 3D 模型目录、第三方资产库、预构建的拍摄工具和动画，进行创造性的虚拟预演。创作者可免费下载资产，以便为电影、沉浸式体验设计适用于 UE 的环境、场景和镜头。③

二是电影虚拟摄影棚与数字资产。在 2023 年第 35 届金鸡百花电影节上，有部分研究团队展示了最新的虚拟摄制技术。例如，阿里影业发布帧享数字化拍摄整体解决方案 2.0 版，旨在重点打造虚拟摄制一站式解决方案和数字资产平台。同时，倍视传媒在“5G 数智新时代元宇宙发展论坛”上也展示了虚拟拍摄技术。他们通过现场临时搭建的 LED 虚拟摄制棚，实时展示了以闽南文化为主题的“鼓浪幻镜”短片从拍摄到成片的全过程。④

---

① 《学术丨徐冰及团队：人工智能无限电影》，微博网，2021 年 10 月 21 日，https：//weibo. com/6156584526/KDCFNnBKT。

② “Phenaki，” Phenaki，Jul 2023，https：//phenaki. video/.

③ 《NAB2023【国际篇】：电影产业云化智能化升级向整体推进发展演进》，电影科技动态公众号，2023 年 4 月 28 日，https：//mp. weixin. qq. com/s/C8MMB0MhTo33WSIGxEIAhg。

④ 《影视虚拟摄制技术在金鸡百花电影节集中展示》，电影科技动态公众号，2022 年 11 月 18 日，https：//mp. weixin. qq. com/s/4cRT_KdH3rBpN81IgZ68eQ。

三是电影布光。例如，世纪优优研发的“ULight 智能光场虚拟拍摄技术”可以根据背景画面光照情况，利用 AI 算法和人工修正制定灯光方案，在拍摄现场模拟素材场景光照，对虚拟摄制现场演员和物体实现真实感精准布光，该系统目前已应用于电视剧《我们的婚姻》中。目前 ULight 已拥有超过 50000 条数字影像资产，覆盖从古到今的数千个拍摄场景。除精准布光外，这些数字资产还可用于线上勘景。[①] 当然，目前来说，人工智能生成内容与虚拟摄制技术在行业内部的运用还在探索阶段。

（四）后期制作

人工智能生成内容技术在电影后期制作环节得到广泛运用，最为突出的是人工智能剪辑。例如，2016 年，IBM 研发出名为“Watson”的人工智能系统，它通过数据整合与机器学习功能，为电影《摩根》（*Morgan*）剪辑了预告片。Watson 使得原本的制作周期从 30 天缩减为 24 小时，极大地节省了人工与时间成本。[②] 2017 年，斯坦福大学与 Adobe 的研究人员共同开发了一款智能剪辑系统，它不仅可以将预设的剪辑风格与场景、剧本模型相结合进行剪辑，还可以在创作者的使用过程中自主学习其剪辑风格，并在此基础上不断进行风格完善和升级。[③] 中央广播电视总台的人工智能云剪辑系统就为 2019 年的国庆盛典制作出 86 条长达 70 秒的阅兵方阵短视频。可以看到，人工智能剪辑系统可以协助减少电影制作者的工作量、节省大量的制作时间。通过人工智能生成内容技术的不断升级完善，未来的人工智能剪辑系统将会更加完善，并将在行业内部获得更多方面的运用。

但是人工智能剪辑系统仍然存在不足。在视听语言层面，人工智能很显

---

① 《影视虚拟摄制技术在金鸡百花电影节集中展示》，电影科技动态公众号，2022 年 11 月 18 日，https://mp.weixin.qq.com/s/4cRT_KdH3rBpN81IgZ68eQ。

② 姜扬、宋雅琪：《价值链视角下人工智能对电影产业的影响分析》，《传媒》2019 年第 24 期，第 38 页。

③ 姜扬、宋雅琪：《价值链视角下人工智能对电影产业的影响分析》，《传媒》2019 年第 24 期，第 38 页。

然没有艺术灵韵和面对特殊情况的选择。例如，在《寄生虫》（*Parasite*，2019年）中，导演奉俊昊采用大量运动镜头实现连续越轴，以此来表达时空的转换与情绪的激化，但是此类表达特殊意义的视听语言只有人类才能判断。

并且，在网络安全与版权问题上，人工智能很容易引起争议。2020年以来，百度、知乎、抖音、淘宝等主流网媒站点均大规模普及人工智能生成视频功能。这种人工智能可以根据创作者提供的图片与文字信息，自动选择公众领域中的原始素材，加入配音与音乐再进行组合与剪辑。这一功能大大降低了短视频创作的转入门槛，但同时也因为信息泛滥与制作无规产生大量"营销号视频"。目前，人工智能生成内容技术迫切需要规范引导。

值得注意的是，后期特效制作也越来越依赖人工智能生成内容技术。近年来，数字王国、维塔数码等国外特效公司及我国的中影集团等企业都在探索人工智能赋能电影特效的行业运用（见表2）。例如《指环王》系列电影、《阿凡达》系列电影、《长津湖》、《流浪地球2》等，它们都在电影拍摄和后期制作中使用人工智能技术处理电影特效、AI换脸、声音和瑕疵等问题。

表2　人工智能在电影特效制作中的应用

代表电影	人工智能在特效制作中的运用	制作单位
《复仇者联盟3：无限战争》	开发Masquerade与Direct Drive系统，基于AI算法自动调节人物的表情	数字王国(Digital Domain)、维塔数码(Weta Digital)
《阿丽塔·战斗天使》	运用深度学习算法开发工具并推算皮肤与面部肌肉运动数据	维塔数码(Weta Digital)
《指环王:护戒使者》	基于Massive系统生成大规模群集动画、打斗动作与随机反应	维塔数码(Weta Digital)
《双子杀手》	利用计算机视觉模型与深度学习模型,创造数字人与使用AI换脸技术	维塔数码(Weta Digital)
《厉害了,我的国》	利用GAN、DenseNet和CycleGAN等AI技术优化画面、处理瑕疵	国家中影数字制作基地、中国科技大学
《长津湖》	研发CINITY AMR技术,创新提供高新技术格式	中国电影集团、华夏电影等

资料来源：作者根据资料汇总制作。

近年来也出现了一些后期特效制作处理工具。例如，Runway 公司除了研发根据文本生成图像、根据图像生成风格化变体、图像延展外绘、根据文本生成 3D 贴图纹理、视频局部无损放大等技术外，还开发包括动态追踪、智能调色、智能慢镜头、平滑插帧及一键模糊人脸等功能。[①] 国家中影数字制作基地、中国科技大学开发中影 · 神思 AI 系统，并用于《厉害了，我的国》的特效制作，对 688 个镜头进行数据增强，为受损素材填充细节、插入中间帧，以满足中国巨幕的播映要求。修复损坏影像需对每帧进行处理，仅靠人工难以完成。[②] 该系统可以批量为黑白电影降噪及上色，并将其转换为全彩、高清的形式。这对纪录片、纪录电影与其他电影的后期制作具有极大意义。

此外，中影集团、华夏电影等基于深度学习研发了人工智能母版重置技术（CINITY AMR），CINITY AMR 的技术逻辑是通过 AI 对每个镜头进行逐帧分析，对影片的色域、帧率和清晰度进行整体优化，让画面更流畅、更高清。[③] 该技术已用于将《唐人街探案 3》《你好，李焕英》等影片升级为高帧版。这对于减轻疫情对电影业的冲击，恢复观众大银幕观影的习惯有重要价值。华夏电影（北京）有限公司副总经理胥斌表示：未来大制作影片均会有 CINITY 版，其中一部分优质影片会被制作成 CINITY AMR 高帧版。[④]

除了视频工具，Runway 也将人工智能技术运用于音频上，研发出自动生成文字稿、一键去除空白音频及智能去除背景杂音等工具。Runway 还在开发名为 Soundify 的音效系统，该系统利用人工智能技术识别视频内容信息，根据信息自动生成相对应的音频，并且能根据视频的频率智能化对齐。此项功能，有效地解决了传统音视频处理的难度和时间消耗，极大地解放了

① 《文本生成视频平台 Runway 获得 1 亿美元融资，估值 15 亿美元》，搜狐网，2023 年 6 月 3 日，https：//www. sohu. com/a/681777590_121649381。

② 《中影基地电影核心科技新突破——“中影 · 神思”人工智能图像处理系统》，中国电影网，2018 年 12 月 17 日，https：//www. chinafilm. com/zydt/7077. jhtml。

③ 李道新、杨向华、陈刚、李思锐：《中国电影数字化的战略转型与发展趋势》，《当代电影》2022 年第 12 期，第 5 页。

④ 《观众需要更优质的视听体验，影院需要更高标准的放映系统》，“中国青年报”百家号，2021 年 2 月 20 日，https：//baijiahao. baidu. com/s? id = 1692191824232846306&wfr = spider&for = pc。

人们的双手。伴随着越来越多人工智能生成内容技术的实际运用，电影产业的后期制作可以在很大程度上从中受益，为后期工作者减少基础性和重复性的工作，从而有更多的精力投入更具创造性的后期制作中。

三　人工智能生成内容技术在电影发行、放映与营销中的应用

（一）预测票房与观众

一方面，人工智能系统通过预测电影票房，增加电影票房收益与降低电影投资风险，目前，已有 ScriptBook、Cinelytics、Pilot 等工具；另一方面，人工智能系统通过预测目标受众，对电影分级、剧本、类型与明星等要素提供建议，例如 Vault 和 Merlin 等工具。以上这些人工智能预测工具又被形象化地称为好莱坞“绿灯（Green Light）系统”（见表 3）。

表 3　好莱坞“绿灯（Green Light）系统”的相关信息

人工智能系统名称	国别	预测维度	预测依据	运作逻辑
Cinelytics	美国	票房	演员/明星	影响力
ScriptBook	比利时	票房、观众	剧本/内容	内容
Epagogix	英国	票房	电影档案库	数据库
Vault	以色列	观众	大纲、剧本、影片、预告片	内容
Merlin	美国	观众	预告片、观众趣味	眼球效应
Pilot	美国	票房	观众	受众为王

资料来源：王伟、董斌《“机器绿灯系统”与“算法矩阵电影”——人工智能对电影制片业的影响》，《当代电影》2020 年第 12 期。

其中，ScriptBook 和 Cinelytics 等人工智能预测票房工具的准确率都高于 80%，而人的预测准确率仅为 27%~31%，Pilot 预测电影票房的时间可提前至影片发行的前 18 个月。[①] 爱奇艺、优酷与腾讯视频等国内流媒体平台，

① 王伟、董斌：《“机器绿灯系统”与“算法矩阵电影”——人工智能对电影制片业的影响》，《当代电影》2020 年第 12 期，第 33 页。

目前都与百度、阿里等人工智能研究团队合作研发人工智能票房预测工具，开发的工具已能够提前半年预测电影流量，其准确率达 77%。[①] 可见，以上人工智能预测电影票房与目标受众的工具有利于电影作品的收益扩大、风险降低，这也是爱奇艺、优酷与腾讯视频等流媒体平台频出爆款的原因之一。

具体而言，人工智能既能通过剧本来预测票房，也能通过明星来预测票房。例如，ScriptBook 是通过对三万部电影剧本及其市场表现进行数据分析、机器学习的结果。它可以在五分钟内生成一份详细的分析报告，包括预测美国电影协会的分级标准、预测目标受众的性别与种族和预测电影最终票房等。ScriptBook 对索尼公司 2015~2017 年所制作的 62 部影片进行票房预测，成功预测出 30 部票房表现良好的影片，并在 32 部票房失败的影片中预测出 22 部，预测准确率高达 84%。Cinelytics 则以电影明星表演的历史数据（包括 9.5 万部电影、50 万名演员和专业人士的历史数据）进行数据分析与明星匹配，以此寻求可获得更高票房的明星。[②]

在国内，优酷和阿里合作开发了名为“鱼脑”的人工智能演员匹配系统，该系统可以有效地缩短人工选择角色的时间消耗，从而合理控制作品的拍摄周期，以更好地迎合市场需求。该系统已应用在各大影视剧、综艺节目的角色选择中，例如优酷平台电视剧《长安十二时辰》就是通过“鱼脑”对剧本基础的人工智能分析以及潜在主演的多维度数据对比，最终确定男主角人选。这是由于《长安十二时辰》自身节奏快速、逻辑缜密，而“鱼脑”通过对潜在男演员的大数据分析发现，所选男主角在一部同样节奏紧凑、不断反转的电视剧《和平饭店》中有过类似的角色经历。[③]

---

① 《新影人学院 | AI+文化娱乐行业现状及未来趋势分析》，新影人映像公众号，2019 年 8 月 26 日，https：//mp. weixin. qq. com/s/ha-msZ4k7mjX-OFdB0f_ Mw。

② 王伟、董斌：《“机器绿灯系统”与“算法矩阵电影”——人工智能对电影制片业的影响》，《当代电影》2020 年第 12 期，第 34 页。

③ 姜扬、宋雅琪：《价值链视角下人工智能对电影产业的影响分析》，《传媒》2019 年第 24 期，第 37 页。

（二）电影发行

目前，国内外许多主流媒体都采用人工智能处理与分析数据来为已完成的电影做宣传和发行，如国外的 Listen First、Fizziology、Moviepilot 等数据公司，以及国内的猫眼、灯塔、艺恩等数据咨询公司，均旨在通过市场数据与受众调查进行目标受众的形象刻画与精准营销。同时，流媒体平台的算法推荐机制（包括协同过滤、情感分析、神经网络与多特征融合等多种推荐算法）也被运用得炉火纯青。人工智能系统致力于挖掘用户偏好，从而在爱奇艺、优酷、腾讯视频等流媒体平台上进行影视作品的精准推送。

国外的 Netflix、YouTube 等流媒体平台同样如此。其中，Netflix 选择使用内容过滤与协同过滤的算法将电影作品推送给目标受众，还根据平台数十年的受众收视数据，采用人工智能技术分析划分受众群体，更精准地分析受众群体的观影偏好。根据 Netflix 发布的报告，人工智能与大数据相结合而打造的精准推送服务，不仅极大地挖掘了冷门电影的价值，而且有效地提高了受众群体的用户黏性。精准推送服务每年给公司节省 10 多亿美元的开支。①

可以看出，国内外许多主流媒体都采用人工智能处理与分析数据，实现了对影视作品内容进行多平台、长时段的分发和精准推送，有效地节省了影视、媒体公司的宣发开支，使得影视作品通过大数据和人工智能抵达目标观众。

（三）电影放映

人工智能生成内容技术在电影放映阶段的运用主要体现在科学排片、智慧管理等方面。以国内科技公司环球数码推出的人工智能影院系统 CA2.0 为例，它能够通过数据分析和机器学习，综合管理同一影院内的多

---

① 《网飞说：涨价救不了爱奇艺》，腾讯网，2020 年 12 月 1 日，https：//new.qq.com/rain/a/20201201A0FI0800？no-redirect=1。

个影厅，使得放映影片获得价值的最大化。在未来，CA2.0 还可以通过建立数据库实现跨领域、多影院的协同管理。具体而言，CA2.0 从淘票票、猫眼等电影售票、评论平台获取大量数据和用户反馈，以此来分析预测电影流量与受众的观影热度。通过合理的安排，例如将热度最高的电影安排在影院的黄金时段，可以进一步提高影院收益。此外，CA2.0 根据影院实际上座率科学、及时地调整排片，通过多院线、多影院、多影厅、多场次的综合管理，有效地降低风险、扩大收益，这对于影院排片和电影放映是极大的助力。

此外，德国影院软件商 Eikona Cinema 也研发出一套影院管理系统（TMS），并且在之后又发布一个针对放映影片亮度的自动处理功能，保证对亮度有不同需求的影片能够在每个影厅中以合适的亮度进行放映。[①] 可见，人工智能系统可以在大数据和机器学习的支撑下不断提升管理能力，拓宽电影展映中院线、影院与影厅的边界，节约影院的运营、管理成本，使放映影片的价值得到最大化呈现。

（四）预告片制作与海报设计

人工智能生成内容技术可以通过分析已有的电影海报数据，生成新的海报图像。这可以大大减少电影制作人员的工作量，同时提高海报设计的创意性、个性化。例如，光线传媒出品的动画电影《去你的岛》的宣传海报就是由人工智能生成内容技术制作的。现如今，海报的制作通常使用图片生成 AI 工具 Midjourney、Stable Diffusion，以及最新发行的 GPT-4 模型，具体做法是由设计师给出设计理念与关键词，然后利用 ChatGPT 来完善指令，再将指令输入 Midjourney 中，生成图片后根据海报效果不断修改指令进行调整，最后用 Stable Diffusion 调整局部效果。[②]

① 《创新方案助力多元化观影健康可持续发展》，电影科技动态公众号，2023 年 1 月 6 日，https：//mp. weixin. qq. com/s/YCpQOzMdvxv_ IFUPMcj0kg。

② 《人工智能与电影产业的未来》，华语电影市场公众号，2023 年 5 月 17 日，https：//mp. weixin. qq. com/s/46Xmn68fPF2Ec8JK3a-39A。

光线传媒董事长、总经理王长田表示，人工智能生成内容技术不仅提高了制作效率，也可以提升表演和视觉效果方面的品质。未来，此动画创作团队也将持续探索诸如 AI 动画表演，AI 生成角色和场景资产，AI 生成毛发和衣服的动态效果，AI 自动布光渲染和 AI 用于动画特效、虚拟拍摄、衍生品开发等环节。①

四　问题与展望

（一）人工智能生成内容技术带来的问题

人工智能生成内容技术虽然给电影产业带来众多积极影响，但同时也带来许多问题。一是，人工智能生成内容技术容易引发电影版权的争议，包括作者署名问题、作品版权归属问题、对原创作品的盗用问题等。近年来，类似的争议事件屡见不鲜。例如，2023 年 3 月，好莱坞编剧工会上万名编剧因抗议 AI 生成剧本而进行了大规模罢工。美国编剧工会认为，ChatGPT 等 AIGC 工具本身无法分辨其训练数据是版权保护内容还是公共领域内容。因此，人工智能生成内容是有版权争议的。② 工会会员提出明确诉求：首先，编剧工会成员的原创剧本不能“成为训练 AI 的原始素材”；其次，人工智能生成内容不能被视为拥有版权的“剧本”。但是，包括 Netflix、迪士尼等在内的影视大公司却“拒绝了提案”。③

二是，人工智能生成内容技术容易造成电影产业的“信息茧房”问

---

① 《〈去你的岛〉将拍动画电影，光线影业出品，AI 能参与电影制作吗?》，“CartoonFool”百家号，2023 年 3 月 23 日，https：//baijiahao. baidu. com/s?id = 1761168396063438627&wfr = spider&for = pc。

② 《美国版权局：通过 ChatGPT 等 AI 自动生成的作品，不受版权法保护》，“张海刚 Hager”百家号，2023 年 3 月 20 日，https：//baijiahao. baidu. com/s?id = 1760863139028951012&wfr = spider&for = pc。

③ 《你很快就会失去工作！AI 将颠覆影视业，连诺兰都上街抗议了》，文娱春秋公众号，2023 年 5 月 15 日，https：//mp. weixin. qq. com/s/f8b4W1FpQ4gPN-wzItonnQ。

题，这在电影宣发环节尤为明显。由于人工智能立足于多元的算法推荐技术，通过计量观众的观影喜好以进行精准营销，以此来增强用户与平台之间的信任度。但是观影平台的算法推荐机制会受到流行性偏见（popularity bias）[①] 的影响。伴随着观众喜好与平台推荐的愈加统一，观众观看电影作品的范围越来越受限，用户偏好逐渐同质化、偏见化。这会影响电影选片、购片工作人员工作的精准度与广泛性，长此以往，电影行业的多元化和丰富性将会受到很大影响。2019 年，Netflix、HBO 等流媒体平台就表示愿意“倒退”一步，回归到传统人工推荐的方式，以应对“算法劫持”带来的种种争议。[②]

三是，人工智能生成内容技术创作的电影面临着能否被视为真正的艺术作品的争议。AIGC 时代同样是一个“灵光消逝的年代”，人工智能生成内容技术立足于大数据与各种算法技术，其内容上的数据来源于原创作者的基础素材“喂养”；其形式上的算法组合与调整仍需要创作者来把关；其艺术表达也带有机械复制性，无法准确表达人类情感，难以完全传达出艺术作品应有的“灵韵”。因此，需要注意人工智能生成所带来的对技术的过分推崇，以及随之而来的对艺术内容与情感的忽视。正如《流浪地球》的导演所说：科幻电影的本质是电影，而电影的本质是情感。现在许多年轻创作者更重视技术，这使他“焦虑了好长一段时间”。[③]

（二）人工智能生成内容技术的未来展望

面对一系列的机遇与挑战，人工智能生成内容技术在电影产业的应用需要全方位地规范与引导。首先是加强对电影产业人工智能生成内容技术在法

---

① 流行性偏见指的是在流媒体平台上一些流行的项目会被经常推荐，而其他项目会被忽略的现象。

② 《智能算法不灵了？Netflix 欲回归传统人工推荐方式》，“1905 电影网”百家号，2019 年 8 月 26 日，https：//baijiahao. baidu. com/s?id = 1642918884951655368&wfr = spider&for = pc。

③ 《郭帆：AI 让我感到焦虑，但也可能是中国电影弯道超车好莱坞的机会》，“观察者网”百家号，2023 年 6 月 13 日，https：//baijiahao. baidu. com/s?id = 1768584645624889765&wfr = spider&for = pc。

律法规层面的引导。目前，我国电影产业的国家政策对人工智能生成内容技术更多是秉持着积极的态度。例如，2021 年发布的《“十四五”中国电影发展规划》、2022 年发布的《“十四五”数字经济发展规划》、2023 年发布的《生成式人工智能服务管理暂行办法》等政策规划都提出一系列目标和措施促进人工智能生成内容技术的行业运用。

面对电影行业内部的发展需求，2022 年行业主管部门及其他部门出台了相关政策（见表 4）。2021 年 9 月，国家新一代人工智能治理专业委员会发布《新一代人工智能伦理规范》，其中提出保护隐私安全、强化责任担当、提升伦理素养等六项基本伦理规范，旨在维护使用人工智能人员的合法权益，同时增强全社会的人工智能伦理意识与行为自觉。[①] 2022 年，我国首次将人工智能伦理治理上升到国家政策层面。例如，2022 年 3 月，中共中央办公厅、国务院办公厅发布《关于加强科技伦理治理的意见》，其中提出从体制、制度、审查监督和教育宣传四个方面制定规范，全面开展科技伦理治理工作。[②] 2022 年11 月，国家网信办、工信部与公安部联合发布《互联网信息服务深度合成管理规定》，规范各平台推出使用深度合成技术，明确相关服务要求与安全问题，促进相关 AIGC 技术运用健康发展。[③]

2023 年 7 月，国家广电总局与国家网信办、国家发展改革委、教育部、科技部、工信部、公安部联合公布《生成式人工智能服务管理暂行办法》，办法呼吁各平台明确按照《互联网信息服务深度合成管理规定》对图片、视频等生成内容进行标识，发现违法内容应当及时采取处置措施等。这既是促进生成式人工智能健康发展的重要要求，也是防范生成式人工智能服务风

① 《中国发布〈新一代人工智能伦理规范〉融入人工智能全生命周期》，“央广网”百家号，2021 年 9 月 27 日，https：//baijiahao. baidu. com/s? id = 1712016846344213111&wfr = spider&for = pc。

② 《中共中央办公厅　国务院办公厅印发〈关于加强科技伦理治理的意见〉》，中国政府网，2022 年 3 月 20 日，https：//www. gov. cn/zhengce/2022-03/20/content_5680105. htm。

③ 《互联网信息服务深度合成管理规定》，中国网信网，2022 年 12 月 11 日，http：//www. cac. gov. cn/2022-12/11/c_1672221949354811. htm。

险的现实需要。[①] 这一系列政策都旨在规范人工智能生成内容技术带来的各种问题。未来将会有更多的法律法规以引导人工智能生成内容技术的行业发展。

表 4　2022 年关于人工智能与电影行业的主要政策法规汇总

	发布部门	政策名称	主要内容
整体规划	国务院	《“十四五”数字经济发展规划》	打造智慧共享的新型数字生活，深化人工智能技术与高新视频的业态融合
	中共中央办公厅、国务院办公厅	《关于推进实施国家文化数字化战略的意见》	提出八项任务，推进实施国家文化数字化发展战略
规范治理	中共中央办公厅、国务院办公厅	《关于加强科技伦理治理的意见》	制定和完善科技伦理规范，明确各行业相关标准要求
	国家网信办、工信部、公安部	《互联网信息服务深度合成管理规定》	针对人工智能生成图片、视频等深度合成技术问题，进行积极治理与规范引导
	国家广电总局	《电视剧母版制作规范》	积极采用人工智能的视觉特征提取、智能场景识别等新技术，初步实现电视剧版本技术检测工作的智能化
人才培养	国家广电总局	《全国广播电视和网络视听“十四五”人才发展规划》	加强基于人工智能素养的新型人才、高层次人才、复合人才培养

资料来源：作者根据资料整理制作。

其次是研发与建立遵守科技伦理与拥有自主产权的人工智能电影制作工具。例如，2021 年 11 月，国家电影局发布的《“十四五”中国电影发展规划》明确提出：重点研究云计算、大数据、5G、VR、人工智能、机器学习、深度学习、可信计算、区块链等新一代智能技术在电影全产业链信息化

① 《国家网信办等七部门联合公布〈生成式人工智能服务管理暂行办法〉》，“界面新闻”百家号，2023 年 7 月 13 日，https：//baijiahao. baidu. com/s?id = 1771288180995996887&wfr = spider&for = pc。

建设、云化和智能化升级中的整体解决方案；创建基于云计算技术和高速互联网的电影分布式远程跨域协同制作服务机制，推动制作工具和相关应用的网络化共享。持续提升电影云制作服务平台的建设水平和服务质量；重点研究拥有自主知识产权的视音频编解码、数字内容加解密、数字证书认证、数字水印以及影院 LED 屏等技术与设备，抢占技术制高点，打破国外技术垄断，努力提高国际标准参与和引导能力；制定数字化电影档案收集保存的行业标准体系和数字资源库管理标准，组织开展对现有电影档案进行数字化转换与存储，迭代电影数字化修复技术，搭建数字内容资源综合管理应用平台。① 在软件智能化的趋势下，人工智能生成内容技术为我国电影制作软件的开发提供了弯道超车的机遇。其中，建设有自主知识产权的电影制作软件被提到新的高度，打破西方技术垄断，研发制作自己的软件是建设电影强国的必由之路。

最后是培育拥有人工智能素养的影视专业人才。2021 年，国家电影局在《“十四五”中国电影发展规划》中就提出，“培育电影科技人才、兼具艺术素养和技术能力的复合型创作人才”②。此外，人工智能生成内容技术也对电影教育产生颠覆性影响，推动电影剪辑与特效制作人才培养的变革。在我国推进新文科、新工科建设的背景下，这些探索对电影教育改革有开拓性价值，“可以将电影数字化和智能化的软、硬件开发流程，植入高校电影教育的环节中，逐步形成一个产、学、研、教结合的电影人才培养体系，让未来的电影人才更早地接触到电影生产的新型工业化和数字化变革。还应该逐步建立文理交叉的电影教育课程体系，为学生提供跨学科的专业学习环境，注重创新思维和创意思维的培养。毫无疑问，文理交叉的综合性人才更加符合未来电影生产的需求”③。

---

① 《一张图读懂〈“十四五”中国电影发展规划〉》，“新京报”百家号，2021 年 11 月 10 日，https：//baijiahao. baidu. com/s? id = 1716046759594244826&wfr = spider&for = pc。

② 《最新规划出炉！“十四五”时期中国电影事业这么干》，“人民网”百家号，2021 年 11 月 10 日，https：//baijiahao. baidu. com/s? id = 1716016828227902029&wfr = spider&for = pc。

③ 李道新、杨向华、陈刚、李思锐：《中国电影数字化的战略转型与发展趋势》，《当代电影》2022 年第 12 期，第 8 页。

结 语

2022 年被视作人工智能生成内容的元年，中国人工智能生成内容技术对电影产业诸多环节，如制作、发行与放映等产生巨大影响。人工智能生成内容的市场规模扩大、生产创作规范与应用场景突破，逐渐呈现成熟化特征。虽然人工智能生成内容技术也使电影产业面临版权争议与“信息茧房”等问题，但人工智能生成内容技术仍有空间，未来的发展需要进一步稳步提升。这些问题亟须在政策引导、技术研发和人才培养的助力下认真厘清与深化改革。人工智能生成内容技术与电影产业的融合发展仍有很多的未知空间，需要在规范化的引导之下进行多元且深入的探索。

B.9

AIGC 对短视频业的影响（2023）

魏 武 杨雅芸*

摘 要： 2022 年被称为“AIGC 元年”，在这一年中，人工智能的迅猛发展牵动着社会各界。在厘清 AIGC 概念为何的情况下，本报告聚焦于 AIGC 对短视频行业现状的影响，包括生产内容、传播过程和消费市场，并从三个层次（核心技术力、模型即服务、应用生态圈）梳理了 AIGC 对短视频行业发展的牵动。最后，从产业界回归学术界，本报告以批判的视域审视 AIGC 赋予短视频行业未来的可能，认为在矛盾与发展并存的当下，应对 AIGC 抱持开放且严谨的态度。

关键词： AIGC 人工智能 短视频 媒介技术

一 AIGC 究竟是什么

《未来媒体蓝皮书：中国未来媒体研究报告（2022）》一书曾指出短视频产业的发展趋势之一包括“新技术开辟新可能”[①]，而在 2022 年的资本市场上，“新技术”确实呈现井喷势态。短时间内，从自然语言处理（Natural Language Processing，NLP）到大语言模型（Large Language Model，LLM），

---

* 魏武，传播学博士，厦门理工学院影视与传播学院讲师，主要研究方向为新媒体使用行为、视觉传播；杨雅芸，厦门理工学院影视与传播学院网络与新媒体专业 2020 级本科生，负责资料收集、图表制作。

① 林小勇主编《未来媒体蓝皮书：中国未来媒体研究报告（2022）》，社会科学文献出版社，2022，第 99 页。

从具身智能（Embodied Intelligence）到通用人工智能（Artificial General Intelligence，AGI），从对比语言-图像预训练（Contrastive Language-Image Pre-Training，CLIP）到跨模态表征生成（Cross-Modal Representation Learning，CMRL），似乎一切都必须马上与“新技术”形成关联，或者说“新技术”正与世间万物产生连接。正是在此般时代大潮的裹挟下，从业界到学界，掀起了一股持续高涨的 AIGC（Artificial Intelligence Generated Content）热，也使得 2022 年在很大程度上被称作“AIGC 元年”。

（一）AIGC 的定义

所谓的 AIGC，中文可以翻译为“生成式人工智能”或“人工智能生成内容”，两处翻译在中文语境中都存在且混用。① 但严格来说，经由诸如生成式对抗网络（Generative Adversarial Network，GAN）等模型进行机器学习以实现不同模态内容的智能合成结果的，才能被称作“生成式人工智能”（Generative AI）。② 随着生成式人工智能的大量成果产出，各界开始尝试使用“人工智能生成内容”来泛指这类特定的网络信息，并由此与一般的用户生成内容（User Generated Content，UGC）、专业生成内容（Professionally Generated Content，PGC）和职业生产内容（Occupationally Generated Content，OGC）进行区分。③ 在腾讯研究院发布的《AIGC 发展趋势报告 2023：迎接人工智能的下一个时代》④ 中对 AIGC 的狭义解读是“利用 AI 自动生成内容的生产方式”，即人工智能生成内容；而广义解读则是“可以看作

① 例如，新华网在过往的报道中，对“生成式人工智能”（见 https：//www. news. cn/fortune/2023-07/12/c_1212243746. htm）和“人工智能生成内容”（见 http：//news. cn/2023-02/14/c-1129364769. htm）两种表述方式均有使用。

② Wang，Y.，Herron，L.，Tiwary，P.，“From Data to Noise to Data for Mixing Physics Across Temperatures with Generative Artificial Intelligence，” *Proceedings of the National Academy of Sciences*，2022，119（32）：e2203656119.

③ White，R.，Cheung，M.，“Communication of Fantasy Sports：A Comparative Study of User-generated Content by Professional and Amateur Writers，” *IEEE Transactions on Professional Communication*，2015，58（2）：192-207.

④《AIGC 发展趋势报告 2023：迎接人工智能的下一个时代》，腾讯研究院，2023 年 1 月 31 日，https：//www. tisi. org/25314。

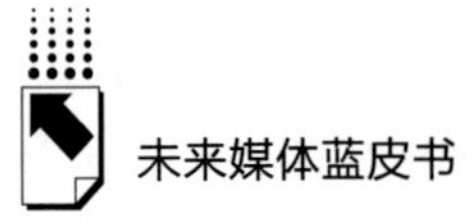

像人类一样具备生成创造能力的 AI 技术”，也就是生成式人工智能。因此，在明确了 AIGC 的定义之后，可以从广义上对 AIGC 开展进一步的解释，也为后文的讨论厘清概念。

首先，AIGC“像人类一样”的表征。人类一直在努力尝试让机器人“感觉起来更像人”，著名的图灵测试（the Turing Test）便是以此为前提。自 1966 年第一台聊天机器人伊莉莎（ELIZA）问世以来，在短短不到 60 年的发展里，谷歌公司（Google）的员工便在 2022 年称其训练的 AI 语音系统 LaMDA 已具备人类的“感知和自我意识”，甚至有了“人格和灵魂”。[①] 以引爆全球 AI 狂潮的 ChatGPT 为例，通过大算力的“调教”和长时间的“训练”，它可以很好地模仿人类的思维逻辑和认知功能，从而准确地归纳、总结、举例，而不是机械性地“照搬照抄”，进而与人类进行各种场景的自由沟通交流。[②]

其次，AIGC“具备生成创造能力”的特征。特别需要注意的是，AIGC 的产物不再局限于聊天的文本，而是包括图片、声音、视频、3D 交互，甚至是凭空捏造的幻象（illusion）。对于这一结果，可以从两个方面加以展开：一方面是输入，即对于指令的识别；另一方面是输出，即内容的生成。如今的 AIGC 已经可以根据文字描述生成图像（如 Stable Diffusion）或检测音频语义生成文字（如剪映），还可以根据用户的需求，结合上下文语境（context）对成果进行微调（fine-tune）。不难看出，“投喂”给 AI 的语料可以是多样的，而其产出的内容又可以是“定制”的，如同人类的艺术创意一般，通过视、听、嗅、触觉等感官传感器收集多种模态的信息，并在加工处理后生成丰富多彩的其他类型（genre）的内容。

最后，回归到本质而言，AIGC 是一项“技术”，无论是“像人类一样”的表征，还是“可能超越人类”的特征，其背后都与科学技术和人类社会的发展息息相关。AIGC 的发展离不开人类活动，即便是被供上“神坛”的

---

① 《谷歌 AI 系统 LaMDA 有“意识”？“泄密”工程师已被停职》，澎湃新闻，2022 年 6 月 14 日，https：//www. thepaper. cn/newsDetail_forward_18563375。

② 刘通、陈梦曦：《AIGC 新纪元：洞察 ChatGPT 与智能产业革命》，中国经济出版社，2023，第 141 页。

ChatGPT，在 LLM 和机器深度学习（Deep Learning）之外也需要大量的人类反馈强化学习（Reinforcement Learning from Human Feedback，RLHF）。因此，有观点认为“人工智能是人类自主创造活动的产物，是人的本质力量的强有力呈现，是促进人与社会发展的强大推动力”①。换句话说，本报告开篇那些让人“云里雾里”的英文术语缩写，虽然仅是 AI 得以“GC”的技术冰山一角，却浓缩着人类科技的结晶、闪烁着人类智慧的光芒。

（二）AIGC 的差异

2022 年虽然被称作“AIGC 元年”，但并不意味着 AIGC 是在这一年才横空出世的，正如前文所述，它是科学技术和人类社会进步的产物。在第三次科技革命之后，互联网成为人类社会的主要互动媒介，而内容便成为其中的主要生产和消费对象，在互联网的发展过程里，有关内容的生产方式逐渐迭代转向成为当前的 AIGC（见表 1）。受限于篇幅，此处不爬梳人工智能的发展历程和共性特征，而是主要聚焦于 AIGC 发展至今在生产方式上的差异，以窥其对未来媒体发展方向的启示。

表 1　互联网世界中内容生产方式的发展历程

互联网形态	第一代（Web 1.0）	第二代（Web 2.0）	第三代（Web 3.0）
典型场景	PC 机、信息门户	移动互联网、社交媒体、平台经济	区块链、元宇宙、人工智能、全真全息
内容生产	PGC	PGC+UGC	PGC+UGC+AIGC
人机交互	键盘鼠标操作	触控、语音识别等	多模态交互
主要特征	门户高度中心化	平台中心化+用户参与、移动便利、电子商务	弱（去）中心化、价值共享、隐私保护、虚实共生
资源组织	目录式资源供给、搜索引擎	社会网络、多源异构大数据	多模态融合、认知计算、虚拟现实

资料来源：李白杨、白云、詹希旎、李纲《人工智能生成内容（AIGC）的技术特征与形态演进》，《图书情报知识》2023 年第 1 期，第 66~74 页。

① 孙伟平：《人工智能与人的“新异化”》，《中国社会科学》2020 年第 12 期，第 119~137、202~203 页。

相较于其他时期的内容生产，AIGC 最为根本的不同之处在于，它是大数据量、大参数量、强算法的大模型（Foundation Model）。无论是互联网时代的 PGC、UGC，还是人类历史上其他时期的内容生产，都需要仰赖创作者（们）过往特定的经验、学识或能力，这也导致了产出内容的时代性和局限性。然而，AIGC 却能够以惊人的效率填补这些偏误，再次以 ChatGPT 为例，根据公开的数据来看，其前身 GPT-1 在 2018 年 6 月时的参数量为 1.2 亿，而 2019 年 2 月的 GPT-2 参数量就高达 15 亿，到了 2020 年 5 月，GPT-3 的参数量更是达到了 1750 亿。[①] 可以说，AIGC 背靠的是浩瀚无垠的人类文明，从历史长河中捞取出相对符合数学概率的结果，其在短时间内以几何倍数提升的学习效率，显然已经超出了人类心智的承受范围。

另一个差异之处在于，AIGC“黑箱”（black box）般的创造力。一个鲜活的例子是在 2022 年美国科罗拉多州博览会（Colorado State Fair）上，一幅名为《太空歌剧院》（*Théâtre D'Opéra Spatial*）的画作拿下数字艺术类冠军的奖项，而这幅作品正是由 AI 生成的。[②] 新闻一出，不仅颠覆了社会对人工智能“没有创造力”的刻板认知，也引爆了世界范围内有关 AIGC 的讨论。在海量数据库和深度学习的帮助下，人工智能可以迅速地分析、模仿、生成特定的艺术风格，而例如神经风格迁移（Neural Style Transfer）等算法技术的加持，使人工智能拥有了对图像进行重构的能力，[③] 如此“学习—模仿—重构”后便形成了独特的“AI 风格”。同时，算法模型必然存在的偏误（bias）也为 AIGC 的成果增添了一丝不确定性，在一定程度上，这也恰恰是人工智能的“创意”体现。

---

① 《深度丨昂贵的 ChatGPT 背后，国产 GPU“掘金”路漫漫》，21 经济网，2023 年 2 月 9 日，https：//www.21jingji.com/article/20230209/herald/d4765dfe0c581dcda5a70d1f93dfa483.html。

② 《未来可期丨人工智能绘画：让每个人都成为艺术家》，澎湃新闻，2023 年 2 月 6 日，https：//www.thepaper.cn/newsDetail_forward_21815501。

③ Liu，J.，Yang，H.，Li，Q.，Coverless Image Steganography Based on Neural Style Transfer. Fourteenth International Conference on Digital Image Processing（ICDIP 2022），SPIE，2022，12342：870-878.

（三）AIGC 的兴盛

2022 年之所以被称为“AIGC 元年”，除了技术的成熟之外，更重要的是市场的关注和资本的追捧。比如，瑞银集团（UBS）在 2023 年 1 月的一份调查报告显示，ChatGPT 在上线两个月的时间里，全球月活用户（Monthly Active User，MAU）数量已经突破了 1 亿，成为史上增速最快的消费级应用。[①] 第三方数据公司 Semrush 的结果显示，在 ChatGPT 上线后的一个月内，对该词的谷歌搜索量增长了 167801%，而对于“AI 文本生成器”（AI Text Generator）的搜索量也同比增长了 820%，相应地，“AI 搜索引擎”（AI Search Engine）查询量同比增长了 7264%，“文本转视频 AI”（Text to Video AI）则增长了 5900%。[②] 全球互联网用户对于人工智能和 AIGC 的热情程度可见一斑。

2022 年 9 月，红杉资本（Sequoia Capital）便在一篇题为《生成式 AI：充满创造力的新世界》（*Generative AI：A Creative New World*）的文章中写到：生成式人工智能将会把创作与知识类劳动的边际成本降为零，极大提升生产力并创造巨大的经济价值——当然还有相应的市场价值。[③] 有国外商业咨询机构预测，2030 年全球 AIGC 市场规模将会达到 1100 亿美元。[④] 资本市场自然不会轻易放过如此红利的风口，虽然全球的各大互联网巨头在 ChatGPT 上线之前便已开始布局，比如 Meta 推出短视频 AIGC 工具 Make-A-Video，Adobe 宣布将 Firefly 引入其视频制作软件 Premiere Pro 和 After Effects 中，谷歌投资 AI 对话机器人 Claude 的母公司 Anthropic 等。此处无意深挖全球“商战”的你来我往，旨在通过上述案例说明资本在 ChatGPT 爆红的牵动下

---

① “UBS：ChatGPT May Be the Fastest Growing App of All Time，” AIBusiness，Feb 2023，https：//aibusiness. com/nlp/ubs-chatgpt-is-the-fastest-growing-app-of-all-time.

② “Online Search and Traffic Trends Answer Your ChatGPT and AI Questions，” Semrush，Mar 2023，https：//www. semrush. com/news/241364-online-search-and-traffic-trends-answer-your-chatgpt-and-ai-questions.

③《生成式 AI：充满创造力的新世界》，SEQUOIA，2022 年 9 月 28 日，https：//www. sequoiacap. cn/article/generative-ai-a-creative-new-world/。

④ “Generative AI Market Size-Global Industry，Share，Analysis，Trends and Forecast 2022-2030，” Acumen，Dec 2022，https：//www. acumenresearchandconsulting. com/generative-ai-market.

争先恐后地“入市”，无疑也为2022年成为“AIGC元年”增添了一把高效的助燃剂。

二 AIGC于短视频行业现状的影响

随着行业的高速发展、用户的高度瞩目、资本的高调入局，除了前文反复提及的聚焦在文字生成方面的ChatGPT外，市场上还出现了侧重音频生成的Podcast. ai（人声）、MuseNet（音乐），强调图像生成的Midjourney、DALL-E 2，与“游戏金融”（GameFi）结合的Mirror World，与元宇宙（Metaverse）结合的DreamFusion和Loom. ai等一众AIGC技术、软件、平台。作为“AIGC元年”，2022年问世的消费级人工智能产品可谓琳琅满目，其中当然也不会缺少为（短）视频领域开发的产品（见表2）。

表2 视频类AIGC列表（部分）

AIGC软件/平台(公司)	特点	发布时间
Morpheus(rct AI)	完成场景构造、3D渲染	2021年10月
CogVideo(清华&智源研究院)	支持中文输入	2022年6月
Make-A-Video(Meta)	图片转视频,视频生成视频	2022年9月
Imagen Video(Google)	画面质量提高(1280×768像素)	2022年10月
Phenaki(Google)	画面叙事连贯(2分钟以上的长镜头)	2022年10月
Stable Animation SDK(Stability AI)	融合Stable Diffusion模型	2023年5月

资料来源：本报告作者整理。

必须承认的是，人工智能在生成视频方面，2022年的算法模型远不如文字类AIGC成熟。从已经公布的产品来看，除了当年9月底Meta公布的Make-A-Video外，市场上也仅有Google发布的Phenaki激起相对广泛的讨论。虽然当下的视频类AIGC还处在“任重道远”的阶段，但视频（动态内容）作为AIGC发展的必然趋势之一，其带来的对生产力提升的想象、对生产关系变化的省思，以及对生产、传播和消费的影响值得讨论。

（一）AIGC 于生产内容

AIGC 给视频的生产效率带来了指数级的飞跃。虽然在技术放权后，从传统影像创作到短视频生产的成本均已有明显下降，但仍有一些特定的基础门槛，比如需要录制设备拍摄一段素材、需要剪辑软件完成一段编辑……而 Make-A-Video“来势汹汹”地将这些最为基础的门槛踏破，宣告仅需要一段文字描述便可以生成视频（Text-to-Video，T2V）。同时更值得注意的是，T2V 技术可以基于庞大的数据库，凭空生成现有世界里并不存在的画面（比如一只正在画肖像画的泰迪熊玩偶），Meta 在其官网上自豪地将其称为“超现实主义”（surreal）。对于内容生产而言，AIGC 似乎将不再受限于制作的成本、时空的调度和技术的桎梏，只需要发挥想象力，通过文字的方式将画面描述出来即可。如此一来，也就不奇怪视频类 AIGC 会被网友戏称为“用嘴做视频”①。

然而，相较于文字类、图像类的 AIGC 产品，视频类人工智能又显得不是那么的“亲民”。以在业内已被认为是“高质量”的 Imagen Video 为例，其产出的视频分辨率为 1280×768 像素，虽然已经达到广播级“高清画质”的基准，但仍与现在显示终端动辄 2K、4K 的发展趋势及使用场景之间存在一定的落差。同时，即便视频类 AIGC 能够理解、生成不同视觉风格的影像并任意转换，但在其流光溢彩的表象下，计算成本高、数据量有限、视频长度不确定等难题依旧存在，而这些也是各大视频类人工智能公司正在努力攻克的方向。② 另外，有文章披露 Imagen Video“用于训练系统的数据包含有不良内容，这可能导致 AIGC 的色情和暴力问题，因此，谷歌直到这些担忧得到缓解之前都不会发布相关的模型或

---

① 《真 · 拿嘴做视频，Meta“AI 导演”一句话搞定视频素材》，“澎湃”百家号，2022 年 10 月 1 日，https：//m. thepaper. cn/baijiahao_20128834。

② 参见 Villegas，R.，Babaeizadeh，M.，Kindermans，P. J.，et al.，Phenaki：Variable Length Video Generation from Open Domain Textual Description. ArXiv Preprint ArXiv：2210. 02399，2022 或 Singer，U.，Polyak，A.，Hayes，T.，et al.，Make-a-video：Text-to-video Generation Without Text-video Data. ArXiv Preprint ArXiv：2209. 14792，2022 等研究。

源代码"[①]，见微知著，这或许意味着视频类 AIGC 离真正进入消费级市场还有一些距离。

倘若将视频类 AIGC 的范围扩大，不仅局限在绝对意义上的由 AI 生成的视频层面，而且将人工智能辅助生产（AIAGC）也纳入范畴，那么 AIGC 对传统视频生产场景的影响将更加深远。比如利用人工智能进行视频的属性编辑，"包括删除特定主体、生成特效、跟踪剪辑等，能够高效节省人力和时间。AI 能够通过对画面人物的动态追踪，自动搜索人物，定位关键时间节点，极大提升剪辑效率"[②]。又或是将人工智能作为老电影的"胶片医生"，比如百度联合中国电影频道节目制作中心发布的智感超清大模型，"实现对多种（电影胶片）损坏情况的修复，并通过画质提升、边缘锐化等方式增强视频的清晰度，全方位提升视频修复效率和观感体验"[③]。在未来，促进 AIGC 的跨模态相辅相成，比如将 ChatGPT 的文案写作和 Phenaki 的动画生成结合。可以说，正是人工智能越发强力的辅助，让我们看到了 AIGC 撼动传统视频生产的可能性。

（二）AIGC 于传播过程

AIGC 除了在内容生产方面带来腾飞之外，对传播过程的影响主要体现在跨模态传播和智能化反馈两方面。在跨模态传播方面，前文提及，当前的视频类 AIGC 大都已具备 T2V 的基本功能，同时也不乏拥有出色图像转视频（Image-to-Video，I2V）能力的产品。在多模态（Multimodal）信源的支撑和兼容下，AIGC 将针对不同的投放渠道产出不同叙事、风格和形式的视频，从而拓宽内容的影响力和覆盖面。例如《每日经济新闻》旗下的"每经 AI 电视"，实现了从内容生产到输出传播的"无人化"：数据采集—稿件撰

① "Imagen Video: Google unveils high-definition text-to-video AI," the-decoder, Oct 2022, https://the-decoder.com/imagen-video-google-unveils-high-definition-text-to-video-ai/.

② 杜雨、张孜铭：《AIGC 智能创作时代》，中译出版社，2023，第 32 页。

③ 赵广立：《从一帧老电影的修复讲起：AI 普惠在提速》，《中国科学报》2022 年 12 月 1 日，第 3 版。

写—虚拟主播视频生成—AI 视频生成—视频串联播出的整个直播链条完全 AI 化制作，除审核和监播外，7×24 小时不间断的内容播报和传输全程不需要人工参与。[①] 此外，人工智能可以利用用户画像侧写、使用行为分析、语义情感分析等技术监测使用者对于内容的偏好，从而调整其产出的内容制式，包括配音声线、横竖规格、视频时长等。也就是说，通过提供个性化服务，AIGC 能够满足不同用户的差异化需求，从而提高内容的稳定度和满意度。

在智能化反馈方面，首先，AIGC 作为“确定性、程式化的存在，可以做到 24 小时实时跟踪事件发生进展过程”[②]；其次，人工智能还能对内容的接收方展开实时分析，为反馈循环奠定良好的基础。有学者提出，“以往的用户分析，主要依靠问卷调查等常规手段。虽然未来问卷调查这一方法不会完全失灵，基于科学的方法与手段的问卷调查形成的结果仍有较强的说服力，但是，基于社交平台、用户平台的大数据采集和分析，已经越来越多地进入实践，而这些层面的用户分析，在很大程度上需要借助机器的力量”[③]。同时，AIGC 可以对反馈回来的数据展开新一轮的学习，即不断地更新和改进其模型和算法，动态优化用户反馈的各方面。“AIGC 处理、分析、生成内容的效率远高于人类，可以大幅简化工作流程，同时不断积累数据和信息形成高价值的知识资本”，即通过人工智能提升内容的匹配度和信任度，进而提高生成的转化率和收益率，“这样低成本高收益的内容生产方式具备极大的吸引力”[④]。

（三）AIGC 于消费市场

正如前文所提到的那样，全球互联网用户对 AIGC 的热情高涨，资本亦

① 《每经 AI 电视入选 2021 年中国智能媒体十大年度案例》，每经网，2022 年 4 月 11 日，http：//www. nbd. com. cn/articles/2022-04-11/2212165. html。

② 王建磊、江浩：《AIGC 与融媒生产：赋能、互补与边界》，《视听界》2023 年第 3 期。

③ 彭兰：《从 ChatGPT 透视智能传播与人机关系的全景及前景》，《新闻大学》2023 年第 4 期。

④ 蔡津津：《AIGC 对全媒体生产传播体系的影响及对策建议》，《传媒》2023 年第 10 期。

大刀阔斧地“入市”，AIGC 在消费市场的势头凶猛。据 CB Insights 统计，全球 2022 年在人工智能概念领域已诞生 6 家“独角兽”公司，同时还有超过 250 家的初创公司，这些公司中有 51%的融资进度在 A 轮或天使轮，共有 110 笔创投交易和 AIGC 概念有关，总金额超过 26 亿美元。[①] 在资本的轮番轰炸下，各公司开发出的面向消费市场的 AIGC 应用/平台也不胜枚举，在视频类人工智能方面（含 AIAGC）除了前文提到的几个“拳头”产品外，还包括诸如 DeepSwap. ai、Runway、FlexClip、Opus Clip，以及国内的 D-ID、LAIPIC、万兴播爆等。综观上述产品，有行业观点指出，AIGC 的“重点应用领域为有优质应用落地场景的 C 端，以及有垂直领域数据积累/为重要数据入口的 B 端”。

在对个人用户消费者（To Consumer，2C）端，AIGC 市场前景广阔。除了前文 Semrush 公布的全球用户搜索数据之外，一项针对中国“AIGC 兴趣用户”[②] 的调查报告显示，中国 AIGC 用户市场不仅“有钱有闲”，而且对于人工智能在短视频领域的发展保持乐观态度。具体来说，在我国 10.67 亿的网民总量中，[③] AIGC 兴趣用户具有较高的线上消费能力及意愿（见图 1）；该群体月人均使用互联网的时长为 160.5 小时，高于全网平均的 146.0 小时（见图 2），他们在线上时也保持着较高的活跃度，日间活跃度稳定在 80%上下，午夜零点时也有近四成的活跃度（见图 3）。[④] 同时，根据艾媒咨询（iiMedia Research）调研数据，[⑤] 通过人工智能“生成视频”是中国消费

---

① 《〈流浪地球 2〉科幻照进现实！ChatGPT 概念“狂飙”，也带火了 AIGC！》，《证券时报》网，2023 年 2 月 8 日，https：//www. stcn. com/article/detail/789516. html。

② 根据 QuestMobile 的解释，“AIGC 兴趣用户”指的是那些有在新媒体平台（包括抖音、快手、微博、小红书、哔哩哔哩、微信公众号）关注“AIGC”相关关键词内容的活跃用户。

③ 《第 51 次〈中国互联网络发展状况统计报告〉》，中国互联网络信息中心（CNNIC），2023 年 3 月 2 日，https：//www. cnnic. net. cn/n4/2023/0303/c88-10757. html。

④ 《2023“AIGC 兴趣用户”洞察报告：AI 绘画用户超千万，大厂创业者争抢布局，移动互联网新风口已至》，QuestMobile，2023 年 4 月 11 日，https：//www. questmobile. cn/research/report/1645677910684700674。

⑤ 《中国 ChatGPT 及 AIGC 消费者行为洞察数据》，艾媒咨询，2023 年 2 月 27 日，https：//data. iimedia. cn/data-classification/theme/49120383. html。

者最希望使用的人工智能功能类型之一（见图 4），相信 2C 端对于视频类 AIGC 的热切期待会成为人工智能发展的重要驱动力。

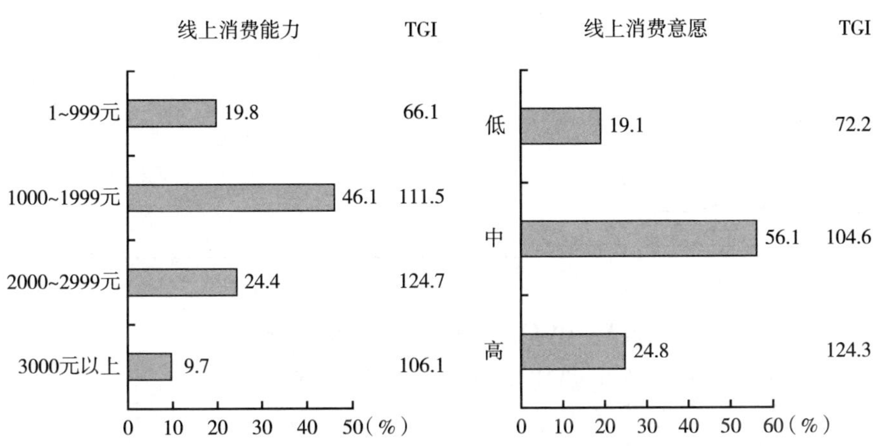

图 1　AIGC 兴趣用户线上消费能力及意愿

注：TGI（Target Group Index）指目标人群某个标签属性的月活跃占比除以全网具有该标签属性的月活跃占比×100。

资料来源：QuestMobile GROWTH 用户画像标签数据库（2023 年 2 月）。

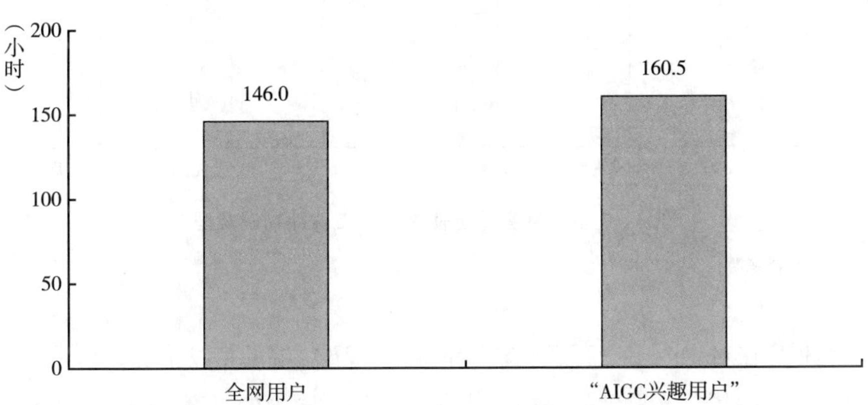

图 2　AIGC 兴趣用户月人均使用互联网时长

资料来源：QuestMobile GROWTH 用户画像标签数据库（2023 年 2 月）。

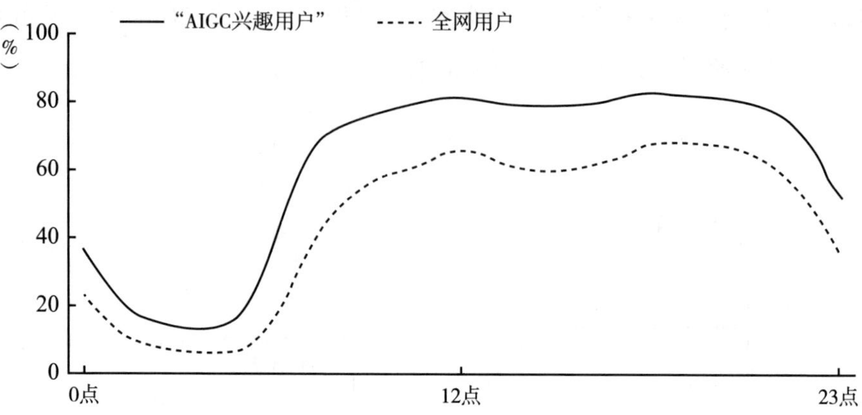

图 3　AIGC 兴趣用户线上活跃时段分布

资料来源：QuestMobile GROWTH 用户画像标签数据库（2023 年 2 月）。

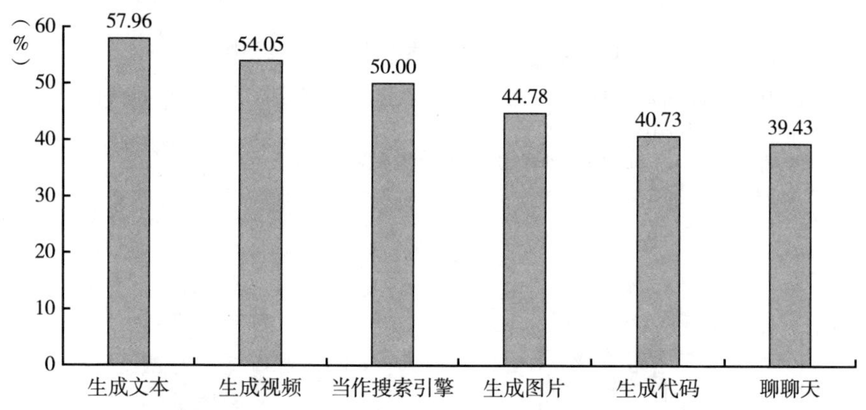

图 4　中国消费者希望使用的人工智能功能类型

资料来源：艾媒数据中心。

AIGC 在对企业用户商家（To Business，2B）端的市场情况则可谓“龙争虎斗”。除了前文提到的部分海外商战之外，国内的百度、阿里、腾讯等大型云厂亦在博弈，比如百度发布新一代知识增强大语言模型机器人“文心一言”（ERNIE Bot），阿里巴巴也透露会将人工智能技术与旗下的办公软件钉钉结合，而处在第二梯队的知乎、小米、360 等一众企业同样不甘落后、纷纷入局。相较之下，字节跳动和快手科技作为短视频劲旅，则采用通过庞大用户数据沉淀技术能力的策略提升 AIGC 的使用体验，例如 2022 年底在平台爆火的“真人变漫画”特效。活跃的 2B 市场体现出的不仅是人工智能技术在使用过程中的功用价值，还是在商业发展上的转化前景（见图 5）。但由于 AIGC 目前商业化程度有限，大量业务场景尚未成功变现，包括短视频行业在内的商业模式尚处在摸索阶段。因此，有观点指出，未来几年可能都将是 AIGC 商业化的探索期。①

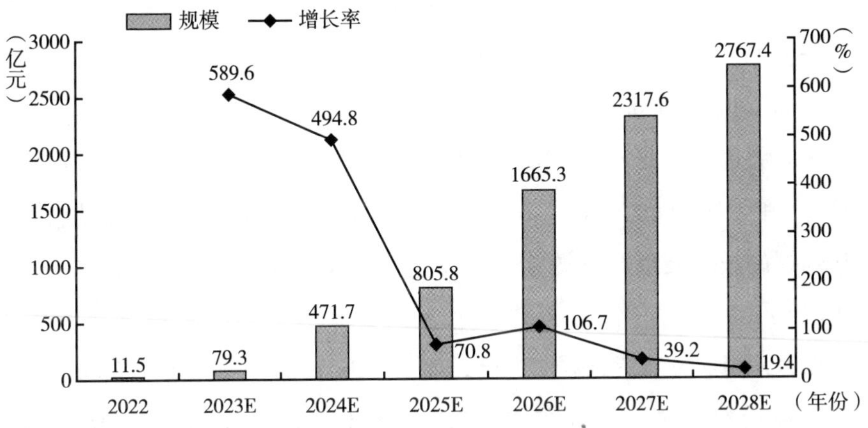

图 5　2022~2028 年中国 AIGC 核心市场规模及预测

注：年份后的 E 表示该年份的数据为估计值（estimated）。

资料来源：艾媒数据中心。

三　AIGC 对短视频行业发展的牵动

根据红杉资本的预测，接下来的 AIGC 将会着力于两个方面，② 包括以代码、语音合成（speech synthesis）、3D 视频为主的算法模型，以及诸如游戏、写作助手（writing assistants）、数字社区（digital communities）的服务

① 《AIGC 产业研究报告 2023：视频生成篇》，“钛媒体 App”百家号，2023 年 5 月 11 日，https：//baijiahao. baidu. com/s?id=1765592647558721520&wfr=spider&for=pc。

② 《生成式 AI：充满创造力的新世界》，SEQUOIA，2022 年 9 月 28 日，https：//www. sequoiacap. cn/article/generative-ai-a-creative-new-world/。

应用，我们从中可以一窥 AIGC 的发展方向。除了模型研发和应用推广之中，早些年提出的“模型即服务”概念亦越发频繁地被提及和开发。由此构成了 AIGC 未来发展的三层生态体系维度，而置身于其中的短视频行业或将随之而动。

（一）上层：提升核心技术力

AIGC 是人类技术发展的成果，也是人工智能与其他领域合作的结果，无论是资料的采集还是模态的输出，算力、算法、数据（computational power，algorithm，data）是构成人工智能的三个基础条件，也是提升技术力的核心力量，更是支撑 AIGC 行业创新和发展的必要前提。而这层核心技术力，也在业界被定义为是 AIGC 发展的“上游基础层”，正是因为有了基础层的技术支撑，下游才能如雨后春笋般发展，形成了当前的 AIGC 商业流。①

算力是指通过对信息数据进行处理，实现目标结果输出的计算能力，关联技术包括数据中心、分布式计算（distributed computation）、边缘计算（edge computation）、高性能计算等。② 这与移动载具的自动驾驶、虚拟画面的实时渲染等对即时性有高要求的业务息息相关，简而言之，同等条件下算力越强则结果的输出越快。算力的提升需要软硬件的协力，比如人工智能计算公司英伟达（NVIDIA）对于 GPU 芯片的投产，以及中国联通公司对于“东数西算”服务的投入③。在全球范围内，生成式 AI 计算市场规模在 2022 年已达到 8.2 亿美元，并且有望在 2026 年增长到 109.9 亿美元。④ 随着世界

---

① 《AIGC 发展趋势报告 2023：迎接人工智能的下一个时代》，腾讯研究院，2023 年 1 月 31 日，https://www.tisi.org/25314。

② 《艾媒咨询丨2023 年中国 AIGC 行业发展研究报告》，艾媒咨询，2023 年 3 月 31 日，https://www.iimedia.cn/c400/92537.html。

③ 《中国联通：“东数西算”开启算力产业新时代》，中国联通，2022 年 3 月 25 日，http://www.chinaunicom.com.cn/hydt/202203/1648192203772041228.html。

④ 《〈2022—2023 全球计算力指数评估报告〉发布》，中国经济网，2023 年 7 月 13 日，http://www.ce.cn/xwzx/kj/202307/13/t20230713_38630157.shtml。

范围内对算力的重视和投入，未来短视频产品中类似“换脸特效”的 AIGC 应用将逐渐增多，覆盖范围也将越来越大。

算法是指一系列解决问题的清晰指令，代表着用系统的方法描述解决问题的策略机制，① 包括前文提及的机器学习、深度学习、NLP、CMRL 等。创新工场 AI 工程院执行院长王咏刚认为，未来“在专有智能计算领域，基于开源模型简单封装的解决方案将迅速实用化，并在开发和部署成本上实现‘白菜价’”②。比如 ChatGPT 向所有注册用户开放其应用程序编程接口（Application Programming Interface，API），以及 IDEA 研究院认知计算与自然语言研究中心（IDEA CCNL）开源的全球第一个具备中国文化内核的中文 Stable Diffusion 模型“太乙”③。换句话说，随着技术壁垒的消解，接入算法服务将会变得简单，对于短视频行业而言，更多的服务提供商可以接入开源算法或基于算法进行有针对性的微调，由此研发专属于品牌自身的 AIGC 产品。

数据是指对现实世界的描述和反映，是支撑决策和优化的基础，④ 对比前两个方面而言，数据挖掘、数据可视化、数据安全以及隐私保护等技术已相对成熟。AIGC 的基本过程通常涉及几个主要步骤：数据收集、数据预处理、模型训练、内容生成、评估和细化。⑤ 从这个过程中可以看出“人工智能生成内容首要的、决定性的起点便是数据，背后逻辑是机器可以从数据和模式中学习，从而创建模仿人类行为和创造力的新内容”⑥。正如前文所述，

① 《2023 年中国 AIGC 行业发展研究报告》，艾媒咨询，2023 年 3 月 31 日，https://www.iimedia.cn/c400/92537.html。

② 《后 GPT 时代，多模态是最大的机会》，半轻人公众号，2023 年 5 月 4 日，https://mp.weixin.qq.com/s/CjwkWqgXFz6FaCqY_AE-Tw。

③ 《首个中文 Stable Diffusion 模型开源，IDEA 研究院封神榜团队开启中文 AI 艺术时代》，“澎湃”百家号，2022 年 11 月 3 日，https://m.thepaper.cn/baijiahao_20562113。

④ 《2023 年中国 AIGC 行业发展研究报告》，艾媒咨询，2023 年 3 月 31 日，https://www.iimedia.cn/c400/92537.html。

⑤ “Deep Dive：How AI Content Generators Work,” VentureBeat, Sept 2022, https://venturebeat.com/ai/deep-dive- how-ai-content-generators-work/.

⑥ 陈昌凤、张梦：《由数据决定？AIGC 的价值观和伦理问题》，《新闻与写作》2023 年第 4 期，第 15~23 页。

以字节跳动、快手科技为代表的短视频行业公司，除可以以用户数据来沉淀技术、合成数据、提升 AIGC 之外，还应该利用数据完善用户描述、传播管理和内容监管等工作。

（二）中层：助推“模型即服务”

虽然有观点预测，2022 年之后计算成本将开始下降，更好的算法和更大的模型正在持续开发中，基于这些技术的应用也将开始大量涌现。[①] 但算力、算法和数据这三座大山，一方面对于消费级市场的绝大部分普通用户而言，依旧是无力承担（或者说无意承担）的“天文数字”；另一方面对于大多数的企业而言，还会面临数据存储、资源管理、战略部署等方面的问题，更加难以承受这块“硬骨头”。比如，ChatGPT 的前身 GPT-3（文字类 AIGC）在训练时，使用了上万块 GPU 和 28.5 万个 CPU，单次训练成本为近千万美元，且训练时长达 14.8 天。[②] 视频类人工智能的成本消耗将更加高额，在某种程度上，这也是当前视频类 AIGC 主要着力在“短视频”领域的原因之一。基于这样的技术背景，一种名为“模型即服务”（Model-as-a-Service，MaaS）的技术服务模式应运而生。

所谓的 MaaS，是基于“万物皆服务”（Everything-as-a-Service）的背景，由模型网（Model Web）和软件即服务（Software-as-a-Service）概念发展而来的。[③] 简单来说，MaaS 是对经过通用预训练（General Pre-training）后的大模型进行精细化调整，在“具备行业针对性的行业大模型上，加上企业自身的数据去做训练和精调，打造出实用性更高的智能服务大模型”[④]。

---

① 《生成式 AI：充满创造力的新世界》，SEQUOIA，2022 年 9 月 28 日，https：//www.sequoiacap.cn/article/generative-ai-a-creative-new-world/。

② 《从 ChatGPT 爆火看人工智能大势》，中国电信业，2023 年 4 月 20 日，https：//www.cnii.com.cn/zgdxy/ztjj/202304/t20230420_464182.html。

③ Roman，D.，Schade，S.，Berre，A. J.，Bodsberg，N. R.，& Langlois，J. Model as a Service（MaaS）. In AGILE Workshop：Grid Technologies for Geospatial Applications，2009，Hannover，Germany.

④ 《腾讯云 CEO 汤道生详解“模型即服务”》，《中国电子报》公众号，2023 年 6 月 19 日，https：//mp.weixin.qq.com/s/EIAFu526UnZbepXySFWdMg。

比如，基于自然语言生成（Natural Language Generation，NLG）模型的人工智能 NovelAI 专精于生产漫画风格的图片内容；而前文提及的 Phenaki 可以仅依靠一个初始帧（图像）和一个提示词（文字）完成视频类的 AIGC，仰仗的是 T2V 和 I2V 等技术的深度结合。可以说，在 MaaS 的帮助下，包括短视频在内的不同行业、垂直领域、功能场景都有可能以相对低的成本完成生产过程的人工智能化部署，也就是在核心技术力的基础上提供更进一步的定制化、个性化、场景化 AIGC 服务。

谷歌、Meta、OpenAI（ChatGPT 所属公司）等公司可以靠提供 MaaS 服务来获得利润，至于国内方面，百度云、阿里云、腾讯云以及京东云也在 2023 年开始往该方向发力，提供 AIGC 技术所需的数据和算力资源。研究机构亦可以通过这样的方式来赚取相应的费用，比如北京智源人工智能研究院和清华大学研究团队发布的我国自研大规模中文预训练语言模型“CPM”。此外，AIGC 的商业模式还包括：通过收取使用费或订阅费来盈利的平台模式、通过销售 AIGC 产品或提供增值服务来盈利的产品模式以及利用 AIGC 技术来生产内容，并通过内容分发或广告等方式来盈利的内容模式。无论何种模式，或许都可以为未来短视频行业与 AIGC 更进一步的深度结合提供启发。

（三）下层：打造应用生态圈

在下层的应用领域，应正视消费市场的需求。从图 4 的调查结果可知，生成文本、生成视频和当作搜索引擎是用户寄予 AIGC 应用发展的期待，尤其是 2021 年爆火的元宇宙概念已经激起社会各界对于“未来”的各种想象，比如通过人工智能搭建元宇宙中的虚拟场景，有观点认为“AIGC 支持下的内容创作方式会成为解决元宇宙内容匮乏问题的重要工具之一”[①]。AIGC 可以学习数据的底层模式和结构，由此生成新的图像、音

① 《生成式人工智能续写元宇宙新篇章》，央广网，2023 年 5 月 19 日，https：//tech. cnr. cn/techyw/kan/20230519/t20230519_ 526257039. shtml。

频、代码、文本、3D 模型或其他形式的媒体内容，展现了前所未有的广泛适用性。[①] AIGC 与元宇宙的结合似乎成为一种“众望所归”。从 2022 年的情况来看，随着生产和传播技术对社会发展的影响加剧，人类对数字内容总量和丰富程度的整体需求不断提高，作为当前新型的内容生产方式的 AIGC 已彰显了强劲的市场潜力，并在推进数实融合、加快产业升级的进程中，越发强烈地嵌入进各行各业。

“AIGC+”的效应开始出现，市场上先后出现了 AIGC+游戏（如 OpenAI Five）、AIGC+电商（如 Gucci Garden Archetypes on Roblox）、AIGC+新闻（如 WordSmith）、AIGC+广告（如 CopyAI）等技术或产品。短视频行业亦在尝试搭上 AIGC 的“快车”，特别是在媒介技术和传播手段不断发展的当下，2C 端的消费内容逐渐从文字图像转变为视频影像，网络视频（含短视频）用户规模持续增长（见表 3）、市场稳步扩大，[②] 这些都要求内容生产结构的转型、升级和融合。但相较于文字、图像和声音内容，视频的制作周期较长、投入的时间和人力等成本也较高，AIGC 的出现无疑让陷入量产化效率困境的短视频行业迎来了曙光，通过人工智能，创作者或许能够更好地产生、迭代和验证创意内容，打造应用生态圈。比如，万兴科技旗下产品万兴播爆（Wondershare Virbo）被称为“一站式 AIGC‘真人’短视频出海营销神器”，通过内嵌的人工智能生成不同国籍的“数字人”（Digital Human），辅之以丰富的海外营销模板，包括带货种草、口播讲解、打折促销等，为企业省去大量的时间和成本。[③] 随着 AIGC 对短视频行业的持续深入，短视频内容或将成为真正意义上的“货架商品”。

① 《元宇宙之问丨看 AIGC 如何成为元宇宙神助功》，澎湃新闻，2023 年 3 月 9 日，https://www.thepaper.cn/newsDetail_forward_22179362。

② 《第 51 次〈中国互联网络发展状况统计报告〉》，中国互联网络信息中心（CNNIC），2023 年 3 月 2 日，https://www.cnnic.net.cn/n4/2023/0303/c88-10757.html。

③ 《出海短视频营销为何是 AIGC 的最佳落地场景?》，数科星球公众号，2023 年 3 月 31 日，https://mp.weixin.qq.com/s/gfgl7Lyh80RTgrZrLpLQdA。

表 3　2021～2022 年网络视频（含短视频）用户规模和使用率

应用	2021 年用户规模(万)	2021 年用户使用率(%)	2022 年用户规模(万)	2022 年用户使用率(%)	增长率(%)
网络视频(含短视频)	97471	94.5	103057	96.5	5.7
短视频	93415	90.5	101185	94.8	8.3

资料来源：中国互联网络信息中心（CNNIC）。

四　AIGC 给短视频行业带来的思考

在《AIGC 发展趋势报告 2023：迎接人工智能的下一个时代》中，腾讯研究院提炼出的 AIGC 社会价值包括：

> 1. AIGC 以高效率、低成本满足个性化需求，完成基础性工作，释放人类创造力，推动艺术创造领域与基础概念革新；
>
> 2. AIGC 的生成能力将延伸、辐射深入其他领域（如医疗、教育、传媒、影视、工业以及元宇宙、数字人领域），通过进一步互动结合，催化新的业态与价值模式，形成“AIGC+”效应；
>
> 3. 经由应用层积累的巨量数据，推动大模型提升计算复杂度，AIGC 将成为通向通用人工智能的可能性路径。

报告中同时大力称赞 AIGC 带着“解放人类创造力、革新艺术领域”的元价值（meta-value），甚至援引了柏拉图（Plato）“艺术即模仿”（a work of art is an imitation of reality）的论述，认为“AIGC 对创造业的革新势在必行”①。而前文整理罗列出的市场数据似乎也在应和着上述观点，也就不奇怪有观点认为 AIGC 正“加速人类社会超越数字化时代，进入智能数字化时

① 《AIGC 发展趋势报告 2023：迎接人工智能的下一个时代》，腾讯研究院，2023 年 1 月 31 日，https：//www. tisi. org/25314。

代，逼近可能发生在2045年的‘科技奇异点（singularity point）’”[①]。

相较于用户市场的狂热和产业界的乐观，学术界则大多对AIGC及其可能带来的影响保持着“冷思考”的态度，相关论文包括人工智能对于安全[②]、伦理[③]、环境[④]、集权[⑤]方面的挑战，以及有关人类生存威胁[⑥]的讨论。

就短视频行业而言，AIGC帮助生产效率实现指数型腾飞或许只是一个时间问题，但高效率和高质量之间的变量关系则是行业未来发展必须思考的问题之一。短视频作为填补碎片化的内容消费产品，[⑦] 其本身也是碎片化时代的创造者和维护者，[⑧] 在这样的情况下，若过度追求提升生产效率（数量）而忽视内容质量，继续稀释碎片化时代的“浓度”，一旦“多元、跳跃的碎片化文本全面占领人们的阅读空间，人们便只能获取信息或知识的某一部分，将不可避免会陷入无意义信息的语境中”[⑨]。从最早对语言规训（discipline）[⑩] 的思考到影像“娱乐至死”[⑪] 的反思，警醒我们应对人工智能所建构起的数字拟仿（simulacra）世界加以审视，以防陷入感官刺激的奇观狂欢，与社会主

① 杜雨、张孜铭：《AIGC智能创作时代》，中译出版社，2023，引言第XI页。

② 林伟：《人工智能数据安全风险及应对》，《情报杂志》2022年第10期，第105~111、88页。

③ 周玄、赵建超：《人工智能的伦理困境与正向规约》，《江西社会科学》2022年第10期，第37~43页。

④ 车帅、王军：《数字赋能是“生产导向”还是“环境友好”——来自企业数字化转型的微观证据》，《广东财经大学学报》2023年第3期，第82~97页。

⑤ 周念利、吴希贤：《中美数字技术权力竞争：理论逻辑与典型事实》，《当代亚太》2021年第6期，第78~101、167~168页。

⑥ 庞瑜：《人工智能赋能中华民族共同体意识建设：关键问题与科学路径》，《理论导刊》2023年第7期，第87~92页。

⑦ 沈嘉熠：《短视频媒介发展的机遇与挑战》，《中国电视》2018年第8期，第73~76页。

⑧ 梁君健、孙虹：《从视听交往到社会缝合：纪实类短视频的视听话语形态》，《南京社会科学》2021年第9期，第120~129页。

⑨ 杨美新、郭燕萍：《网络圈群中的主流意识形态认同：价值、藩篱与实现路径》，《湖南科技大学学报》（社会科学版）2021年第6期，第154~161页。

⑩ 张志安、周嘉琳：《基于算法正当性的话语建构与传播权力重构研究》，《现代传播（中国传媒大学学报）》2019年第1期，第30~36、41页。

⑪ 王长潇、刘瑞一：《网络影像奇观的生成逻辑、类型建构与意义解码》，《现代传播（中国传媒大学学报）》2018年第4期，第86~91页。

义意识形态认同“脱嵌”[①]。

还需注意的是，当短视频类 AIGC 充斥碎片时代后，其中的内容物或将带来的影响，比如其中的“数字人”。大量模仿人类行为的人工智能（比如 ChatGPT、万兴播爆等）问世，使人机交互（human-machine interaction）进入人们日常生活之中。从大众传播时期，就有学者担心受众会对媒介中的虚构角色产生过度的依恋，这种依恋是指感知到的与无生命特征的“人”之间进行亲密互动的状态，是一种精神层面的互动，有学者将其称为准社会互动(para-social interaction)。[②] 而在人机交互中，“对话情境、情感表达与互动、风格个性、经历共享、身体表现与互动等交流要素直接影响着交流过程，但机器自身没有生命历程，也就难以与人进行经历的共享”[③]，倘若过度投入在人机交互之中，或将撼动漫长的人际传播历史，带来沟通的位移。

另外，人工智能作为人造产物（artifact），必然先天性地带着人类的影子，也注定了其与人类一样存在偏见和失衡的隐患。前文提及，AIGC 的运作过程离不开数据的支撑，但若过度地以数据为导向，甚至以数据为中心，或将迈向一种数据决定论（data-determinism）式“数据主义”哲学窠臼[④]。同时，在这样的导向下所构成的算法崇拜或“算法霸权”（data hegemony），[⑤] 或将导致人工智能的“异化”（alienation），使 AIGC 的生产过程“构成了对人公开的或隐蔽的宰制，人正在沦为高速运转的智能社会系统的‘附庸’和‘奴隶’，

① 蔡之国、孔令淑：《短视频“众神狂欢”乱象与现代化治理》，《中国出版》2021 年第 23 期，第 57~61 页。

② 王先庆、雷韶辉、郭昱琅：《人工智能与产品类型匹配度对用户体验的影响研究——基于准社会互动视角》，《商业经济研究》2020 年第 10 期，第 67~69 页。

③ 彭兰：《从 ChatGPT 透视智能传播与人机关系的全景及前景》，《新闻大学》2023 年第 4 期，第 1~16、119 页。

④ 陈昌凤：《数据主义之于新闻传播：影响、解构与利用》，《新闻界》2021 年第 11 期，第 4~13、31 页。

⑤ Feng, Q., Cai, R., “‘Data Hegemony’: Reflections for the Application and Development Direction of Metaverse Technology in Urban Design based on Digital,” *Journal of World Architecture*, 2021, 5 (6): 52-61.

对人的主体性和能动性（subjectivity and agency）等形成强烈的冲击。”①

当然，站在“AIGC元年”的隔年，上述提及的“问题”似乎都无法给出定论。但对于学术界而言，这些问题的提出是与产业界的发展并存的，如同生产的提升和艺术的缺失是两难一般，在人工智能迅猛发展的今天，随之而来的是数量相当的矛盾。除了关于“人类终究会被替代”的悲鸣外，还有诸如技术开源和资本挟持②、硬件技术瓶颈与软件算法黑箱③、数据素养（digital literacy）和伦理问题④等，需要监管层面的介入及制约⑤。不可否认的是，还有包括芯片的全球供应与自主研发⑥等在“技术之外”的问题存在，一篇短文难以穷尽，但人工智能的后续发展绝非单纯的科学问题。

总之，对人工智能、AIGC、元宇宙等媒介技术的发展理应保持开放的

---

① 孙伟平：《人工智能与人的“新异化”》，《中国社会科学》2020年第12期。

② 比如OpenAI的部分初创成员因不满公司从最初非营利研究机构转向部分商业化运作的经营模式，加之对于人工智能训练理念的不和，集体“出逃”后创立Anthropic，并用不同的算法培训出了ChatGPT的竞品，引发了谷歌和微软（Microsoft）之间的投资战。参见《Anthropic推出Claude，一款与ChatGPT竞争的聊天机器人》，界面新闻，2023年3月29日，https：//www. jiemian. com/article/9149865. html。

③ 当前人工智能算法存在的黑箱效应，指的是人工智能算法技术超越了一般大众能够理解的范畴，导致用户并不清楚算法的目标和意图，也无从获悉算法设计者、实际控制者以及机器生产内容的责任归属等信息，更谈不上对其进行评判和监督。因此，包括马斯克（Musk）在内的900位世界科技界知名人士签署了一封公开信，称希望世界领先的人工智能实验室暂停开发六个月，因为最近的人工智能最新进展“对人类社会造成潜在的威胁”。参见《马斯克等千名科技人士发公开信：暂停训练比GPT-4更强大的AI系统》，澎湃新闻，2023年3月29日，https：//www. thepaper. cn/newsDetail_forward_22490961。

④ 数据偏误轻则可能带来“人工智能幻觉”（AI Hallucination），即人工智能“一本正经的胡说八道”；重则可能引发种族问题的纷争。参见《All Hallucination人工智能幻觉》，网易网，2023年6月29日，https：//www. 163. com/dy/article/I8DQK4PM0514BQ68. html或《“信息茧房”、隐私外泄，如何应对人工智能带来的伦理风险?》，新华网，2023年1月19日，http：//www. xinhuanet. com/tech/20230119/849d98a850da4e6eba5a1d364f90adc3/c. html。

⑤ 我国《生成式人工智能服务管理暂行办法》已经于2023年5月23日国家互联网信息办公室2023年第12次室务会会议审议通过，并经国家发展改革委、教育部、科技部、工信部、公安部、国家广播电视总局同意，于2023年8月15日起施行。

⑥ 比如美国限制对华出口人工智能芯片。参见《美限制顶级芯片对华出口，两部委回应》，光明网，2022年9月1日，https：//m. gmw. cn/baijia/2022-09/01/1303120902. html。

态度，包容且严谨地审视 AIGC 可能给现在及未来带来的影响。但无论如何，处于时代的风口浪尖，怀揣期待是有必要的，借用红杉资本的话："要知道，短短几年时间，我们便从狭窄的语言模型发展到了代码自动补全，沿着这样的发展思路，如果大型模型也有所谓'摩尔定律'（Moore's law），那么天马行空般的未来想象也并非没有实现的可能。"①

① 《生成式 AI：充满创造力的新世界》，SEQUOIA，2022 年 9 月 28 日，https：//www.sequoiacap.cn/article/generative-ai-a-creative-new-world/。

B.10

AIGC对数字营销产业的影响（2023）

赖祯黎　孙　璐　池明敏*

摘　要： 2022年，我国AIGC技术飞速发展，并开始在数字营销产业中广泛应用。AIGC的应用大大提高了内容生产效率，实现了用户精准画像和个性化推荐，能持续优化内容质量。这些变化重塑了数字营销模式，推动了多个新兴业态的兴起，如直播电商等。AIGC助力品牌进行虚拟数字人和虚拟空间营销，丰富了营销手段。整体来看，AIGC正在成为数字营销的新引擎。当然，“数据孤岛”、信息碎片化等问题仍存在，需要加大数字化人才培养和产学研合作力度，以实现数字营销产业的可持续发展。

关键词： AIGC技术　数字营销产业　内容生产　个性化推荐

一　2022年中国数字营销产业发展概况

（一）数字营销产业用户规模扩大

根据中国互联网络信息中心（CNNIC）发布的第51次《中国互联网络发展状况统计报告》，截至2022年12月，我国网民规模为10.67亿，同比增加3.4%，互联网普及率达75.6%，如图1所示。其中，城镇网民规模为

* 赖祯黎，传播学博士，厦门理工学院影视与传播学院副教授、传播系主任，硕士研究生导师，主要研究方向为数字广告、公益广告等；孙璐，厦门理工学院影视与传播学院2022级硕士研究生；池明敏，厦门理工学院影视与传播学院2022级硕士研究生。

7.59 亿，农村网民规模为 3.08 亿，如图 2 所示。2022 年移动互联网接入流量达 2618 亿 GB。[①] 网民规模的增长为数字营销产业提供了更广阔的市场空间。

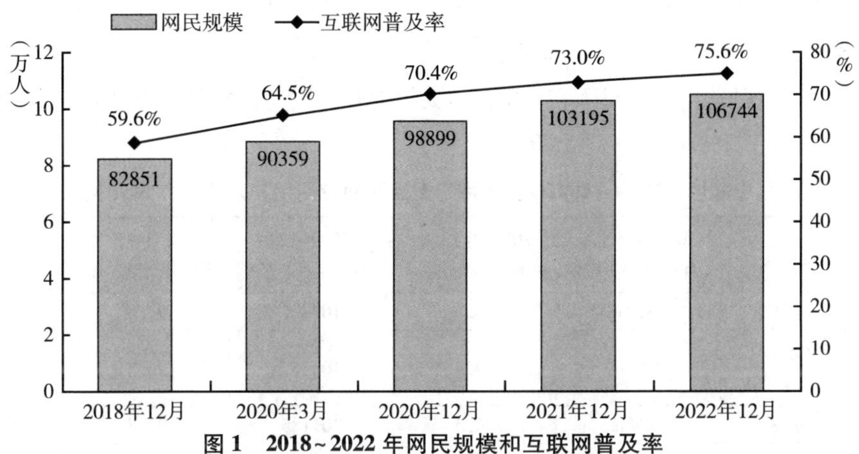

图 1　2018~2022 年网民规模和互联网普及率

资料来源：中国互联网络信息中心（CNNIC）。

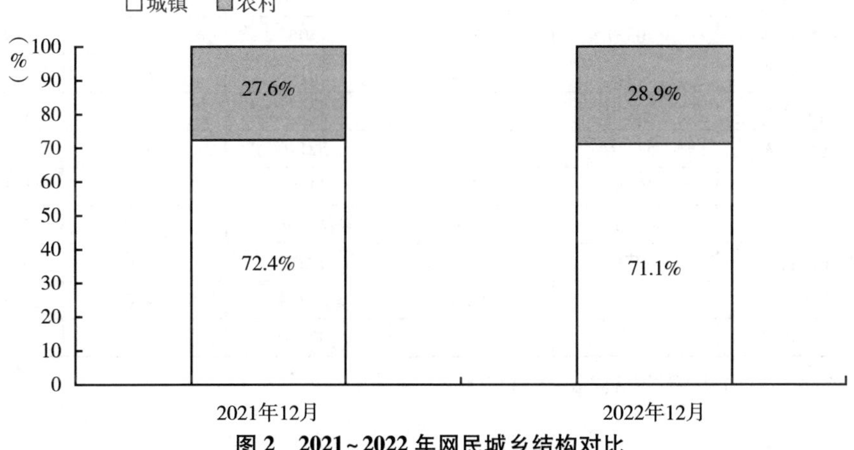

图 2　2021~2022 年网民城乡结构对比

资料来源：中国互联网络信息中心（CNNIC）。

① 《CNNIC 发布第 51 次〈中国互联网络发展状况统计报告〉》，中国互联网络信息中心（CNNIC），2023 年 3 月 2 日，https：//cnnic.cn/n4/2023/0302/c199-10755.html。

如表 1 所示，2022 年网络视频（含短视频）、短视频、网络购物、网络直播等应用网民使用率相较于 2021 年，都有不同程度的增幅，分别是 5.7%、8.3%、0.4%、6.7%，且用户规模庞大。

网民是数字营销的目标用户群体，是数字营销的直接客户。网民规模扩大直接意味着数字营销的用户规模扩大。同时网民使用应用的频率增加意味着数字营销可以触达用户的时间和频次都将大幅提升，提高了数字营销的覆盖面。

表 1　2021 年 12 月~2022 年 12 月各类互联网应用用户规模和网民使用率

应用	2021 年 12 月用户规模(万)	2021 年 12 月网民使用率(%)	2022 年 12 月用户规模(万)	2022 年 12 月网民使用率(%)	增长率(%)
即时通信	100666	97.5	103807	97.2	3.1
网络视频（含短视频）	97471	94.5	103057	96.5	5.7
短视频	93415	90.5	101185	94.8	8.3
网络支付	90363	87.6	91144	85.4	0.9
网络购物	84210	81.6	84529	79.2	0.4
网络新闻	77109	74.7	78325	73.4	1.6
网络音乐	72946	70.7	68420	64.1	-6.2
网络直播	70337	68.2	75065	70.3	6.7
网络游戏	55354	53.6	52168	48.9	-5.8
网络文学	50159	48.6	49233	46.1	-1.8
网上外卖	54416	52.7	52116	48.8	-4.2
线上办公	46884	45.4	53962	50.6	15.1
网约车	45261	43.9	43708	40.9	-3.4
在线旅行预订	39710	38.5	42272	39.6	6.5
互联网医疗	29788	28.9	36254	34.0	21.7
线上健身	—	—	37990	35.6	—

资料来源：中国互联网络信息中心（CNNIC）。

（二）短视频电商产业生态形成

短视频平台凭借强大的内容产出和传播能力，将视频内容迅速变现为海量用户流量，而电商企业则依托这些流量进行商品推广和销售，实现了流量的商业化变现。与此同时，短视频平台积极布局支付业务，与电商形成闭环运营的生态圈，进一步提升了变现效率。在内容变现、流量分发以及支付结算环节的高效对接下，短视频平台、电商企业、支付服务共同组成一个从内容产出到消费购买的一体化短视频电商生态。

抖音、快手等短视频平台一方面持续促进从内容引流到电商营销，另一方面加速布局在线支付业务，短视频电商产业生态逐渐形成。2022 年，两大短视频平台均上线“商城”入口，与搜索、店铺、橱窗等“货架场景”形成互通，“货找人”和“人找货”相结合，覆盖用户全场景的购物行为和需求。

截至 2022 年 7 月，抖音电商已经成为 270 个全网 TOP 品牌最大的线上生意阵地。2021 年 7 月 1 日至 2022 年 6 月 30 日，抖音电商年销破亿的商家达 1351 个，年销破亿的新锐品牌达 164 个。① 2022 年第三季度，快手电商商品交易总额达 2225 亿元，同比增长 26.6%；依托流量和效率优势，持续吸引更多商家入驻，新开店商家数量同比增长近 80%。②

（三）技术赋能数字营销的趋势明显

数字营销是借助于互联网、移动通信技术以及数字交互式媒体来实现营销目标的营销方式，以“数据+技术”为驱动，融通多源数据，将商品信息内容和品牌传播渠道高效融合，全面实现更广域的数据采集，并结合大数据分析以精准识别用户画像从而达到精准化投放。

2022 年，中国在数字技术方面取得长足发展，这为数字营销的智能化升级提供了有力支撑。具体来看，5G 网络的逐步普及为数字营销提供了高速流畅的网络环境，大数据和人工智能技术的进一步成熟使数字营销实现了更精准的用户画像划分和个性化推荐，元宇宙、AR/VR 等新兴技术丰富了数字营销的交互体验，边缘计算等技术降低了服务部署难度并实现了内容分

① 《抖音电商：2022 抖音电商商品发展报告（附下载）》，199IT，2022 年 10 月 24 日，http：//www.199it.com/archives/1509281.html。

② 《截至 2022 年 9 月 30 日止三个月及九个月的业绩公告》，快手，2022 年 11 月 22 日，https：//ir.kuaishou.com/system/files-encrypted/nasdaq_kms/assets/2022/11/22/2-32-50/C_889584_KUAISHOU-W_1122_1000_ESS.pdf。

发的实时优化，物联网等技术为用户数据的采集提供了更多渠道，区块链技术在数字营销的数据安全等方面也得到了初步应用。

可以说，中国数字技术的快速进步为数字营销注入了新的动力，推动数字营销产业向着智能化和个性化方向演进。

（四）数字营销产业亟须新型人才

数字营销产业的蓬勃发展正在催生新的就业形态。例如，随着直播电商的兴起，主播、助播、选品、运营等许多新岗位应运而生。

2022年，“互联网营销师”作为我国一种新型人才，需求量极为巨大，人社部预测到2025年，新职业“互联网营销师”的缺口将高达4000万人。[①] 可以预见，随着数字营销行业的蓬勃发展，类似“互联网营销师”这样的新职业还将大量出现。一方面，数字营销产业的高速增长正在重塑就业生态，各种新岗位的涌现为数字经济注入了新动力，对缓解当下就业压力具有重要意义。另一方面，数字营销产业发展迫切需要大量掌握大数据分析、人工智能等新技术应用的新型人才，这些新型人才应具备数据分析能力，能利用大数据绘制消费者精准画像，进行消费洞察；熟悉新媒体运营，进行情景式互动内容营销；了解电商运营，进行电商平台的用户运营和商品转化率优化；管理企业社交媒体账号，组织网红推广产品；进行数字产品的设计，提升用户体验；熟悉AR、VR等新技术在数字营销中的创新应用。这对人才培养提出了新要求，需要产学研各方共同努力，通过多种途径培育数字营销人才。

二　AIGC推动数字营销产业的发展

（一）AIGC（人工智能生成内容）的定义与特性

1. 定义

AIGC是一种新的人工智能技术，它的全称是Artificial Intelligence

① 《2022中国数字营销生态图版年度解读》，搜狐网，2022年12月16日，https：//business.sohu.com/a/617698193_120801328。

Generative Content，即人工智能生成内容。它的核心思想是利用人工智能模型，根据给定的主题、关键词、格式、风格等条件，自动生成各种类型的文本、图像、音频、视频等内容。

2. AIGC 发展历程

（1）起步阶段（2010 年前）

这一阶段的 AIGC 还处于探索阶段，主要是一些基于规则的小规模文本生成系统，代表工作有基于游标的生成系统，可以根据一些句法规则来生成句子，但生成语料的质量和逻辑性还很有限。

（2）起飞阶段（2010~2015 年）

这个时期出现了序列到序列（Seq2Seq）模型，利用编码器-解码器结构实现机器翻译，也可以用于文本摘要、对话系统等领域。attenion 机制的加入也提升了模型对语义的学习能力。这一阶段的 AIGC 可以生成比较连贯的句子，但是离人类语言的逻辑性和风格表达还有差距。

（3）高速发展阶段（2016~2019 年）

GPT 系列、BERT 等预训练语言模型推动了 AIGC 的飞速发展，这些模型具备了比较强的语言生成能力。此外，GAN、VAE 等生成模型和迁移学习的加入，进一步增强了生成语料的逼真度和逻辑性。这一阶段的 AIGC 可以生成段落级甚至文章级的长文本。

（4）巨变阶段（2020 年至今）

GPT-3 的诞生可以看作 AIGC 发展过程中的分水岭。它证明了大规模预训练语言模型在各类自然语言处理任务上的强大能力。在此基础上，业界纷纷推出了适用于不同使用场景的商业化 AIGC 系统。AIGC 开始在新闻写作、广告创意、代码生成等领域得到应用。

（5）落地成熟阶段（未来）

预计未来随着算力的提升，AIGC 将实现技术上的进一步突破，并在质量和安全性方面不断完善，在内容生产的各个环节都实现大规模落地应用，与创作者形成良性互补与合作。

3. AIGC 特性

（1）大规模自动化生成

AIGC 系统基于深度神经网络，可以持续不断地自动生成大量内容。比如 GPT-3 模型就可以每秒生成上百字的文本。这种系统级的自动化生成能力是人类无可比拟的。

（2）个性化定制生成

AIGC 可以根据用户的个性化特征定制生成个性内容。例如根据用户兴趣和浏览历史生成个性化推荐。

（3）生成效果不断迭代优化

AIGC 系统可以通过持续学习优化它的语言模型。一方面从大量数据中学习词汇语义关系；另一方面通过强化学习调整生成文本的逻辑性、连贯性等效果。

（4）生成内容场景丰富

文本、图像、音频等不同模式的内容均可以通过 AIGC 自动生成。场景覆盖新闻写作、广告文案、对话机器人、源代码生成等。

（5）生成速度快

基于强大的 GPU 运算能力，AIGC 可以在毫秒级生成一定量内容，远超人类。这使得它可以用于对话、推荐等需要实时响应的场景。

（二）2022年国内 AIGC 发展概况

随着人工智能技术的不断发展，我国 AIGC 技术呈现内容类型不断丰富、内容质量不断提升、技术的通用性和工业化水平越来越强等趋势，涌现了写作助手、AI 绘画、对话机器人、数字人等爆款级应用，满足了传媒、电商、娱乐、影视等领域的内容需求，其广阔的应用前景推动 AIGC 市场规模快速增长。

2022 年，各大互联网企业加速布局人工智能生成技术，积极将其应用于电商等业务场景。例如淘宝天猫推出“AI 生态伙伴计划”开放七大商家经营场景；百度则推出以人工智能为核心的新电商业务“百度优选”；快手组建专门团队研发大型人工智能模型。

据艾媒咨询预测，2023 年中国 AIGC 核心市场规模将达 79.3 亿元，2028 年将达 2767.4 亿元。中国互联网的高度普及率以及不断提升的企业数字化程度，为 AIGC 产业提供了优渥的发展土壤，AIGC 市场可变现的商用场景丰富且规模可观。①

具体说来，在我国，AIGC 的发展主要体现在以下几个方面。

1. 自主研发的预训练语言模型层出不穷

国产模型如华为的 PanGu-Alpha，在多语种预训练方面取得重大突破，生成效果优于 GPT-3。百度研发的 ERNIE 可以生成类似专业作者的长文本。我国在预训练模型研发上进步迅速。

2. 内容生成应用不断拓展

我国在新闻写作、客服对话、广告创意等领域都实现了 AIGC 的应用，此外在法律文书、医学诊断等新领域的应用也在探索，应用场景的多样性显示了强大的产业化能力。

3. 产业生态日趋成熟完善

我国的 AIGC 产业生态从核心算法提供商到产品开发公司、行业应用平台都较为齐全。高校与企业形成产学研合作，中科院等也加入其中，使产业链条更加全面。

（三）AIGC 推动我国数字营销产业发展

我国 AIGC 技术的快速发展和广泛应用，对数字营销产业的发展起到了重要的推动作用。

1. 大幅提高内容产出分发效率，降低生产成本

AIGC 可以在很短的时间内，批量生成大量所需格式的内容，如文本、图片、音频、视频等，其效率远超过人工内容创作。例如，基于先进语言模型的文本生成，可以在几秒到几分钟内完成高质量长文本的创作。而人工来

---

① 《艾媒咨询丨2023 年中国 AIGC 行业发展研究报告》，艾媒智库丨报告中心，2023 年 3 月 31 日，https：//report. iimedia. cn/mobile/report/43336? acPlatCode = IIMReport&acFrom = recomBar&iimediaId = 92537。

写一篇同等质量的长文，至少需要几个小时。

“仅需一段 2~5 分钟手机拍摄的真人视频素材，我们商汤如影就能生成多语种精通的数字分身，其动作、表情、口型，甚至发丝都如真人一般。”商汤科技相关负责人表示。相比之下，传统的数字人建模可能需要专业工程师一两周的工作。①

在数字营销场景中，需要生成的内容包括产品描述、营销方案、广告语、活动词等，可以通过人工智能批量生成，大大降低内容制作成本。企业无须雇佣大量文案工作者，即可保证内容的持续更新迭代。这对于许多数字营销中小企业具有重要意义。

利欧数字通过开源生态、合作开发、自主研发等多种模式，以及与众多国内外顶级人工智能公司的合作，率先推出面向营销全行业的 AIGC 生态平台“LEO AIAD”。同时，利欧数字与国内首家实现 AI 风格化视频商用标准的企业“奥创光年”达成深度战略合作，将人工智能对生产力的优化能力，从图文进一步扩展至视频内容的创作，打造了营销领域生成式 AI 的全新生态圈。

“LEO AIAD”为营销人提供更符合营销领域的多任务、多场景、多功能需求的高品质 AI 生成内容。以此，帮助营销人大大提高内容生产的效率，丰富内容生产的多样性、针对性和精准性，让每一份作品都更具创造性。目前，“LEO AIAD”每天最高可实现 72 万张图片的产值，设计师出图的速度可从原先的平均 6 小时一张提升到 1 分钟一张。②

2. 实现个性化内容生成和精准推送，提升用户体验

百度首席执行官李彦宏在第七届世界智能大会上提出，如果你的企业拥有 70 亿个客户，如此规模之下要做好客服是件非常困难的事，即便做到了客户体验也不会完美。而凭借生成式 AI，每一个客户都可以拥有一个专属

① 《“生成式 AI”搅动千行百业　上市公司争相布局》，东方财富网，2023 年 7 月 12 日，https：//finance. eastmoney. com/a/202307122777248034. html。

② 《利欧数字率先推出面向营销全行业的 AIGC 生态平台「LEO AIAD」》，利欧数字公众号，2023 年 5 月 8 日，https：//mp. weixin. qq. com/s/qzxfm-SIHf6k9-lGgCSHqQ。

的、7×24 小时的专业客服。①

传统的人工内容生成往往是统一模板和风格，而基于大数据的 AIGC，可以实现精准用户画像，进而生成针对每个用户偏好的个性化内容。例如根据用户年龄、地域、浏览记录等数据，可以生成与不同用户兴趣相关的产品推荐内容；或者针对不同用户人群，自动生成不同诉求的营销文案。这种个性化内容可以提升用户体验，增加互动和购买转化率。

3. 持续优化迭代，大幅提升内容质量

人工智能可以通过跟踪分析内容和用户行为的数据，来优化生成内容的能力。机器学习使得这个过程可以自动化完成。例如可以 A/B 测试多种内容，选择更吸引用户的内容推广；可以调整内容风格，确定用户偏好；实时优化生成参数，以持续提升内容质量。

百度营销打造了一款 AI 文本创意工具，能够有效帮助广告主和营销人解决灵感缺乏、低效低质等内容生产方面的实际难题，助力效率、效果双提升。客户只需要提出自己的业务需求，AI 文本创意工具即可基于百度海量的投放数据与 AIGC 大模型自动分析、生成最适配当下营销场景与业务需求的创意文案，并一键投放。从“灵感洞察”到“创意创作”，只需短短几秒。无双科技、知定科技、河北盘古等百度合作伙伴已率先内测使用，将其运用到了客户营销服务中。知乎在尝试使用 AI 文本创意工具生成创意标题后，投放数据表现非常优异，点击率提升了 65%。②

4. 普惠效应显著，降低产业创作门槛

AIGC 使任何人都可以轻松完成内容创作，无须专业技能。这可以助力中小企业、个体从业者轻松完成内容营销，推动产业链向基层延伸。不同于 PGC 和 UGC，AIGC 在某种程度上兼顾了产能和质量，这为每个人都带来了利好机会，让许多人曾经望而却步的内容创作门槛，被大幅降低。

---

① 《李彦宏——大模型改变人工智能》，bilibili，2023 年 9 月 21 日，https：//bilibili. com/read/cv26654845。

② 《百度 AI 文本创意工具来袭，AIGC 助力营销全链“自进化”》，DoNews，2023 年 5 月 10 日，https：//www. donews. com/news/detail/4/3495257. html。

百度将百家号全新升级为“AI 创作经营一站式平台”，通过“AI 笔记、AI 成片、AI 作画、AI BOT、AI 写作、AI 数字人”六大件创作工具的引入，全面拥抱 AI 革命，一键提效多体裁创作。创作者只需登录百家号 PC 版后台，即可在 AI 创作专区体验不同的 AIGC 工具，体会它们为创作带来的效率提升与变化，如百度 AI 笔记功能可辅助创作者进行图文笔记创作，并根据好物推荐、旅游出行、知识科普、美食分享、AI 写诗等不同场景进行文案创作。

5. 大力推动新兴数字营销模式的发展

基于 AIGC 可以有力促进很多新兴的数字化营销模式出现和发展，如直播电商、社交电商等。这些模式都依赖海量个性化、动态生成的内容，可以通过智能技术实现。例如小米结合自身 AI 能力和 OTT 系统级能力，完成 OTT 媒介 AI 化升级，推出 AI 开机+品牌号的全新营销模式，让大屏成为链接新生代的又一“秀场”，实现 TIFFANY 品牌人群资产定量化、链路化运营。总曝光量达 4.8 亿，品牌号 PV 获得 2479 万+次曝光，官网搜索趋势和浏览趋势大幅提升，为 TIFFANY 的大屏传播带来巨大声浪。①

6. AIGC 推动元宇宙发展

智能视觉代表企业影谱科技发布了一款名为“影宙”的元宇宙活动产品，“影宙”借助了 AIGC 技术指令直接生成不同面积、不同形态、不同风格的 3D 场景，后期仅需人工对场景进行简单干预和优化，就可投入开发使用。

以往，元宇宙数字内容制作开发周期较长，在生产方式上，或来源于现实，通过扫描或重建模型实现材质、光影、动作捕捉等，或通过创作工具辅助艺术家实现。

当下，新兴的 AIGC 恰好可以在其中发挥效用。AIGC 可以根据元宇宙世界已有的数字资产，自动快速生成大量文本、图像、音频、视频等衍生内容，从而极大丰富元宇宙的场景、环境、人物角色等要素，增强用户的沉浸

① 王世龙、赵娟：《奖项记录营销变革，创意鉴证中国广告——第 21 届 IAI 传鉴国际广告奖创意趋势解析》，《中国广告》2022 年第 5 期，第 32~35 页。

感。同时，AIGC 实现了内容的自动化批量生产，可以满足元宇宙对海量个性化内容的需求，并且大幅降低了内容生产成本，使普通用户也可以参与创作，释放了巨大的创作潜力。可以说，AIGC 为构建元宇宙提供了一个高效、便捷、低成本的技术手段，将推动元宇宙世界的快速发展。

7. 激发数字营销创意，带来新的增长点

AIGC 实现了数字营销创意的无限可能，解放人类想象力，推动营销创新。例如 smart 携概念车重返中国市场，与百度推出“smart AI 共创计划”，利用 AI 概念打造人工智能、艺术和商业的跨界合作，成功树立更新奢、更科技、更潮趣共创的品牌形象，同时，通过科技深度洞悉用户画像，打造有温度的营销故事。

在音乐共创中，smart 邀请广大用户一起加入“音乐共创实验”，利用百度飞桨深度学习平台+AI 语音合成技术，以 284 份自然之声、195 份人间烟火气作为创意灵感，将 10000 名普通用户的声音碎片，通过百度 AI 智能编曲，汪苏泷填词、演唱，共创了一首数字艺术歌曲《无你不明天 future，anyone》，最终成为 smart 全新品牌歌曲。AI 技术的加持，让“品牌音乐”这一原本常规的营销动作，变成了每个人都能参与的声音互动，圆了所有参与者一个“作曲梦”。不仅维护了老客群——唤起老车主的归属感和血统认可；还开拓了新市场——向广大热爱艺术、有品位的年轻人传递品牌理念，成功带动品牌 App 下载量突破 10 万，首周预售订单超 10000 辆。①

在绘画共创中，smart 以“gallery”艺术为定位，以百度飞桨文心大模型为技术底座，邀请“品牌密友”参与 AI 人机共创画作。线上，用户进入 smart AI 绘画 H5 页面，上传代表城市特色的寄语文字或图片，即可生成用户专属的 AI 绘画作品；线下，用户在现场通过 AIGC 进行即兴艺术创作，感受品牌传递的新奢与科技。新奇有趣的 AIGC 形式让“人人都是艺术家”，smart 获得用户灵感作画 120 余张。

① 《生成式 AI 引领营销代际变革，百度 AIGC 赋能全域营销新模态》，“百度营销中心”百家号，2023 年 3 月 24 日，https：//baijiahao. baidu. com/s?id = 1761228442821709185&wfr = spider&for=pc。

8. 生成品牌虚拟数字人，创造独特 IP

2022 年全年，虚拟数字人相关投资共有 40 笔，融资金额从数百万元到过亿元不等，甚至不少更是达到了数千万美元，其中投资方不乏经纬创投、红杉中国、软银、顺为资本等知名投资机构。

根据艾媒咨询发布的《2023 年中国虚拟人产业发展与商业趋势研究报告》，2022 年中国虚拟人带动产业市场规模和核心市场规模，分别为 1866. 1 亿元和 120. 8 亿元，预计 2025 年分别达到 6402. 7 亿元和 480. 6 亿元，呈现强劲的增长态势。①

巨大的市场前景，吸引了各大企业纷纷入局。以 BAT 等为例，百度打造 AI 虚拟主持人“小灵”；阿里巴巴推出了数字人冬奥宣推官“冬冬”、数字人“AYAYI”担任天猫超级品牌日的数字主理人；腾讯电竞为酒店打造虚拟人“VEEGY”；京东数科旗下有 AI 虚拟数字人产品 AI 主播“小妮”、国风 AI 主播“小可”……

贵州习酒携手百度营销，以数字人“叶悠悠”为品牌故事推荐官，利用百度 AI 创作能力，高质量定制了 3 分钟习酒品牌文化宣传视频，从习酒产地到工艺再到精神，创新讲解习酒历史与文化，并通过百家号精准分发以及“叶悠悠”全平台自媒体发布，向全网发起习酒故事征集大赛，引导大众对习酒的民族品牌形象、高端品质、情怀场景等多重价值的认知和重构，品牌声量获得持续增长，资讯指数同比上涨 469%，搜索指数同步上涨 58%。②

除了代言之外，直播则是虚拟人的另一用武之地。品牌商也更倾向于与虚拟形象进行合作，甚至自己打造专属的虚拟形象，进行“元宇宙场景+虚拟人”直播，不仅对外有了自己的“代言人”，在吸引用户的同时，也可以通过直播为品牌带货，节省了人力成本。例如，由快手 StreamLake 助力蒙牛

---

① 《艾媒咨询丨2023 年中国虚拟人产业发展与商业趋势研究报告》，艾媒网，2023 年 3 月 31 日，https：//www. iimedia. cn/c400/92538. html。

② 《生成式 AI 引领营销代际变革，百度 AIGC 赋能全域营销新模态》，“百度营销中心”百家号，2023 年 3 月 24 日，https：//baijiahao. baidu. com/s?id = 1761228442821709185&wfr = spider&for = pc。

打造的3D写实虚拟人“奶思”，通过“蒙牛牛奶旗舰店”带来直播秀。直播吸引了近300万人观看，相较于该账号过去30天内的均值表现，互动量提升明显，直播间点赞数和评论数分别提升800%和88%。[①]

在技术进步的推动下，未来AIGC的应用空间会更加广阔，有望渗透到更多的工作和生活场景中，给中国数字营销产业的发展带来更大的推动作用。

三　我国数字营销产业的问题和挑战

（一）当前国内数字营销遇到的问题

1. 消费者需求与企业营销方式之间存在差距

当今，随着时代的进步人们的生活水平也得到了显著的提高，人们在物质生活富足的情况下，对精神生活也提出了更高的追求。根据人们的消费状态和消费心理，通过数据分析消费者需求的个性化、多元化，各大企业依据数据分析制定出针对不同消费者的营销方案，才能够有效解决当前零售企业遇到的营销困境。[②]

目前，大多数企业还未建立起成熟的数字化营销模式，营销模式与消费者诉求之间存在不匹配的现象。大众消费水平的提升促使消费者对商品质量和服务有更高的追求，企业营销需要把握消费者的心理动态、审美需求、消费水平，如何以这些为基础制定个性化营销方案，成为企业值得深思的问题。尽管目前已经有多数企业运用数字化营销来制定营销方案，但由于技术水平不够成熟以及经验的不足，多数企业无法快准狠地抓住消费者的消费行为变化，因此无法及时应对消费者需求，从而

---

① 《快手StreamLake数字虚拟人技术再发力，助力品牌打造直播电商IP》，快手公众号，2022年12月13日，https://mp.weixin.qq.com/s/oS9UT2djhfeaaXlloaHeew。

② 刘祥凤：《数字营销时代企业营销面临的困境与发展策略》，《商展经济》2023年第10期，第46~48页。

产生了营销方式与消费者需求之间的差距，这些对各大企业的竞争力是不利的。

2. 线上、线下营销不成体系

在数字化的时代下，数字营销在关注线上营销的同时也要注意到线下营销，二者相互配合才能够让消费者在感受线上便利的同时也不失线下体验感，打造线上线下全渠道的营销体系。从目前各个企业的营销现状来看，虽然有些企业已经开始注意到数字营销，但是仍然存在线上线下不成体系的现象，这种现象会阻碍营销效果的提升。多数电商企业过分关注线上营销，而忽略线下营销，从而导致线上线下营销分离。例如，知名电商企业“三只松鼠”经过十余年的发展，从“线上单一渠道”正在逐步发展成“线上渠道平台平衡发展、线上线下全渠道均衡发展”的整体格局。年报显示，在线上销售方面，三只松鼠第三方电商平台营业收入为 47.88 亿元，占总营收的 65.66%。在线下销售方面，报告期内，投食店新开 1 家，闭店 118 家，截至期末累计 23 家，实现营业收入为 4.57 亿元，占总营收的 6.27%。联盟店新开 44 家，闭店 431 家，截至期末累计 538 家，实现营业收入为 4.87 亿元，占总营收的 6.68%。[①] 从报告中可以看出线上营销不能为线下营销引流，线下营销也难以为线上营销赋能，导致线上线下营销的融合性不足。

总而言之，在数字化营销的条件下，只有线上、线下营销共同配合形成一个体系，才能够帮助各大企业持续发展和提升营销效益。因此实现线上线下营销融合对于企业长期在市场占有一席之地以及提升受众信任具有深远意义，各大企业必须直面和解决线上线下营销融合不足的问题。

3. 数字营销思维、技术有待提升

在数字营销思维上，有一些企业存在思维短板，这对营销效果的提升是不利的。不少数字营销团队忽略了前期营销规划的重要性，在执行策略时对

① 《2022 年三只松鼠第三方电商平台营业收入 47.88 亿元 占总营收 65.66%》，网经社，2023 年 4 月 26 日，http://www.100ec.cn/detail--6626898.html。

数字营销跟踪和分析的忽视，使得一些不必要的资源和成本有去无回造成浪费。例如，星巴克就是一个注重做好前期营销规划的企业，星巴克在数字化时代下，通过收集和分析消费者数据，实现了精准营销。星巴克可以记录消费者买什么、何时购买、在哪里购买、如何付款等方面的信息。通过这些数据，他们可以了解消费者所喜欢的产品，制订个性化定制计划，从而提高客户满意度、忠诚度和销售额。

在数字营销的技术上，有一些企业对于数字营销技术掌握得不够充分，营销团队将创意本身作为营销的关键而低估了数字技术的价值。在没有技术的加持下，再好的创意思路和营销方案都无法得到好的营销效果。数据显示，移动数字技术在互联网流量中的比重超过了 50%，[①] 我们从中可以得出企业想要获得理想的数字营销成果，必须重视数字技术的运用。

（二）当前国内数字营销面临的挑战

随着技术不断的更新换代，消费者对消费方式的要求有了一定的提升，再加上新冠疫情的影响，传统行业受到了前所未有的打击，全面实现数字化是企业加速转型最有利的方式。在新技术和疫情环境的背景下，数字营销已经成为各大企业发展的必由之路，数字营销对企业发展有着重要的意义。

1.“数据孤岛”问题

当今，“数据孤岛”是数字营销面临的一个最大的挑战，“数据孤岛”指的是某个领域的数据过于分散和孤立，无法汇聚到一个大的平台上以形成大数据。这种情况在很多领域都存在，比如医疗、金融、教育等。在这些领域，数据被私有化，无法被其他人所利用，“数据孤岛”的特点就是数据间缺乏关联性，数据库彼此无法兼容。“数据孤岛”也为 AI 的应用带来了很大的难度。

企业发展到一定程度，因为数据量的增加，也因为信息化建设的必要

① 刘祥凤：《数字营销时代企业营销面临的困境与发展策略》，《商展经济》2023 年第 10 期，第 46～48 页。

性，其会为不同部门建设相应的业务信息系统。但这些不同部门、不同业务信息系统数据库中的数据往往无法互通，只能在各自数据库中储存，无法统一进行利用，没有针对企业整体的全局视角。这样一来，每个部门、每个业务系统的数据都相互分隔，就像海外一座座孤岛，彼此无法连接、无法交流。从企业内部来看，各个部门就类似一座座孤岛，不同部门拥有不同的数据信息且彼此无法相通，比如，各大企业在各种社交媒体平台的营销数据，平台与平台之间、线上与线下无法进行数据互通，就是"数据孤岛"所带来的难题。因此对于各大企业来说，如何拥有更多的数据，如何根据数据推测出消费者的行为，如何将来源不同的数据进行联合等，是它们正在面临的一个巨大挑战。

2. 急于追求短期红利使企业变得短视

数字营销具有精准、可视、立竿见影等特点，很多企业为了能够快速得到营销效果过度投入或者完全依靠那些能够给他们带来红利的渠道，这样的方式具有很大的不稳定性，同时也是一种短视的行为。营销只注重其结果，只为了完成企业设定的 KPI 实现短期效益，这种方式会让企业忽视品牌建设的重要性，建立好品牌在消费者心目中的地位和信任，是企业可以获取长期效益的可持续发展战略。

3. 信息的碎片化导致消费者注意力无法集中

在信息碎片化的时代，多样化的媒体形式和剧增的媒体数量，一方面，使得消费者的注意力无法集中，对于某个信息注意的时间逐渐变短；另一方面，消费者在与企业发生交互时形成了碎片化触点，导致交互的碎片化，企业难以判断消费者的真实需求，媒介营销指标难以达成。《2022国民专注力洞察报告》显示，当代人的连续专注时长，已经从 2000 年的 12 秒降到 38 秒。[①] 飞速发展的信息时代和爆炸化的信息使得人们注意力很难在一件事情上集中起来。在技术干预的时代，人们注意力的广度增加

① 张田勘：《人的专注力已经输于金鱼，是祸是福》，《科学大众（中学生）》2022 年第 10 期，第 13~15 页。

了，深度却减少，最显著的特征就是注意力的稳定性变弱、持续注意力的时间变短。智能手机的重度使用者，在注意力缺陷障碍测试中的得分比常人高 5%~10%。这种注意力分散的普遍现象成为媒介在制定策略上的一个挑战。

四 2022年中国数字营销产业发展趋势及对策

AIGC 下的数字营销是通过人的创造性、情感性、创新力等，将移动互联网、物联网、网络、云计算等科学技术的融合应用在当代品牌营销领域的新工具与新趋势。

（一）中国数字营销产业发展趋势

1. 私域运营更受品牌重视，全域营销闭环增长新引擎

网民增速下降，让“流量见顶”成为品牌新的增长焦虑，对品牌来说长久地留在消费者心里才是关键。通过私域运营以及各类互动与用户联系引起用户共鸣，与用户建立信任关系，增强用户黏着性，适当的活动也可以增加用户积极性，起到引流拉新的作用。私域的本质是通过社群、朋友圈等这一类数字化渠道来拉近和消费者之间的关系，从而能接触到用户的生活，达到私域运营中更高的触达率，建立起属于自己的核心竞争力，长期占据市场中的一席之地。私域的本质不是销售，而是如何去长期经营用户，与用户成为朋友，为用户提供相应的价值。

从 2022 年开始，互联网巨头如腾讯、阿里、字节跳动都提到全域的概念，全域是指更多从消费者的角度，利用一体化数据更好地观察消费者、理解消费者、服务消费者。然而从企业内部的角度来看，消费者的数据可以更好地辅助企业内部产品的研发和迭代，提高企业内部的运作效率，以更好的方式服务消费者。这些是关于全域内外视角的闭环。

全域营销是一种以长期为主的营销思维，根据消费者的实际需求，为用户提供真正的价值，获取稳定的客户关系和客户的信任，从而形成稳定长久

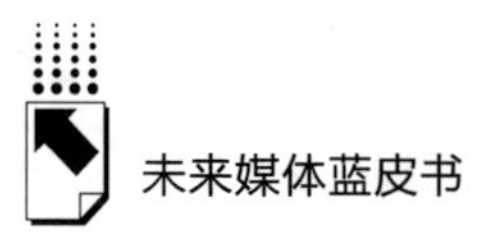

的业务模式。全域营销两个重要的成分是长期主义和消费者体验，而全域营销也将成为企业增长新引擎。

2. AIGC 驱动下，品牌理念融合数字人

当前，AIGC 技术取得了突破性进展，正以惊人的速度在各行业爆发，也为广告行业的生产实践带来了技术性变革，革新了营销内容生产与传播的生态格局。作为一种新型内容创作模式，AIGC 在内容生产上展现出强大的表现力，它所呈现的特性给消费者的实际影响也带来了新的思考。同时，虚拟主播、虚拟偶像等高度虚构化的虚拟数字人不断赋能着品牌在电商直播、国际传播等多领域的传播与营销，在真实可感的交互服务中丰富着消费者群体与虚拟偶像粉丝群体的消费体验。比如，有企业开始使用虚拟数字人作为品牌国际传播的数字化身以提升品牌传播效果。天娱科技推出了首个文化出海的超写实国风虚拟人“天好”。分析发现，“天好”的建模逼真、外在形象具有中国传统文化特色、人物设定具有鲜明的文化属性是其令人印象深刻的根本；同时“天好”利用微短剧和仿妆等话题成为品牌数字化身，在海外媒体平台进行品牌推广，为中国品牌开拓更广阔的海外市场提供了新的契机。

整体上看，虚拟数字人对品牌国际传播的价值体现在作为媒介中介物打破强势的西方中介平台、作为商务代言人提升品牌的国际知名度、作为文化化身传播品牌精神文化三大方面。未来，随着数字技术的发展，虚拟数字人将更加多元、个性和智能，为中国品牌的国际传播带来更多的可能性。企业品牌通过与数字人结合可以使得企业营销得到更上一层楼的效果。

3. 创意与技术结合，在艺术与技术、感性与理性之间找到平衡点

在人口流量红利和行业红利消失之前，营销活动都把重心放在广告创意和内容创作以及投放上，当时整个营销和广告行业都收获了时代给予的特有红利，无论是勇往直前、善于抓住机会的产业者还是数字营销的从业者都从中得到了一些红利。随着人口老龄化、家庭小型化以及独居时代的来临，人口流量红利逐渐消失，流量的竞争变得更加激烈，广告主面临急需提升“营销实效”的难题，单单只靠创意不足以满足品牌方的需求。随着人工智能、5G、元宇宙、区块链等科学技术的迅猛发展，将技术与创意进行完美

结合让营销在效率和交易率层面提升得到了迅猛的发展。一些具有自己特色，且以生产高质量、富有内涵的创意广告的短视频广告公司仍然在业界发展得风生水起，而另一些主要提供营销自动化软件、工具、数据中台等的营销技术公司也依然发展得有声有色。

进入人工智能时代，营销对美和创新的追求是必不可少的，同时与最新的科技相结合，营销在追求艺术之美和最新技术之间找到完美的平衡点，从而提升“营销实效”。

4.“个人对个人”时代到来，社交媒体营销成为主流

一方面，抖音的“兴趣电商”、快手的“信任电商”，虽然是不同的平台，但是其本质是一样的，作为社交媒体它们在满足用户日常社交、娱乐需要的同时，还具有“带货”的功能，通过对众多用户的数据分析来了解用户的需求，向用户推送精准的对方可能感兴趣的高质量内容，并在推送的内容中添加用户可能需要的商品，在消费者没有意图想要购买某商品的情况下使得消费者为某商品付费，这种顺其自然的方式不仅提升了销售额，而且得到了消费者的信任。通过创意设计合理运用社交媒体，从而达到营销目的，社交电商是这个时代充分符合“营销本质”的产物。

另一方面，在品牌与个人的互动关系上也发生了变化，由一个品牌对众多消费者进行传播向一个品牌针对一个消费者直接对话进行转变，个性化的营销成为主要的流行方式，品牌针对一个个具有不同特点的消费者定制不同的服务、产品。越来越多的品牌打造属于自己的品牌 IP 或者是跨界联名，与其他 IP 强强联手，以独特且具有亮点的形象突出其独有的定位，率先获取用户的关注，以达到品牌溢价为目的。品牌与 IP、品牌与品牌、品牌与明星想要破圈，就要“跨界”这个营销的化学反应，这是传播的话题效应，众多品牌因联名而多次出圈。营销时需要具有人情味，但是光有人情不行，营销的最终目的是盈利，因此要围绕消费者来产出高质量的内容，如何促使内容创造交易使其变现是各大品牌需要面对的难题，每个品牌遇到的问题都不一样，需要因地制宜、因时制宜地去创造出让消费者能够关注且感兴趣的内容。

5. 挖掘数据，重视内容营销

大众对于内容的消费偏好开始由泛娱乐逐渐转向泛知识。对于品牌来讲，要时刻洞察用户喜好和需求，传播内容，不仅有吸睛的体验感，内容还要让用户有获得感，能够有场景价值。即使是带货营销，用户也渴望有内容、有创新的广告营销通过情绪表现准确触达用户，引起用户兴趣。

随着人工智能技术的发展，AIGC 市场营销可以利用 AI 的学习能力和创造力，生成高质量的内容，提高用户的兴趣和信任。例如，AIGC 可以根据用户的偏好和行为，生成个性化和精准的内容；可以根据市场的变化和趋势，生成新颖和有价值的内容；可以根据品牌的风格和定位，生成符合形象和目标的内容。内容生产快速。AIGC 市场营销可以利用 AI 的计算能力和自动化能力，快速的生成内容，提高营销的效率和效果。例如，AIGC 可以在短时间内生成大量的内容，满足海量的需求；可以实时地生成内容，适应动态的环境；可以在不同平台和设备上生成内容，实现无缝传播。这种新兴科技可以更加精准地做出相应的营销对策并将其转化为交易。

6. 投放战略精准化

抓住投放时机获得更多的流量红利，根据不同平台各自的特点，提前做好相应的投放策略，如小红书、抖音、快手、微信视频等的投放，都需要做出相应的、匹配的投放策略。

投放是为了能够得到更好地营销，投放是一个长期的过程，因此在投放前需要将平台的数据进行分析，在分析平台数据的基础上做好企业本身的营销计划，以实现投放效果的最大化。

7. 元宇宙数字营销成为热点

元宇宙的出现持续刷新人们在内容感官上的沉浸体验，丰富的虚拟场景成为内容表达的全新场域。随着 5G、人工智能、区块链等科技的进步与发展以及存量市场的格局形成，品牌对于元宇宙营销的热情只增不减，近年来的虚拟偶像、虚拟主播层出不穷，借助虚拟概念进行营销或者将旗下产品与虚拟产业相结合是近两年品牌方营销的大趋势，各大平台推出的各类主题的

nfc 数字藏品，令当代年轻人趋之若鹜。

在传统的客户服务中，企业往往需要全天安排大量客服回答客户的问题和解决客户的困惑，即便如此，其及时性也不一定能保证。元宇宙虚拟代言人则可以通过自然语言处理和机器学习等，实现全天 24 小时无休地接待客户访问，提供更加智能、人性化、高效的服务体验。

虚拟代言人比真人口碑更稳。能够有效规避“塌房”风险，帮助品牌方守住舆论传播阵地。

帮助企业降低推广成本和风险。传统的广告营销，投入资金与效果并不成正比，而元宇宙虚拟代言人一次投入，终身使用，并且成本和风险可控，极大地提高了企业的推广效率和精准度。

为企业创造全新的商业模式和增长点。元宇宙虚拟代言人越来越顺应新时代消费需求，通过提供更个性化、交互式、社交化的消费体验，为企业开拓全新的市场和商业模式。

虚拟人营销很好地契合了企业顺应新消费需求的发展理念。深圳华锐视点也会将虚拟人与数字营销深度结合，让这些从数字技术中诞生的“虚拟人类”走入大众的文化和生活，在服务实体经济的过程中“破圈”，走向长效发展的道路，拥有更加旺盛的生命力，帮助企业解决在广告推广和客户服务方面的一些问题。

8. 数字营销产业受到法律法规政策的一定阻碍

《个人信息保护法》对个人隐私进行了严格的保护，使得数字营销行业在对客户触达上有了一些阻碍，由此导致营销效果呈递减状态。一方面，在营销方面需要付出更高的代价去获取客户，要提升营销回报率就需要在营销方面花费更多预算；另一方面，最为主要的是消费者自身不同意品牌方运用个人信息，这种情况下有再多的预算也无法对消费者进行触达。

《数据出境安全评估办法》对数据出境问题设置了条件，这项条例对在中国的跨国公司和代替国外营销平台的一些服务器不在国内的公司以及一些出海企业产生了一定的影响，需要寻找本土营销技术解决方案。

即使具有数据保护的两大“法宝”数字营销行业也能朝着创新的道路

继续向前，数字营销总是能够直接触碰到商业的本质，它始终是企业进行数字化转型和商业模式升级改造的最大突破。

（二）中国数字营销产业发展对策

1. 数字营销人才培养建议

把握数字营销学术前沿，“市场营销”与“大数据”是数字营销领域的重心和基础，“消费者”“数字化”“人工智能”等仍然是备受关注和研究的主题。尤其是在ChatGPT、元宇宙等近年来出现的技术下，数字化、数字经济成为市场营销学科的重点关注对象。

重点关注数字营销场景。首先，随着信息技术的迅猛发展，社交媒体的网络化、虚拟化慢慢地渗透到消费者的生活中成为当今的消费主流方式。企业对于数字营销策略应用场景方面也需要提高重视。其次，人工智能等先进技术的发展也促进了数字营销的发展，由基于大数据分析到人工智能、互联网媒体等新兴技术结合的数字营销方法。当今社会的不确定因素太多，要把握好数字场景中的“非接触经济”“零工经济”等营销理论和实践，与国际营销前沿接轨，开展学术交流合作。

建构数字营销课程体系，对营销学科以及数字营销人才的培养进行变革。首先，构建学术、技术、技能的理论课程体系。加入新一代人工智能等时代新兴技术，结合企业进行实践，使数字营销成果在各个产业中能够得到提升。其次，构建实践、实训、实操的应用课程体系。数字营销人才培养也需要得到发展，为了能够满足时代的需求，应加强学生营销实践的能力，从而能够更好地助力企业经营和满足市场的需求。

开展数字营销产学研融通培养模式，首先，打通产业链人才链创新链。数字经济的发展对数字营销既是机会又是挑战，产教融合是指生产与教育的一体化，在生产实境中教学，在教学中生产，生产和教学密不可分。企业对于市场的动态更为了解，将生产置于教学中，将教学用于生产，二者相辅相成，培养出具有创新力和实践能力的数字营销人才，更好地为企业策划营销策略。其次，展开创新创业大赛。企业与高校联合共同组织学生参与“互联网+”、人工智能等相关的营销大赛，学生通过观察市场、合理利用数字技术等方式来对某品牌进行撰写数字营销的策划书等活动，从而提高学生的实践能力。

2. “数据孤岛”的解决之道

政府应该出台政策，促进数据资源共享。为了打破“数据孤岛”，政府应该出台相应的政策，鼓励企业将数据资源开放，促进数据资源共享。同时，政府还可以建设一个公共的数据平台，让各个企业可以将自己的数据上传到这个平台上，以便其他企业可以利用这些数据。

合作共赢，构建数据生态环境。除了政府的作用之外，企业之间也应该加强合作，共同构建数据生态环境。企业可以通过成立联盟等方式，共同开发某个领域的数据资产，实现互相授权、互相访问、互相协作，从而更好地利用数据资源。

开发新型的数据共享和交换技术。除了政府和企业之间的合作之外，还可以通过技术手段来打破“数据孤岛”。例如，可以利用区块链技术或者加密技术，建立一个去中心化的数据共享平台，让数据能够在不同的机构之间共享和交换。

3. 精准营销，掌握消费者核心诉求

掌握消费者的核心诉求，以诉求为基础进行精准营销，对企业的长远发展尤为重要。企业想要获得市场的主动权，不得不密切关注消费者的数据信息，进而通过数据分析为之后的营销活动创造有利条件。一方面，要从多维度的视角对消费者行为进行分析。比如消费者在线上购物时，会对大数据提供年龄、性别、职业、地域等各种信息；通过购买的物品也能够分析出消费者的消费水平；还可以通过调研等方式挖掘客户数据信息，从而能够更加精准地知道客户需求，以达到营销目的。另一方面，可以合理运用 AI 技术对现有的消费者信息进行分析，分析出消费者的喜好、消费水平、消费心理、品牌忠诚度等，从而展开对消费者的个性化服务，推出消费者感兴趣的内容，以更好地提高消费者黏性和注意力。能够精准挖掘用户是数字营销获得正向成果的重要基础，也是为企业数字营销带来更高利益的重要前提。

4. 升级业务模式，进行全渠道营销

企业在运用数字营销时，要注重不断变化的营销环境，从而使得实际应用场景与营销活动相适应。

一方面，以营销内容为基础进行业务模式的升级。在营销内容方面，需要关注用户生产、专业生产等类型的内容，通过对不同内容的分析，建立起消费者全方位的感知数据；在形式上可以以短视频、图文、直播等方式进行推广营销，让消费者能够更好地了解产品。另一方面，以全渠道为宗旨实现业务模式的革新。运用线上、线下营销方式展开全渠道营销，建立多维化、立体化的营销系统。在线上运用各种社交媒体平台进行营销，加大线上营销，减少运输、包装等成本。在线下应该将线上的流量引到线下，可以通过开展产品体验活动、用户交流活动等方式进一步加强产品与消费者之间的黏性，从而不断提升品牌知名度，进而提高营销的有效性。

各大企业迎合时代需要顺应潮流发展，及时根据现实情况进行调整，重新规划企业营销策略。时刻关注数字经济发展动态和消费者消费行为，及时对消费者做出回应，以此为核心来促进消费，从而使企业的市场占有率得到提高。

5. 挖掘消费数据，持续扩大知名度

消费者不仅是消费主体，在营销方面也是带有一定流量的。首先，企业需要借助人工智能、大数据、云计算等新兴技术对消费者的各种消费行为进行数据分析，企业可以以此来设计营销方案，从而达到更高的经济效益。比如，可以通过分析消费者在应用软件上查找的关键词来统计分析，掌握消费者的需求和喜好，及时推送企业产品；还可以通过消费者在各大社交平台上发表的建议，来为消费者推送企业产品，增加产品曝光率。其次，互联网的特性使得消费者和企业之间存在一定距离，为了数字营销效果的提升，企业需要通过数据来锁定该品牌的忠诚粉丝，牢牢抓住消费者的消费诉求，将消费者无形中转化为品牌代言人，这种营销方式不仅能够为企业节省开支，而且能够提高消费者对该企业的认同感，并带来更多需要该产品的消费者。总而言之，在万物互联的时代，消费者不仅是单纯的消费者，还是决定企业营销方式的参与者。因此企业需要重视消费者给数字营销带来的价值，调动消费者参与企业营销的积极性，让消费者能够主动分享产品体验结果，实现消费者与企业利益共赢。

B.11
AIGC赋能动漫游戏产业的发展趋势和策略选择（2023）

佘麒麟*

摘　要： AIGC影响生产、传播和消费的整个过程，数字技术与内容产业融合能够推动行业的创新型发展以及产业出海方式迭代升级。适应AIGC赋能的发展趋势，提升新兴技术的应用性和参与度，结合AIGC技术探寻和开辟产业发展新路径、建立产业新环境阵地、构建产业产品新标杆、夯实产业发展新根基等措施有助于为动漫游戏产业发展留足空间，展现动漫游戏产业引领力。

关键词： AIGC　游戏　动画　漫画

一　发展机制

文明史即工具史，综观人类社会演化过程中的每次加速迭代，都伴随着关键性技术的突破。蒸汽机到电力普及，带来了生产力的爆发式增长。计算机、互联网的诞生，打开了新世界的大门。如今，AIGC的出现，有再次应用先进技术工具以带来变革的可能。

AIGC利用人工智能技术创造各类内容，在影视、游戏、计算和内容生成等领域有广泛应用前景，并引发众多关注和研究。伴随ChatGPT爆火，

* 佘麒麟，影像内容学博士，厦门理工学院影视与传播学院讲师，硕士研究生导师，主要研究方向为电影理论、地域文化原型及日本动漫。

AIGC 已处于内容创作领域的风口之上。近期，AIGC 领域的新工作更是井喷式发展。从当前情况看，AIGC 输出的内容类型逐渐丰富，质量不断提升，技术水平和通用性越发成熟。各类应用涌现，增加了内容产业的想象空间，提升了研究者和工作者的关注度。

图 1 表明 AI 正迅速渗透各领域，促进社会经济发展。“人工智能赋能成为科技跨越发展、产业优化升级、生产力整体跃升的新动能。”① 而在 AIGC 加速向文本、图像、音视频等多个领域渗透后，其将迎来应用爆发期。

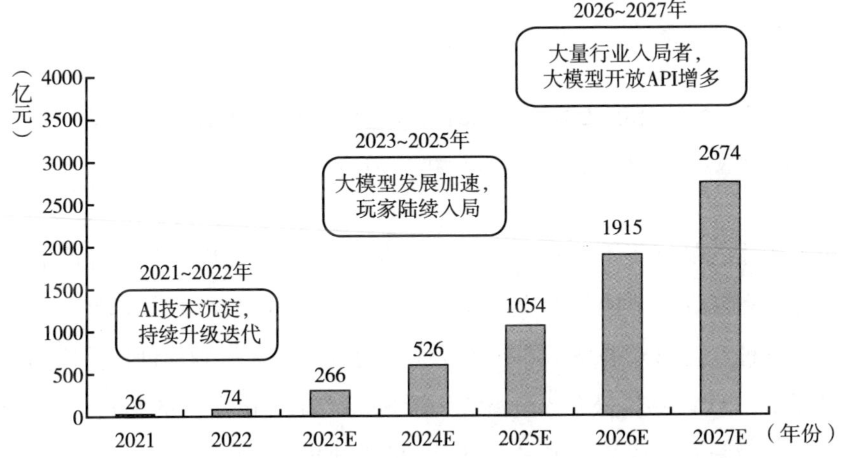

图 1　2021~2027 年中国 AIGC 行业市场规模

注：年份后的 E 表示该年份的数据为估计值。
资料来源：头豹研究院、西南证券。

图 2 为 2022 年及未来三年企业人工智能单点技术部署情况。《2023 年 H1 全球 AIGC 行业半年报》指出：“未来 3 年 AR 与 VR、视频分析、知识图谱、自然语言处理将成为 AI 单点技术主要发力点。”② 重点技术的渗透，

① 郭倩：《核心产业规模超五千亿元　人工智能释放“智慧动能”》，《经济参考报》2023 年 2 月 9 日，第 2 版。

② 《行业报告丨2023 年 H1 全球 AIGC 行业半年报》，界面新闻，2023 年 7 月 18 日，https://www.jiemian.com/article/9762123.html。

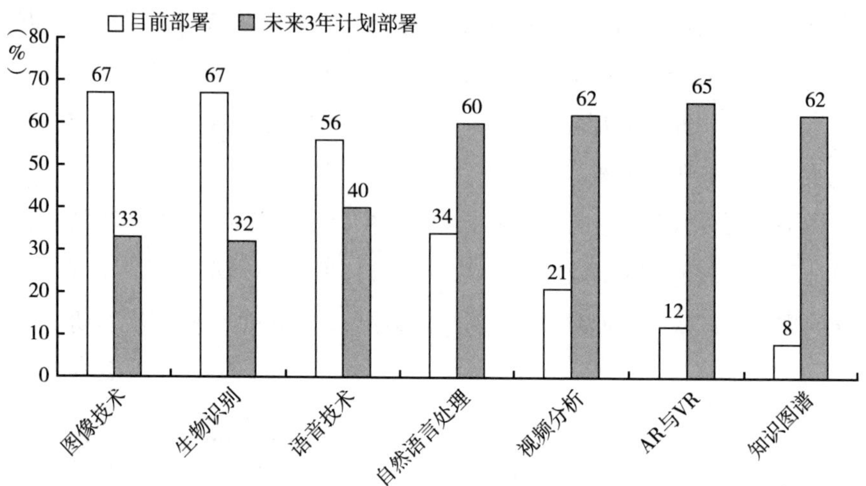

图 2　2022 年及未来三年企业人工智能单点技术部署情况

资料来源：IDC、贵州省大数据发展管理局、天风证券研究所。

对相关产业的赋能将不断扩大。ACG 领域的漫画、动画和游戏等产业，其内容形式和属性与上述单点技术有较高契合度。面对 AIGC 技术冲击，ACG 领域的三种产业形式展现出不同的反应和前景趋势。漫画的创作手段和工具相对简单，AI 能够轻松介入全流程，形成“产出即产品”的形式。在 AIGC 加持下，漫画有望成为元宇宙改变世界的重要模式之一。繁简机制结合的动画，面对 AIGC 冲击，存在不确定性。游戏行业因其科技属性，有望成为 AIGC 赋能参与度最高、受益度最高的行业之一。无论本就处于流量弱势的漫画行业，还是国内发展土壤并不肥沃的动漫行业，抑或处于震荡调整期的游戏行业，投身 AIGC 意味着机会也意味着挑战。“动画行业在制作流程、技术渠道等方面具备和 AIGC 非常契合的场景，所以在对人工智能技术的运用上具备天然优势。”① 虽然 AIGC 尚处发展初级阶段，但其对 ACG 领域的影响已有显现。

① 邹倜然、许驰：《动漫产业展现出新的生命力》，《工人日报》2023 年 6 月 28 日，第 4 版。

二　发展历程及成果

“AIGC 是人工智能技术在文化创意领域的重要应用之一，也是当前人工智能研究的热点和前沿方向之一。”[①] 其技术可以追溯到 20 世纪 50 年代的计算机生成语言模型。伴随机器学习和深度学习等技术的进步，快速发展的 AIGC 技术，在各领域得到了广泛应用。

（一）发展历程

1. 初期探索阶段（2010~2014年）

这一阶段中，AIGC 技术应用停留在实验室阶段。尝试深度学习算法生成图片、音乐、文本等内容，以及将不同类型的内容进行结合，是这一时期的研究重心。实验室经历为后来 AIGC 以各种形式应用到各种领域打下了基础。AIGC 能快速、顺利介入动漫游戏产业，实验室经历尤为重要。

2. 应用拓展阶段（2014~2021年）

这一阶段中，AIGC 技术进一步发展，算法不断优化，应用场景和商业模式被越来越多地拓展和实现。AIGC 技术在图像、音乐、视频等领域得到广泛应用，同时也涉及广告、娱乐、教育等多个领域。其广泛应用性和高度适应性，在这一时期逐渐显露。

3. 深度融合阶段（2021年至今）

这一阶段中，AIGC 技术与其他技术和领域逐渐深度融合，融合使 AIGC 技术更加全面和智能化，助其实现更复杂和高级的内容生成和创作。同时，AIGC 技术也开始与社会、文化、伦理等方面进行深入探讨和研究，以推动其可持续和健康发展。

---

① 杨富胜、李通：《科技美学视域下 AIGC 技术对动画创作的影响》，《现代电影技术》2023 年第 6 期，第 50 页。

（二）主要成果

伴随技术发展和应用场景扩展，AI 生成内容的应用前景广阔。人工智能技术不断进步和普及，AI 生成内容已渗透到各行各业。现阶段，AIGC 在各个领域展现出影响力，并有各类成果（见图 3）。在 AGC 领域，AIGC 同样有技术应用案例。

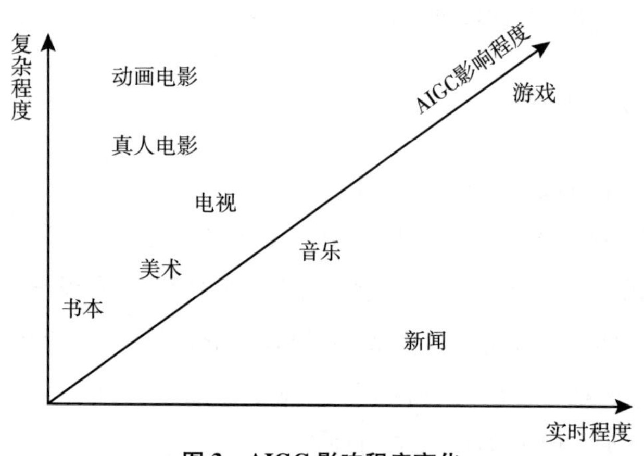

图 3　AIGC 影响程度变化

资料来源：国泰君安证券发布的《ChatGPT 或引领游戏产业革命》。

1. 漫画领域

漫画领域主要涉及图像和文本方向。图像方向的 AIGC 主要应用于图像识别、图像生成和图像处理等方面，在 AIGC 加持下能生成高质量的图像，以及完成一定程度的图像处理、修复和优化。文本方向的 AIGC 则主要应用于文本生成、文本分类和文本处理等方面，尤其文本生成方面较为突出，可以生成高质量的自然语言文本。

2. 动画领域

动画领域的 AIGC 介入除涉及漫画领域关联的图像和文本方向外，还涉及语音方向和视频方向、音乐方向。语音方向的 AIGC 主要应用于语音识别、语音合成和语音处理等方面，例如 DeepMind 开发的神经网络，就可以生成高质量的人类语音，应用于动画的录音和配音制作。视频方向的 AIGC 介入则主要涉及模型生成和面部捕捉等功能。例如 2022 年 7 月戛纳电影节上的最佳动画短片《乌鸦》，其真人舞蹈 PAINTED 是基于“文本-图像-视频”的多模态转换，这是动画领域 AIGC 的一次成功应用案例。

《中国 AIGC 产业全景报告》显示：AIGC 未来发展更趋向多模态生成方式，且至 2030 年，AIGC 市场规模将超万亿元。[①] 动画作为一门具综合性、商业性的艺术，随着 AIGC 介入，必会迎来冲击和机遇。

3. 游戏领域

游戏领域的 AIGC 应用则更加丰富，在漫画和动画的基础上，还涉及设计、代码等，主要包括游戏智能化、游戏设计和游戏测试等。比较典型的例子有 OpenAI 开发的人工智能游戏角色，可以实现在游戏中的自主学习和自主行动；Unity ML-Agents 基于人工智能的一款游戏智能化开发工具，可以在 Unity 中实现智能角色自主学习和自主行动；等等。通过 AI 设计和代码书写，能实现机械化、重复化内容高效生产，降低制作成本，促进生成高质量的图像，提高游戏效能解放生产力，等等。

三　发展趋势与现状

（一）动画和漫画产业的新机会

ACG［动画（Animation）、漫画（Comics）、游戏（Game）］产业从目前的发展状况来看，相比游戏，动画和漫画产业较弱，动画和漫画产业的产量总量不足游戏的 1/10。在中国互联网环境中，漫画本就属于弱势产业，尤其是在流量方面。而 AI 几乎能够轻松介入全流程，替代大量劳动，这为漫画行业带来了机会，也带来了挑战。AI 技术在动画制作的多个阶段都有

① 《中国 AIGC 产业全景报告》，量子位，2023 年 3 月 29 日，https：//www. qbital. com/meet/aigc2023。

涉及，应用较为广泛。AI 技术为动画作品提供了更多创作空间与灵感，但核心创意的产出仍由从业者完成。①

1. 解决漫画长期需求

漫画属于“劳动密集型”产业，众多漫画创作者面临着同时推动多部作品的情况。借助 AI 能够解放制作人员，留出更多时间做创造性的工作。

即使解决劳动需求，漫画产业依旧面临危机。作为流量较低的弱势产业，AI 的介入能够轻松地替代掉人工，甚至很多“大师”的工作。在 AI 加持下，漫画数量和质量也会有增长。但受困于用户时间总量，这样的增长缺乏同等的效益。加之，在以视频和交互产品为主流的当下，文明进程已经难以倒退到读图时代。对于漫画行业而言，寻找新的模式，解决制作人员需求才是迎合 AIGC 的可行之路。

2. 提供新型漫画岗位

AI 生成的漫画内容，其优点与缺点都是产量较大。AI 的介入让制作层面的工作变得简单和快捷，相关行业者获得更多的时间参与到更高阶的工作中去，例如内容创新或与用户沟通等。“品鉴官”和“推荐官”这类新岗位会出现萌芽。这类岗位的本质是用时间为别的用户“排雷”，从而获得收益。另外，漫画助理的岗位会增加，“主笔+虚拟人+助理群”的模式可同时制作多部高质量作品，能节约大量时间。

3. 提供新型漫画品类

用户共创形式的作品会成为新品类。所有人都在一个作品下用 AI 进行创作，该品类在 AI 的多种功能的加持下，品质得到保障，同时，AI 和用户之间的传播与交流会更加密切。

4. 弥补动画人才和数据

常年以来，中国动画从业者的付出和收入不成正比。在流媒体平台对动画作品有大量需求的情况下，产能不足长期影响着动画发展。加之，游戏产业快速发展，大量动画人才流入游戏产业。AI 的到来，可以缓解这一窘境。

① 郭全中、张金熠：《AI+人文：AIGC 的发展与趋势》，《新闻爱好者》2023 年第 3 期，第 11 页。

第一，人才流失的大部分缺口会被 AI 创作所填补。第二，AI 的数据库采集的内容达到日本、欧美顶级的动画水准，通过适应 AI，一般创作者也能有接近顶级动画产业的产出质量。第三，AI 的参与可以提高本土动画的各项创作指标，对付出和收入不对等的国产动画有利。第四，AI 参与降低制作门槛，用户变为创作者的趋势逐渐形成，更多的创作者通过各种软件加入动漫制作，在一定程度上丰富了产业结构。

5. 动画面临多重冲击

相比漫画，动画属于内容更复杂、技术参与度更高的艺术表现形式。虽然 AI 呈现了现象级的变化，但仍然需要积极思考，把握机遇与挑战。① 对于不同领域，AI 的参与也会有差异。AI 参与对动画制作有影响，但依旧难以撼动高级动画领域。AI 参与动画生产创作的某一部分，但未能触及内容创作的核心，工具属性更强。且短期内，AI 还无法参与或生成“高级产品”。因此，以简单形式生存的动画公司和动画作品，会受到较大的冲击；但动画本质上还无法脱离剧本和故事，AI 赋能动画文字层面对动画作品的质感提升作用远低于技术层面的作用。相比提供创意和选择，AI 是否让动画故事和剧情变得更好还有待观察。

同时，随着 AI 模型开源，AI 已经可以与动画制作深度结合，在绘图、上色和精修等阶段发挥作用。在许多环节中，AI 无法完全取代人工，但 AIGC 高速发展，动画产业长期存在的产能不足问题，有望被解决。AIGC 可以通过自主生成或辅助生成各种元素，拓展创作者的想象力和创造力。例如，小冰公司 CEO 李笛谈到 ChatGPT 时表示：“AI 有了自主性。当人们在心里已经有了答案时使用它，如果 ChatGPT 给出的结果都准确，人们会认为它很强大，即使不准，人们也会觉得很有意思。”② 另外，数字人的出现带来动画的“表演时代”，对动画产业产生影响。未来可以用数字人表演，用 AI 完成风格化动画产出。作品内容、创作者与 AI 之间的关系会受到多重

① 陈连虎：《正视 AIGC 时代的机遇与挑战》，《软件与集成电路》2023 年第 6 期，第 37 页。

② 《小冰 CEO 李笛：ChatGPT 和人建立的关联商业价值很大，AI 数字员工将迎来爆发》，搜狐网，2022 年 12 月 16 日，http：//www. sohu. com/a/617907448_115565。

的冲击。

AIGC 的介入，会对创作者岗位和分工进行冲击。岗位对综合性人才的黏性将提高，人工智能的飞速进步让动画的综合性得以显现。这意味着对于创作者的要求将不再局限于单一能力，而将会趋于综合能力的考虑。

此外，AIGC 对动画版权和安全问题的冲击也将凸显。“AIGC 内容进行学习、训练的样本库来自网络大量的数据信息，生成内容是基于样本信息的再创作。”① 虽然导出的各类数据会于平台或机构生成内容的版权，但对样本的创作者是否侵权还无法界定。同时，AIGC 的高度真实性和还原性，也有可能被利用，成为不法分子制造犯罪和宣传虚假信息的手段。

技术本身是中立的，但是在技术发展和应用的过程中，不可避免地会被各种因素所影响，各种影响因素会隐身于技术应用的领域，形成看似公平、合理的内容生态。正如英国媒介学者莫利所言，面对新技术时，不要过分夸大影响力和冲击力，进而迷失于技术神话中，他认为“最新的技术也可被用于最传统的目的”②。对于漫画和动画而言，处理 AIGC 带来的冲击，合理解决好 AI、创作者和产业等层面的问题，才能够把握机会，顺利走出技术的灯塔。

（二）游戏产业的新思考

游戏在应用领域中相比其他内容形式，有更强的科技属性。中国 ACG 的核心是游戏，没有游戏，漫画、动画的一部分经济源会被切断，市场化的收益会出现倒流。“集合了文字、图片、动画、视频等数字资产的游戏行业与 AIGC 有着较高的契合度。作为科学技术应用的超级试验场，游戏行业无疑将成为人工智能技术最先应用的领域之一。”③ 综上，游戏行业有望成为参与度最高、受益度最高的 AIGC 赋能行业之一。

---

① 欧阳春雪：《基于深度学习的多模态 AIGC 动画探究》，《现代电影技术》2023 年第 1 期，第 46 页。

② 大卫·莫利、张道建：《媒介理论、文化消费与技术变化》，《文艺研究》2011 年第 4 期，第 105 页。

③ 肖伟：《从节约时间到流程重组，AIGC 技术如何改变二次元市场》，《证券日报》2023 年 4 月 6 日，第 3 版。

AIGC 这一技术变革，区别于“单机到网络”“PC 到手机”等前几轮的硬件升级。AIGC 技术会广泛地融入游戏外的更多领域，成为更为通用的技术。回顾前沿科技发展历程，游戏总能及时参与和应用新技术。在 AIGC 技术爆发的节点上，游戏亦被看作潜力股。

1. AIGC 降低研发成本

游戏不仅局限于娱乐，其未来会是融入学习、社交、创作、分享的元宇宙。AIGC 对数字世界的冲击和迭代更快，因此在 AIGC 的赋能下，游戏得到重视。游戏容易被 Z 世代接受，AIGC 对数字原住民的影响较大。在 AIGC 加持下，游戏全方位降本能够解决传统游戏产业面临的高效率、高质量和低成本的“不可能三角”问题。同时，也能大幅降低用户在“游戏”世界中的创作壁垒，带来内容的井喷。

另外，游戏模式的更迭是一个极快的过程，大部分游戏甚至大部分“爆款”游戏也只能维持半年到一年的时间，只有少数游戏能活跃两年以上。因此，游戏企业需要保持对于游戏玩法的创新和对于市场消费者的感知，高效率开发游戏产品。传统的游戏开发团队主要分为策划、美工和程序等三种职位，下设文案、数值、关卡等数个职能。作为注重用户体验的产品，游戏需要将目光聚焦在产品、内容的丰富程度，而在完善内容的丰富程度、拓展游戏的开放性的过程中，需要策划、美工等职位的相互协调和在游戏质量上的大量投入。所以，对于传统游戏行业，在必须兼顾高效率与高质量的条件下，高成本也不可避免。2010~2020 年全球部分知名游戏制作费用如表 1 所示。

表 1　2010~2020 年全球部分知名游戏制作费用

游戏名	发行年份	开发商	制作费用（百万美元）
《暴雨》	2010	Quantic Dream	21.8
《侠盗猎车手 5》	2013	Rockstar North	137
《命运》	2014	Bungie	140
《荒野大镖客 2》	2018	Rockstar Games	170~240

续表

游戏名	发行年份	开发商	制作费用（百万美元）
《赛博朋克 2077》	2020	CD Projekt Red	174
《原神》	2020	米哈游	300~500

资料来源：维基百科、国盛证券研究所。

除了高成本，成本增长速度快是游戏行业的真正困境所在。2010~2020年10年间，国内外代表性游戏企业用于游戏研发的费用在成倍数地增长。高成本且高增速的游戏研发成本则集中于四个部分：游戏数值平衡设计、游戏素材设计、游戏剧情设计和游戏程序设计（见表2）。

表2 游戏研发成本集中的四个主要（设计）部分

成本分布	设计内容	具体工作
游戏数值平衡设计	战斗系统、经济系统等	数值拆解、数值分析、数值设计、数值测试等
游戏素材设计	UI、场景、角色、道具、特效等	概念设定、模型搭建、贴图烘焙、骨骼蒙皮、动画制作和引擎测试等
游戏剧情设计	策划和剧本创作	策划：主题、故事、角色、世界观等； 剧本创作：编写剧本、制作剧情动画等
游戏程序设计	游戏程序代码编写	数据结构和基础算法

资料来源：《AIGC专题分析：通往元宇宙无尽游戏之路》，“未来智库”百家号，2023年4月21日，https://baijiahao.baidu.com/s?id=1763747977413369685&wfr=spider&for=pc。

游戏内容创作本身成本较高，AIGC赋能最直接的帮助即降本。通过程序化和工业化的人物塑造、场景美术和全景建模，帮助游戏开发者提高游戏生产效率。同时，缩短游戏开发周期，创造全新玩法和体验，使精品化游戏的供给大幅增长，带来游戏内容质量的提升。最重要的是，AIGC有望打破传统游戏产业的“不可能三角”，实现高效率、高质量和低成本同时存在。

2. AIGC赋能游戏设计

AIGC产出不是游戏产品本身，而是产品的前期设定或某一具体部分，复杂的游戏体系使AI对游戏研发的影响居于局部。将AIGC内容直接运用于游戏产品风险过大，将 AI 作为核心创作工具应用于游戏的情况也还未出现。目前，AI 参与游戏主要集中于游戏设计层面。

（1）平衡数值设计

游戏数值是感性世界的具象化，也是游戏玩家成长体验的控制和释放。游戏的数值策划需要规划数值和设计算法，进而把控玩家的游戏体验。以 MOBA 游戏（多人在线战术竞技游戏）为例，每位玩家操纵一个独特角色，通过联合队友摧毁对手方主要建筑而获得胜利。这类游戏重视即时战略，强调玩家操作，这意味着游戏角色不能是游戏胜利的决定因素，即每个角色应该处于相对平衡的位置，角色胜率应尽可能稳定在 50%。因此，在这类游戏中，平衡数值变得十分重要。同时，MOBA 游戏环境复杂，地图设计、角色属性、道具属性等众多因素都可能影响最终的游戏平衡，这导致游戏数值的调整困难。常规的游戏数值策划，会在游戏版本的不断更新中通过观察玩家行为和玩家数据，进行数值的微调。

早在 2019 年，游戏《Dota 2》人工智能智能体项目成果亮相，OpenAI Five 成为首个战胜了世界冠军战队的 AI 系统。后于项目报告中描述了该项目的细节。为了在复杂的游戏环境中创造合适的智能体，拟定平衡的数值，项目为 OpenAI 构建了一个分布式的训练系统，训练出了名为 OpenAI Five 的游戏智能体。OpenAI 将该系统开放给游戏玩家进行对战试玩。在超过 7000 局游戏中，OpenAI Five 的胜率为 99.4%。该项目的推出，展示了人工智能在辅助游戏数值设计上的可能性。

而一般类型的游戏，也可以利用 AI 进行策略规划、目标选择、技能应用、路径探索等即时内容的统计分析。通过对 AI 的选择进行数据统计和分析，可以算出平衡数值。即使游戏环境复杂，通过 AI 监督学习和强化学习的技术，监督和学习不同级别、不同水平的目标行为，可以做到较好的拟人化。另外，通过强化学习，也可以构建奖励和惩罚机制，优化 AI 行为逻辑。这能为探索新的游戏策略提供数据基础和进步空间。

（2）助力素材设计

游戏研发中各板块开发成本参差不齐，AIGC 的到来必将对各个板块的成本分配造成冲击。AIGC 提高生产效率，研发成本发生转移，游戏产业成本重新分配不可避免。游戏研发中成本最高的是美术板块，“资深原画师、美工班组、专业设计团队大约占游戏项目开支的 30% 至 60%”①。AIGC 工具可以提升单位时间产出，同时降低劳动任务压力。但复杂的美术规范和制作流程已经定型，所以 AI 参与更多的是在局部设计层面。在 AI 绘图工具的帮助下，游戏角色的原画设计、游戏场景的概念图设计，这些本需要一周甚至数周才能完成的工作会缩短用时，游戏素材设计效率得到提升。

此外，AIGC 能够提供各类素材和场景。Epic 的“MetaHuman Animator”、腾讯 AI Lab 的虚拟场景自动生成方案、米哈游的 AI 辅助角色配音方案等，都从各个部分对游戏的素材设计和开发进行着尝试。

（3）参与剧情设计

剧情设计的关键在于让玩家沉浸式体验游戏世界，并让玩家意识到游戏世界脱离其预判之外。随着游戏玩家对游戏的挑剔程度上涨，游戏开发者对游戏世界开放程度的关注度也随之上涨。剧情设计需要游戏策划者付出大量时间，同时也需要极强的创造力。AIGC 技术的参与，能帮策划者解决部分问题，让开发者将更多精力放在剧情设计的重点——创造性工作上，进而提高游戏整体质量。

游戏 NPC 是好的切入点。AI 可以学习游戏人物关系、表达逻辑和角色人物性格，游戏 NPC 则可以在故事设定的框架内与用户随机互动，进行无限的故事剧情拓展。AI 提供互动台词并推进剧情发展，实现游戏剧情方面千人千面的个性化体验。例如，游戏《黑客帝国》中的 NPC“墨菲斯”，玩家在移动设备上可长按屏幕与其说话互动，而且该 NPC 可以识别语言，并应用不同语言与玩家进行互动。

（4）辅助程序设计

AIGC 可以帮助开发者以自动化方式生成游戏程序。基于 AI 的辅助代码

① 李哲：《AIGC 热潮汹涌，游戏掀起产业变革?》，《中国经营报》2023 年 3 月 27 日，第 16 版。

或代码编辑器的发布，在很大程度上减轻了程序设计的负担，并提升了效率。AIGC 降本，存在另一层理解：降低创作壁垒。AI 赋能有创意的个人，同样能产出优秀的作品。豆瓣评分高达 8.8 分的水墨动画作品《雾山五行》，制作团队仅 6 人，真实地反映了国漫的困境。同时，也证明了团队出众的能力和构思有可能撼动创作壁垒。同时 AIGC 加持，有机会让动画制作摆脱困境。

AIGC 赋能降低游戏创作壁垒，并不会对游戏创作者产生巨大冲击。游戏属于供给创造需求，有创意的游戏设计才能刺激用户消费，才能占据更多用户时间。游戏行业的衍生正在走向不同的模式，个人化和商业化的游戏制作模式都在向用户靠近。

3. AIGC 赋能游戏创新

高开发成本给游戏创新带来了风险。众多游戏大厂陷入了经典 IP 的“舒适区”，游戏同质化严重。例如，“年货”游戏《NBA 2K》系列，该系列每年发布一个游戏版本，但相邻版本之间的改进却很少，更多是提升画质和改变球员数值。另外，以创新为主旨的暴雪公司也已多年没有开发出新的 IP，其上一个开发的新 IP 还是 2016 年发布的游戏《守望先锋》。

相比游戏大厂，小型游戏工作室更加艰难，秉承“大厂创新+工作室模仿”的工作模式，模式化的小型游戏让游戏产品的同质化进一步加剧。在此背景下，游戏玩法创新的必要性凸显。从产品角度看，差异化的产品才能带来超额收益。从玩家角度看，大量玩家已经出现对同质化产品的“抵抗情绪”和“审美疲劳”。因此，游戏内容和玩法上的创新亟待出现。

与漫画和动画不同，AIGC 赋能游戏可以跳过降本阶段。AIGC 赋能游戏制作降本只是第一步。相比降本，游戏创新是通往元宇宙更便捷的道路。当下，游戏创新存在两大困难点：一是创新成本高，开发新概念和新机制需要投入大量时间和资金；二是用户接受度难以预判，新的游戏创意和机制能否被用户接受和喜爱是个未知数。开发失败意味着造成损失，这是目前游戏创新能力不强的根源所在。利用 AI，游戏开发的成本得以降低，进而游戏开发商对新型游戏内容的试错风险得以降低。AIGC 的加入，能为游戏玩法提供新的创新方向。

（1）智能 NPC 登场

不同于常规 NPC，AIGC 赋能 NPC 通过人工智能驱动，可展现出部分智能行为，如自主行动、简单互动和对话等。一些高级的智能 NPC 可以根据与玩家或环境的互动完成学习和适应工作，可以学习玩家的喜好和行为习惯进而变换自己的行为或根据环境变化调整自己的行为。同时，智能 NPC 还可以表现出丰富的个性特征和情感反应，用以丰富游戏世界和玩家的自主权。提高 NPC 的人工智能属性，可以实现 NPC 和玩家之间的协同，游戏过程的不可预知性、灵活性和挑战性得以展现。① 智能 NPC 的登场，无疑增加了游戏的丰富性及可玩性。

（2）打造非线性游戏

非线性游戏能赋予游戏情节更多灵活性。相比线性游戏，非线性游戏带给玩家的游玩动力更足，游戏寿命也更长。除此之外，非线性游戏的开放式结局，赋予了玩家自由探索游戏世界的自由感和沉浸感。传统非线性游戏开发需要设计大量选项及对应结果，工作量庞大。例如游戏《荒野大镖客 2》，其官网上公布的致谢名单中显示参与游戏制作的人数超过 3000 人，是一个工作人数多，内容杂的项目。

智能 NPC 可根据玩家的选择和互动做出随意的反应和决定，推进情节发展。同时，AIGC 实现智能算法，可以动态分析玩家行为，动态生成新的情节、选项及结果。游戏可进行“天赋树”式的非线性扩展，实现千人千面的游戏效果。

（3）全新 MOD 体验

MOD（游戏模组，它是游戏的一种修改或增强程度）是玩家丰富游戏的工具之一，无论是角色皮肤 MOD、游戏机制 MOD、情节内容 MOD 还是重制 MOD，都能增强游戏的可玩性。在给玩家带来全新体验的同时，也拓展了游戏内容，增加了游戏寿命。

无论哪类 MOD，都涉及复杂的制作过程，且带有一定的技术门槛。对

① 毕静：《一种适合网络游戏的多 NPC 协同运动策略》，《计算机工程》2011 年第 7 期，第 186 页。

于普通玩家来说有些遥不可及。AIGC 的到来，赋予普通游戏玩家按照自己想法制作游戏 MOD 的能力，进而丰富自己的游戏体验。AIGC 不仅可以帮助没有技术和美术背景的玩家快速生成角色与皮肤 MOD，也可以成为一种 MOD 智能开发工具，玩家可以通过人工智能技术，使用更易上手的语言甚至图形交互系统完成 MOD 的制作，这显著降低了 MOD 开发的技术门槛。

迎合 MOD 开发的自由化和简单化，众多游戏加入了能供玩家自主打造的 MOD 开发内容。游戏平台，如 Steam 平台，也在专门的频道“创意工坊”中设立了玩家自主创造的 MOD 板块。玩家不仅可以使用频道设计和开发游戏 MOD，也能与其他玩家交流和交换 MOD。例如游戏《Roblox》，它不仅是拥有近一亿用户的沙盒游戏，也是目前世界上最大的多人在线游戏创作平台，包含成千上万种模式、玩法和地图。其 2023 年 3 月 21 日发布的 AIGC 工具，让开发者可以选择使用以 AI 为基础的材质生成和代码辅助工具。可以预见，AIGC 使得游戏的 UGC 时代即将来临，游戏内容与游戏体验将进一步获得提升。

四　对策建议

习近平总书记指出：“文化和科技融合，既催生了新的文化业态、延伸了文化产业链，又聚集了大量创新人才。”① 新兴技术是当今科技领域最重要、最易与产业相融合的技术，应因势利导，构建动漫游戏产业发展的良好生态，推进科技发展。加快培育元宇宙内容的世界观，跟上 AIGC 推动先进技术工具变革的脚步。

（一）开辟产业发展新路径

1. 强化顶层设计，推进动漫游戏业数字化和技术化变革

AIGC 给相关产业带来巨大影响，留给产业蜕变的时间尚有余，机遇与

① 谭莹、郑正真：《数字文化产业中虚拟现实技术的应用》，《媒体融合新观察》2023 年第 1 期，第 51 页。

挑战共存。精准把握新兴技术和传统制作方式加速融合的路径，构建以AIGC技术为支撑，优化传统动漫游戏制作方式的模式。

2. 加快数字赋能，调整动漫游戏业分发模式

AIGC有助于提升动画和游戏的制作效率，降低制作成本。产品在用户面前的总曝光度没有明显变化，但随着制作成本降低，制作效率提升，原有比例将会产生变化。在资源相对有限的互联网中，新的产业分发模式意味着产业的新调整，也意味着创造者的新机会和新挑战。把握数字技术带来的变化，了解和掌握产业新的分发模式，有利于动漫游戏业的平稳发展。

3. 促进AIGC工具化，实现产出变产品

AIGC技术正不断渗透到各个领域中，动漫游戏业需要抓住机会、强化技术、积累应用、创造和利用与产业相对应的工具，积极向AIGC产业化广泛应用拓展。同时，要积极地将产出转换为产品。目前对于漫画等制作难度较低的产业，AIGC的介入能够高度渗透，并直接将产出转换为产品。直接的转换意味着成品开发成本的降低，相应的资金可以投入产品的开发和创意等环节。而在动画、游戏等更复杂的产品中，掌握产出高度转换为产品的方式，就能占据市场，并在有限的开发周期中，创造出更高质量、更高速度的产品。

（二）建立产业新环境阵地

迅速建立新的环境阵地，对接产业的上下游。根据动漫游戏类型和品质进行新平台建设，对下游、发行、作者做一些策略上的改变，这些改变会从本质上影响产业发展。具有科技前景的新兴技术，将在各个领域发光发热，ACG领域的三个产业也被赋予更多希望。将AI加入工作流程中，借助技术跃迁带动产业变革和格局重塑，利用AIGC的潜能，率先建立并占据新环境阵地，将影响对市场情况的洞察和对产业风向的把握。

（三）构建产业产品新标杆

提升科技力量，打造动漫游戏产品名片。顺应时代发展，结合先进技

术，打造面向世界的“中国式”产品。中国游戏动漫产业的土壤并不肥沃，尤其是漫画和动画产业，缺少代表性作品，更少有与先进科技结合的典型案例。呼吁“大厂尝试创新，小厂保障质量，大厂小厂合作”的模式，积极打造 AIGC 赋能下高质量产品的精准转化，提升行业影响力和认可度。开发一批在科技加持下，带有中国标签的漫画、动画和游戏产品，打破动漫游戏产业现状，化解动漫游戏作品刻板印象。

（四）夯实产业发展新根基

1. 强化技术研究，加快基础设施建设

梳理关键核心技术攻关清单，重点突破 AIGC 代码、建模等关键领域，掌握动漫动画产业发展的命脉。同时，加大开放共享，推动产业的共同发展和富裕。创作者间应进行资源交换、成果和技术交流，打破行业壁垒。重点关注产品制作中的薄弱环节，了解用户诉求，加强基础设施建设，为产业发展留足空间。

2. 优化知识结构，强化综合能力

相比排斥 AI 技术，创作者应积极面对挑战，充分利用新技术，为行业发展注入更多创造性和创新性。[①] 在信息和技术爆炸的时代，动漫游戏创作人要不断优化自身知识结构。学习应用各个渠道进行快速筛选、过滤，获取有效信息。掌握科技讯息，收集有价值的报告和资料，关注品牌、大厂、大咖的优秀漫画、动画和游戏案例。学会反思和总结，了解相关产品和产业在 AIGC 方面的优势和不足，发掘产业潜能，调整思路和方法，提高 AI 技术能力。

3. 加强市场管理，关注伦理问题

AIGC 介入，给动漫游戏业带来改变，出现岗位被服务、岗位被替代、岗位被增加等情况，要合理分配 AI 和岗位的占比，引入制作流程，创造高效率的 AI 工作方式和人才能力综合发展方向；AI 改变市场供给关系，AI 的介入会让需求者和供给者的关系产生互通，加强市场管理亟待重视；增强对

① 程琳、王明治：《AI 技术时代设计业者的机遇和挑战》，《丝网印刷》2023 年第 12 期，第 96 页。

于版权问题和安全问题的关注。目前缺少明文条例用以说明 AIGC 的版权问题。依照目前 AIGC 的发展趋势，期望于未来完善体制，保障原创者的权益，此外，还应关注安全问题，避免利用 AI 传播违法内容和虚假内容的情况出现，设立第三方对相关内容和数据进行合理跟踪与监管的机制。

结　语

在 AIGC 强势介入各领域的时代，其展现出广泛的应用前景和社会价值。从现有成果看，未来 AIGC 技术将继续发展。虽然在技术层面面临着众多挑战和问题，但通过加强技术研发和应用，AIGC 必然会给社会和经济发展带来更多机遇和空间。动漫游戏业作为备受关注的内容形式，与 AIGC 结合将会爆发巨大潜能。抓住机会，引领发展走向，动漫游戏业有可能率先立于浪潮之上。

B.12

AIGC对电商直播业的影响(2023)

钱 静　庄建忠*

摘 要： 消费品零售行业在传统电商“Trade in net”平台实现了交易数字化后，新兴渠道电商用“Live in App”模式实现了消费者的兴趣和行为的数字化。电商对消费者的洞察力和直播间形态多元化、内容化、场景化、IP化的构建能力成为直播带货的新要素。依托于全程数字化能力而进行的直播间场景重构越来越多，尤其是AIGC技术支撑下的虚拟数字人直播、AI客服、文本驱动场景绘制等新技术，为业界带来新想象、新可能。本报告扫描了当下新兴渠道电商的生存环境，从直播电商运营角度梳理了AIGC多领域发展赋能的主要应用，再对技术层面的不足、商业运营上的困难等短板与相关技术广泛应用的可实现性进行分析，并对内容生成的可控性及确权方面的隐忧做出思考。

关键词： AIGC　电商直播　新兴渠道

一　2023年直播电商的“生存环境”扫描

网络与新媒体技术的变革推进了人类信息沟通方式的改变，并生出不同属性和氛围的网络平台以及同一用户在不同网络平台的行为习惯和消费偏

* 钱静，文学硕士，厦门理工学院影视与传播学院表演系主任、讲师，主要研究方向为时尚产业的视觉展示；庄建忠，新加坡国立大学MBA，开锐咨询、美年畅道等管理咨询公司创始人，主要研究方向为渠道模式创新、社交电商、内容电商等新兴领域。

好。人们通过注册账号登录到网络平台，就如同领了“身份证”进入一个与真实世界“平行”的虚拟世界。人们也会同时登录不同的“平行世界”，通过一个简单的跳转，在这些不同的“平行世界”之间快速切换。国家网信办在2021年12月27日正式印发《“十四五”国家信息化规划》，该规划明确指出未来五年内我国网络信息化将全面发展社交电商、直播电商等一系列新业态、新模式作为主要方向，将相关工作合并到十大重点任务和重点工程中。

（一）盘点几大“国民级”应用

互联网巨头的电商棋局有三类，一是“短视频+直播”的流量场景争夺，二是本地生活流程再造的“0+0”模式争霸，三是以生鲜类目为主导的“最后一公里”社区覆盖。竞争驱动下，以AI算法、区块链、智慧物联为代表的一系列新技术手段被引入，极有可能再次开启新老巨头之间座次轮换的变局。

2022年上半年，QuestMobile发布的报告中公布了国内用户量最高的App排名，其中，国内App中用户超过1亿的总计58款。

表1中罗列的App仅是跟新兴销售渠道关系比较紧密的应用，庞大的月活用户数量的支撑让它们被冠以“国民级”头衔毫不为过。实际上，传统电商领域的淘宝、天猫、京东用户数量依然非常庞大。在本地生活领域大众点评、美团、饿了么、高德地图、百度地图、腾讯地图等App也有着举足轻重的地位。而许多传统互联网巨头，如百度、网易、搜狐、阿里等，它们旗下不乏用户数过亿的App或互联网产品，在商家开展网络舆情运营、传播造势时，可以灵活运用以达到更广的覆盖。

表1　2022年上半年月活用户过亿的新兴销售渠道App

项目	微信	抖音	快手	微博	哔哩哔哩	小红书	头条	知乎
月活用户	12亿+	6.8亿+	5.87亿+	5.82亿+	3亿+	2亿+	2亿+	1亿+
定位	通信工具 生活方式	国民短视频平台 记录美好生活	国民短视频平台 拥抱每一种生活	随时随地发现新鲜事	弹幕 番剧 直播 高清视频	你的生活指南	新闻资讯平台	问答平台

续表

项目	微信	抖音	快手	微博	哔哩哔哩	小红书	头条	知乎
上线时间	2011 年 1 月	2011 年 1 月	2011 年 3 月	2009 年 8 月	2009 年 6 月	2014 年 8 月	2012 年 8 月	2011 年 1 月

资料来源：QuestMobile TRUTH 中国移动互联网数据库 2022 年 6 月数据。

梳理这些“国民级”应用的现状，大致可以从用户层面（如用户数量、使用时长、区域分布、年龄分布、性别分布）和平台层面（如主要功能、社区规则、社区氛围、流量分配机制）两个维度展开。不同网络平台有着不同的定位，这些能在互联网“强者恒强、赢者通吃”的竞争游戏中存活下来的平台，都是各自领域的佼佼者，里面都蕴含众多商业、创业机会。

短视频与直播间是孪生相伴的视频类应用，短视频负责种草、直播间负责带货。这里对最受关注的短视频与直播的内容型平台进行比较，分析其各自不同的平台社区文化，了解电商直播间的运营逻辑（见表 2）。

表 2　三大短视频与直播的内容型平台比较

项目	抖音	快手	视频号
口号/Slogan	记录美好生活（对内容消费者友好）	拥抱每一种生活（对内容创作者友好）	记录真实生活（每个人都是独立创作的个体）
活跃用户数/Daily Active User（DAU）	DAU 峰值 6 亿人	DAU 峰值 3 亿人	DAU 峰值 3 亿+人
使用时长	约 33 时/月	约 25 时/月	约 9.5 时/月
内容运营	重人工运营	早年运营干预相对小，加强运营中	运营未完全干预
分发机制	内容质量权重高 社交关系权重低 运营干预相对大 点赞率>评论率>转发率	相对去中心化 社交关系权重更高 运营干预相对小，后期加强运营 评论率>转发率>点赞率	去中心化，社交推荐+算法推荐 社交关系权重高 运营干预小 点赞率>评论率>转发率
创作者生态	对优质内容生产者友好，粉丝头部集中度高	粉丝和达人之间链接强，粉丝分布相对均衡	个人品牌 IP 从私域走向公域流量，粉丝分布相对均衡

续表

项目	抖音	快手	视频号
用户生态	一、二线用户比例高，用户增速快，被动接受内容推送。粉丝互动性低，看到优质内容概率高，但不利于长尾内容分发	下沉时长用户多，用户增速平稳，半主动选择观看内容。粉丝互动性高，看到中长尾内容概率高，消费者交互体验相对欠佳	朋友圈用户，地域分布均衡，被动接受内容推送。粉丝互动性适中，看到具备社交关系内容概率高，有利于优质内容分发
商业化变现	适合平台主导的变现方式，例如信息流广告	适合平台主导的变现方式，例如信息流广告	适合私域流量变现，包括广告、直播带货等

资料来源：笔者根据公开数据整理。

抖音依托自身强大的算法推荐机制，以内容为中心，快速完成了用户规模的扩张，并迅速开启了商业化的进程，在广告营收上一骑绝尘，然后转战电商，打造了“交个朋友”直播间作为标杆，确立了以内容筛选创作者的赛马机制，形成了极度有利于平台的生态发展模式。

快手则强调适合下沉市场的“老铁文化”，在初期孵化出有代表性的头部主播阵营，“家族式”发展的主播群体靠“老铁信任”为平台创造了直播带货业务的繁荣，但流量在头部主播的聚集却也让快手受困于此。几经努力，快手才缓解了对头部主播的依赖，但也给“老铁文化”带来一定的挑战，亟须重塑新的“基因”。

视频号沉下心探索适合自己的内容调性，努力培养用户行为习惯，完成了第一轮有效探索，平台的流量红利正在培养一大批平台原生创作者快速成长，同时也吸纳了众多从其他平台迁移过来的创作者和商家。

这三大平台的早期用户是原始的成长推动力，以用户在内容上的停留时长和点赞、评论等互动行为评判每一个内容，对平台的内容调性有着重大影响，这也是三个平台形成鲜明“文化”差异的“种子基因”，在某种程度上也决定了平台发展的天花板。

国内互联网格局已相对固化，除了互联网巨头的局部竞争，留给新进入者的机会微乎其微。直播电商关系比较紧密，这几大“国民级”App 成为当下“互联网创业”用户的主流平台，为了发展用户、留住用户，平台必须依托众多的创作者来生产内容，并通过流量的分配机制引导、调剂创作者的内容调性，满足用户多样化的内容消费需求，而创作者自行制定规则的空间已经很小了，除了必须遵守国家政策法规外，还得遵守所在平台制定的规则。

此时的竞争不再仅是用户数量，而是比拼用户停留时长、单用户价值贡献等更深层的指标。区块链、AR/VR、AIGC 等元宇宙相关技术的迅猛发展为广大从业者带来了新的期待，希望新一轮的技术迭代为直播领域开辟出新的市场领地。

（二）AIGC 在电商 C 端市场的主要应用情况

AIGC，即 AI Generated Content，直译为人工智能生成内容。AIGC 包括文本、图片、视频、音频及其他数字内容，可以用于营销、娱乐、创作等不同场景中。

伴随应用级智能产品的推出，用户对 AIGC 领域的关注度持续走高，市场需求促成典型新媒体平台内容互动量新的增长机遇。QuestMobile 2023 年 2 月数据显示，关注“AIGC”内容的用户男性、年轻化特征明显，新技术发展讨论氛围相对浓厚的一线城市及新一线城市占比偏好突出（见图 1）。

AIGC 应用领域广泛分布在泛娱乐、咨询传媒、电商购物、办公、教育学习、金融、医疗、工业等多领域，2023 年 3 月 QuestMobile TRUTH 中国移动互联网数据库显示，线上交易应用场景月活跃用户规模排名前三的是移动社交、移动视频和移动购物（见图 2）。

QuestMobile GROWTH 2023 年 2 月用户画像标签数据库数据显示，“AIGC 兴趣用户”月人均使用时长及使用 App 个数均明显高于全网平均水平，分别达到 160.5 小时、36.7 个，白天时段活跃度稳定在八成以上，零点仍有接近四成的活跃度。“AIGC 兴趣用户”深度的触网习惯在抖音等平台中表现出明显偏好，尤其在短视频方面更为突出。同时，相较于全网用

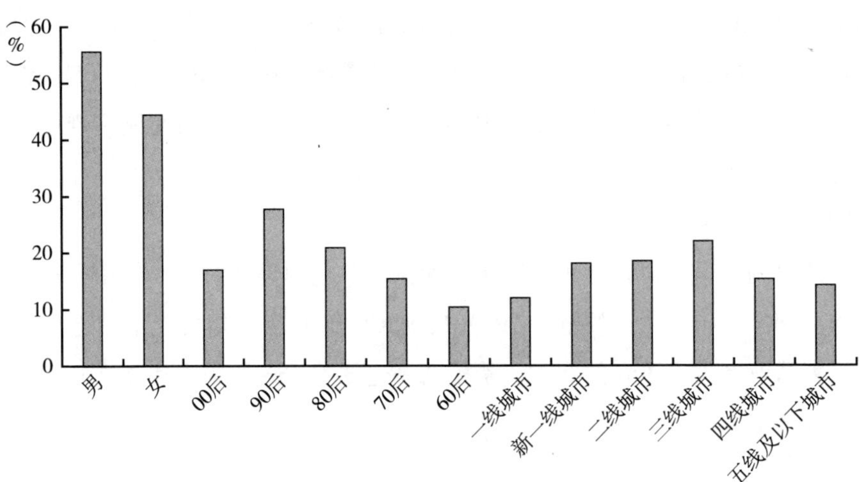

图 1 “AIGC”相关关键词在典型新媒体平台内容互动活跃用户画像

注：1. 内容互动量：统计周期内，某关键词相关发稿内容的总互动数（点赞+评论+转发）；2. 新媒体平台包括抖音、快手、微博、小红书、哔哩哔哩、微信公众号；3. 活跃占比TGI：目标人群某个标签属性的月活跃占比除以全网具有该标签属性的月活跃占比×100%，图 1 中男、女、00 后、90 后、80 后、70 后、60 后、一线城市、新一线城市、二线城市、三线城市、四线城市、五线及以下城市的 TGI 分别为：109. 9、89. 9、138. 2、149. 8、102. 6、78. 7、54. 8、141. 0、113. 1、104. 2、91. 7、86. 8、87. 6。

资料来源：QuestMobile GROWTH 用户画像标签数据库 2023 年 2 月数据。

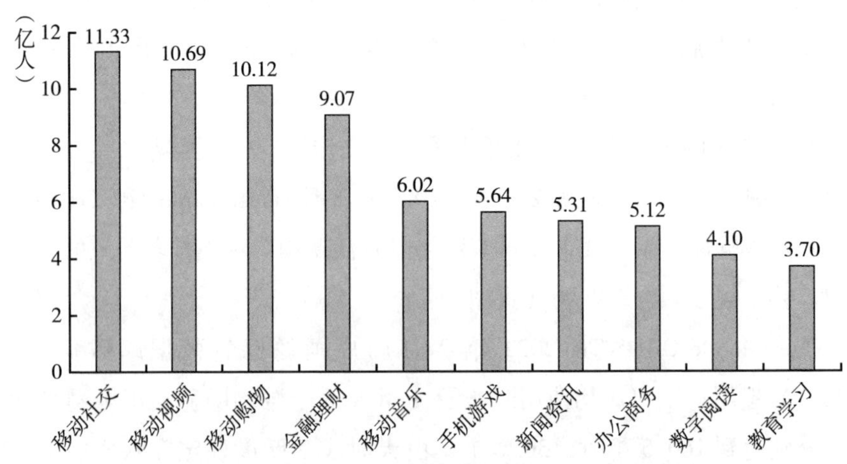

图 2 2023 年 3 月线上交易应用场景月活跃用户规模

资料来源：QuestMobile TRUTH 中国移动互联网数据库 2023 年 3 月数据。

户，该群体具有较高的线上消费意愿和能力。[①]

“AIGC 兴趣用户”在用户停留时长、单用户价值贡献等方面似乎为当下直播电商的发展瓶颈提供了一种解决方案，在降本增效以及带来新增量方面的可实现价值较高。

二　基于电商直播间运营机制的 AIGC 典型应用

（一）电商直播间的运营机制（以抖音 App 为例）

抖音是拥有 8 亿多用户的“国民级”应用，人均单日使用时长已超过 2 小时，这些数据意味着抖音用户娱乐消遣习惯的改变，以及潜在的获取信息、购物消费路径的转变。

算法是抖音的核心能力之一，而标签则是算法的基础。当用户注册了抖音账号后，通常会扮演两种不同的角色：一种是普通的“看客”，看直播或短视频；另一种是“内容创作者”，开直播或发布视频。抖音为了推荐合适的内容给合适的看客，就需要给每一个内容、每一个看客都打上标签，然后通过算法，给两边做精准的匹配。算法不认识企业、不认识品牌，只认识标签，根据数据反馈来做推荐，大品牌和白牌都在同一个起跑线。对于直播电商而言，需要认真对待标签，尽量让发布的内容、开播的直播间都能被打上准确的创作者标签，以便系统快速、清晰、稳定地辨认，然后系统通过算法匹配，把内容推送给真正合适的用户。

接下来就是抖音的审核机制，电商在直播间发布信息时，就会有一道机器自动审核，通过后就进入层层的赛马机制选拔，在此期间内容曝光数量会逐步增加，当到达 10 万左右曝光量时，就会有人工介入审核，只有通过人工审核的内容，才可能获得更高等级的曝光量。对于有一定流量的直播间，都

① 《QuestMobile2023“AIGC 兴趣用户”洞察报告：AI 绘画用户超千万，大厂创业者抢布局，移动互联网新风口已至》，QUESTMOBILE，2023 年 4 月 11 日，https://www.questmobile.com.cn/research/report/1645677910684700674。

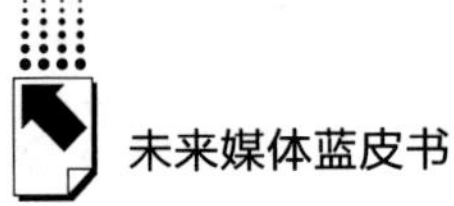

会有算法机器人实时陪伴，算法机器人监控着直播间的场景背景、主播行为、粉丝互动、语言交流、背景音乐等细节。审核会从画面形式、画面内容、字幕、文案文本、音乐等方面全方位进行。搬运其他账号的视频、带有暴力血腥或色情低俗画面的视频，都属于违规内容。表3列举了抖音直播间常见的违规行为和违禁词，一旦被判定违规，就可能会停播或封号，甚者申诉都不一定救得回来。

表3　抖音直播间常见的违规行为和违禁词一览

<table>
<tr><td rowspan="5">违规行为</td><td colspan="2">引导私下交易</td></tr>
<tr><td colspan="2">材质虚假</td></tr>
<tr><td colspan="2">功效虚假</td></tr>
<tr><td colspan="2">诱骗秒杀/活动信息不规范</td></tr>
<tr><td colspan="2">广告禁用词</td></tr>
<tr><td rowspan="7">违禁词明细</td><td>包含“最”及相关词语</td><td>最、最佳、最具、最赚、最优、最好、最大程度、最高级、最高档、最奢侈、最受欢迎、最先进科学、最先进科技、最新科学、最先进加工工艺等</td></tr>
<tr><td>包含“一”及相关词语</td><td>第一、中国第一、全国第一、全网第一、销量第一、排名第一、第一品牌、NO. 1、TOP. 1、仅此一家、仅此一次（一款）等</td></tr>
<tr><td>包含“级/极”及相关词语</td><td>国家级（相关单位颁发的除外）、全球级、宇宙级、世界级、极品、极佳（绝佳/绝对）、极致、顶级、顶级享受、终极等</td></tr>
<tr><td>包含“首/家/国”及相关词语</td><td>首个、首选、全球首发、全国首家、全网首发、首款、首家、独家（未提供依据事实的前提下）、独家配方、全国销量冠军、国家级产品、国家领导人、填补国内空白等</td></tr>
<tr><td>表示权威等禁忌词</td><td>国家领导人推荐、国家机关推荐、国家机关专供（特供）、国宴专用、人民大会堂、全国人大、军队或相应缩写、政府定价等凭借国家、国家机关或工作人员名称进行宣传的用语；驰名商标、质量免检、国家免检等宣称质量无须检测的用语</td></tr>
<tr><td>虚假承诺和高风险诱导类的</td><td>包过、一本书学会、一套题学会、一次通过、一次通关、保过、高考升学率、高考移民、不用学直接选等；保值、升值、升值回报、立马升值、投资价值、投资回报等</td></tr>
<tr><td>表示绝对、极限且无法考证的词语</td><td>世界领先、行业领先、领先上市、世界/全国X大品牌之一、领袖品牌、领导品牌、领导者、缔造者、王者、问鼎、至尊、巅峰、之王、性价比之王、顶级工艺、王牌、销量冠军等；绝无仅有、前无古人、史无前例、万能、绝对、永久、无敌等虚假或无法盘算真伪的夸张性表述词语</td></tr>
</table>

续表

违禁词明细	涉嫌迷信宣传的	明器、旺夫、旺子、带来好运气、增强第六感、逢凶化吉、避凶、辟邪、防小人、化解小人、增加事业运、招财进宝、健康富贵、提升运气、有助事业、护身、平衡正负能量、消除精神压力、调和气压、时来运转、万事亨通、旺人、旺财、旺宅、镇宅、消灾、挡灾、助吉避凶、转富招福等
	与欺诈有关、涉嫌欺诈消费者的	点击领奖、恭喜获奖、全民免单、点击有惊喜、点击获取、点击转身、点击试穿、点击翻转、领取奖品、秒杀全网、大亏特亏、非转基因更安全等
	医疗器械/滋补膳食/保健食品类商品	评比、排序、指定、推荐、选用、获奖、无效退款、保险公司保险、不反复、三天即愈、无效退款、根治、比手术安全、包治百病、一盒见效、彻底康复、无副作用、立马见效、零风险、无毒副作用、无依赖、安全、热销、抢购、免费治疗、免费赠送等

资料来源：笔者根据公开数据整理。

在抖音一整套严格的推荐流程和筛选机制下，内容的质量是被系统用数据评判的，因此，直播间优质内容生成的难度系数被不断提高。系统算法通过标签分析，把直播间匹配给潜在的在线用户，然后通过一系列的指标考核，主要是内容类指标、转化类指标和体验类指标，在同期开播的、同类直播间之间进行“赛马”，筛选出综合表现更好的直播间，给予流量奖励。每天数 10 万的直播间，在 6 亿~7 亿用户的手掌上或划过或停留，缔造了繁荣的抖音生态，也给直播电商的内容创作带来更大的难度和挑战。

（二）AIGC 在直播间的典型应用

AIGC 的算法生成主要通过制定规则来生成新的数据，随着技术的进步，相关应用生成的内容质量越来越高，可逐步适应新兴渠道营销的需求。

1. 直播间运营的核心要素

直播间的核心要素是“人”“货”“场”，这三大核心要素的运营是电商能力建设的重要一环，直播间场域氛围与状态的控制能力是运营稳定的先决条件。

“人”，通常指主播或直播团队，在实际运营中，可泛指为主播、助播人员以及目标客户群体。其运营要点是主播能有效吸引目标客群，能发挥亲和力和号召力，建立与潜在消费者之间的亲密关系。其技术难点有两方面，一是主播工作状态难以恒定不变以及对突发状况的应变能力有限，不能通过一己之力“闯”过直播间的层层筛选；二是主播无法 24 小时不间断播报，这会造成闲时流量丢失等问题。

“货”，指直播间内推荐的货品以及推荐过款的排品顺序。“货”是零售场域内的核心要素。货品之间的关联性、目标客户群体的一致性、价格区间的互补性以及直播间货品上架的先后顺序，都会给直播间的产出带来较大的影响。其运营要点是针对每场直播，配置排品框架，再根据开播后的实际销售结果，累积数据反馈做深入分析，逐步汰换、优化选品和产品组合方式。其技术难点是数据化选品，即基于持续追踪和分析直播数据，在直播商品中选出有潜力的优势爆品，然后为每个类别搭配相应的数量，进而形成一个选品汰换的活水机制，即科学的选品组货方法。

“场”，通常指直播间场景本身和氛围设计。通常，物理场景由空间和设备组成，氛围设计是基于用户的感知而创造的情境和氛围。其运营要点是让看播用户愿意多停留、多下单，通常我们在各个平台上看到的带货直播间，呈现的场景多种多样、举不胜举，但其目的是一致的。其技术难点是场景、氛围设计对用户情感、情绪的挖掘。

2. AIGC 在直播间的典型应用

（1）图片、音视频生成类应用

2022 年，在美国科罗拉多州博览会举办的年度艺术大赛上，由 AI 绘画工具 Midjourney 生成的数字油画《太空歌剧院》获得了第一名，使 AI 绘画工具迅速破圈，成为舆论焦点。从最初缓慢而拙劣的图像描绘，到现在高速而精美的影像生成，AI 绘画经历了非常多次的技术迭代。在 C 端市场上，随着 Midjourney 和 Stable Diffusion 等应用的出现，消费者逐步意识到 AI 绘画时代的到来。

QuestMobile 数据显示，AI 绘画类应用在 2022 年 11 月迎来了首波活跃高峰，多款 App、微信小程序设计活跃用户规模达百万。①

---

① 《QuestMobile2023“AIGC 兴趣用户”洞察报告：AI 绘画超千万，大厂创业者争抢布局，移动互联网新风口已至》，QUESTMOBILE，2023 年 4 月 11 日，https：//www. questmobile. com. cn/research/report/1645677910684700674。

AI 绘画类应用集中爆发，互联网大厂在 C 端市场布局，腾讯、百度、快手等纷纷推出了 AI 绘画产品（见表 4）。抖音推出的 SSS 级“今日头条 AI 绘画”产品，在 AIGC 方向有极大的潜在应用价值，其通过大规模的数据训练，已经达到了通过简单的文字等信息引导，控制生成任意场景的图片、视频等的水平。除此之外，抖音还推出了音频、视频的 AI 创作产品，为内容创作者提供更多创新的可能。

表 4　列举互联网大厂、新兴渠道类 App 在 AI 绘画、音视频方面推出的应用

公司	AI 绘画	音频创作/编曲	视频创作/编辑
腾讯	QQ AI 绘画	启明星音乐助手	腾讯智影
百度	文心一格		
抖音	今日头条 AI 绘画	海绵乐队	剪映
快手	AI 绘画		快影

资料来源：笔者根据 2022 年 11 月 QuestMobile TRUTH 中国移动互联网数据库、2023 年 4 月 QuestMobile 研究院数据及公开资料整理。

AIGC 绘画以其孪生能力、编辑能力及创作能力在娱乐、购物领域互联网平台上初露锋芒，并带动音频、视频等 AIGC 应用蓄势待发，通过营销、作品及衍生品等多种商业形式完成变现。

电商希冀新技术在场景制作上带来新突破，但对于大多数用户来说，又困惑于无从下手，认为使用过程复杂，不知如何从中获利。

以目前被广泛关注的 AIGC 绘画软件 Midjourney 和 Stable Diffusion 为例，这里列举二者的几项关键指标仅供技术分析层面的参考（见表 5）。

表 5　两种 AIGC 绘画类应用比较

项目	Midjourney	Stable Diffusion
使用便捷性	入门简单、易操作	入门难、学习成本高
计费方式	收费	开源免费
使用方式、硬件要求	在线使用/对电脑配置要求不高	本地部署/电脑配置要求高(尤其是显卡)
绘画效果	质量好,出图绚丽多彩	质量较好,出图效果与操作的熟练程度有关
内容生成	有限制	无限制

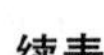

续表

项目	Midjourney	Stable Diffusion
图片可拓展性	出图可控性较差	高度拓展,不局限画风、人脸、姿势、建筑结构等
图片版权	归 AI 创作者所有	归工具使用人所有
用户数量	较多	非常多
发展速度	缓慢	迅速

资料来源：笔者根据公开数据整理。

开源免费的 Stable Diffusion 可以通过简单的文本命令和数据参数的设定生成精美图像。同时，因为它是开源的、具备高度拓展性的，未来很可能会有大量设计者为其赋予更加强大的功能。对于直播电商而言，Stable Diffusion 高效和实用的图像生成系统，可以为直播间灵感和资源的获取提供更多可能（见表 6）。

表 6 Stable Diffusion 可应用于直播间主要场景的假设

技术	实现方法	拟应用场景
文字生成图片	理解文字命令生成图像	人物、背景生成
图片生成图片	在已有图像上修改、创新	重绘模特、背景
绘画风格训练	通过对某种绘画风格图像的学习,训练出该风格的绘画技巧	人物、背景生成
人物训练	训练一个人物的多张照片,生成该人物模型,通过插件可控制人物姿态	虚拟人物
自然语义分割	对图像场景的多个元素主题识别、分割,创造新模型	虚拟背景

资料来源：笔者对相关内容的梳理。

直播间“场”的搭建至关重要，它涉及空间布局、布景风格和设备架设，要匹配品牌调性或者主播人设的布局方式和布景设计风格。鲜明、个性化的场景可以实现消费态度的有效传递并实现销售转化。通常直播间氛围设计要综合运用空间、环境、音乐、光线、色彩等元素的组合，创造情感共鸣，增强用户与品牌或空间的联系和互动，达到为用户带来新奇体验并促进购买欲望的目的。

氛围设计的不断创新和定期更换，造成较大的财力和智力损耗，而

AIGC 在图像、音视频跨模态生成以及角色场景制作等应用领域的技术加持，为企业在直播领域创造了新的发展机遇。

（2）3D 模型类应用（虚拟数字人）

伴随 AIGC 的发展，数字人被赋予了更强大的内核，相较于传统主播，数字人主播稳定性好、互动性强、管理成本低，还可以不间断播报，抢占闲置流量。

在 KOL（Key Opinion Leader，营销学中对某领域购买行为产生较大影响力的人）领域，虚拟 KOL 多为二次元或科技元素形象，凭借优质内容吸引用户关注，收获粉丝群体。虚拟数字人技术日臻完善，例如洛天依、柳叶熙等人为打造的数字虚拟偶像，对“AIGC 兴趣用户”吸引力极大。随着数字人技术更强大内核的出现，其应用领域不断扩展。

虚拟数字人从技术角度可分为交互型和非交互型两大类。

交互型虚拟数字人具有较强的商业潜力，它基于 AIGC 技术，不仅可以模拟真人的行为和情感，还可以自我学习、交互和进化。它又可分为真人驱动和算法驱动。真人驱动，就是数字分身，通过一小段真人的视频和声音，重构出完整的虚拟人物形象，并且让这位虚拟人物能够自然而流畅地表达自己的思想。这种通过深度学习模型构建的虚拟数字人适用于公众服务类角色扮演。算法驱动，则更适合为直播电商塑造具备 IP 属性的虚拟数字人主播或直播间虚拟助手，在 AIGC 的赋能下，提高虚拟主播在直播场景应用中的识别感知能力和分析决策能力，可累积企业的数字资产。

非交互型虚拟数字人最先出现在游戏、社交娱乐领域，是真人形象在虚拟世界里的具象表达。虚拟 KOL 多为二次元或科技元素形象，凭借优质、新奇的内容吸引用户关注并收获粉丝群体，适用于 MCN（Multi-Channel Network，服务于新的网红经济运作模式的各类机构总称）偶像经营。

相较于传统品牌 IP，虚拟数字人以其较高的可塑性和灵活性，更加适用于高频、高互动的直播间，成为当下品牌营销的重要辅助手段。它不仅能为品牌代言、直播带货和直播打赏，还能增强品牌和客户的情感联系，并跟随品牌营销策略不断调整和创新。

随着虚拟数字人价值不断凸显，许多企业在品牌营销创新上尝试使用虚拟数字人以期带来更多的可能性，希望通过合作或自建虚拟数字人实现品牌圈层壁垒突破，实现跨圈层传播。

在与虚拟数字人合作方面，2022 年 2 月，百度推出首个实现 AIGC 的数字虚拟人“希加加”，该数字人能够进行 AI 思维创作，具备自主学习能力。“希加加”推出不久，就与快餐巨头麦当劳合作，通过裸眼 3D 技术创造了“吃汉堡的数字人”广告，并与麦当劳店铺呼应，引领场景式营销新趋势。2022 北京时装周上首创虚拟互动体验空间，运动鞋服品牌安踏携手数字虚拟人“希加加”首秀时装周“时尚元宇宙”，通过虚拟技术创造多维度沉浸式体验，推出“氮科技”运动产品，带动产品数字化转型的同时，为时装产业注入新动能。品牌与虚拟偶像合作，有助于拉近与新生代消费群体的距离，提升产品创新能力和多元化的品牌形象，实现企业产品数字化转型。

在自建虚拟数字方面，打造虚拟代言人以及对数字资产的积累越发被企业重视，企业可依据自身需求，灵活调整和使用虚拟数字人。2023 年 2 月QuestMobile NEW MEDIA 新媒体数据库显示，典型虚拟 KOL 去重活跃用户数 & 总粉丝数排名榜首的“一禅小和尚”，其去重总粉丝数达 5756.5 万人、去重活跃用户数为 1953.1 万人。“一禅小和尚”是 MCN 机构苏州大禹网络科技有限公司原创 3D 动画《一禅小和尚》的主人公，剧中他聪明可爱、调皮机灵，和师父阿斗老和尚上演着有趣温情的故事，备受观众喜爱。由此衍生的抖音 ID“一禅小和尚”的迅速走红，得益于 MCN 机构出色的运营技巧，是虚拟数字人拉动新兴销售渠道新增长点的体现。

在品牌方面，虚拟数字人同样表现不凡。2021 年 6 月，美妆品牌花西子推出虚拟数字人“花西子”，这是首个展示东方美的超写实虚拟数字人形象。该数字人形象紧扣品牌释义，基于中国面相美学的妆发设计诠释品牌内涵，借助数字人形象，打破虚拟与现实的隔阂，拉近与新生代美妆消费群体的距离，强化品牌独特的 IP 形象。2022 年 12 月，蒙牛集团向全球公布其首位虚拟员工“奶思”，并在快手账号“蒙牛牛奶旗舰店”上直播首秀，游牧族形象的超现实虚拟数字人“奶思”鲜活、逼真，吸引了年轻群体的关注，直播间点赞数和评论数明显提升。2023年3月，蒙牛集团总裁卢敏放与虚拟数字人“奶思”在快手直播间里同屏对话、携手带货，快手运用虚拟直播间助手输出“奶思”的实时驱动画面，与总裁卢敏放的真人画面虚实融合，强化了视觉体验的代入感。该虚拟直播间还有支持多平台推流直播的功能，也让多平台同步直播成为可能。

AIGC解锁了虚拟数字人在直播间应用场景的各种可能性，直播电商不断创新内容创作的方式和方法，让直播带货更有趣味性和新奇感，推进品牌在新媒体互动，品牌年轻化、拟人化等方面不断加速。

三　AIGC在电商直播间运用的短板和挑战

（一）技术、商业层面的短板

AIGC给直播间的内容创作、运营模式等方面带来无限可能，也催生了电商、个人用户对内容创作更加旺盛的需求。从技术和商业层面看，AIGC在直播间的应用依然面临很多挑战。

1.技术层面的不足

（1）图片类AIGC

虽然图片类AIGC应用给看播者带来极大的新奇感和趣味性，但从电商角度看，缺陷仍比较多。例如出图稳定性欠佳的问题，诸如Stable Diffusion，虽然开源免费还可本地部署，但对设备和操作者的要求较高。在直播间里，AI绘画工具的分割抠图功能已达到将人物的发丝、各类面料服饰的边缘从复杂背景中提取出来的能力，但细节仍需打磨，视觉效果有待提升。

（2）视频类AIGC（虚拟数字人视频生成）

虚拟数字人直播带货有着真人主播无可比拟的优势，极具应用价值。但从技术本身来看，依然存在较多的局限性。AI数字人模型训练成本高，需要依托大量高质量视频数据的采集和强大的算力支持，且耗费时间较长。虚拟数字人无法像人类一样具备情感和判断力，在生成视频时容易出现逻辑性差或动作细节等方面不够自然逼真的问题。

AIGC 是伴随着人们对神经网络研究的不断深入而逐步演进的。现代神经网络模型的结构非常复杂，需要在海量数据和深度学习的推动下，才能实现模拟人类的逻辑推理能力。尽管新一代模型在文字、语音、图像、视频、代码等方面都有不错的表现，但也暴露出不少问题，诸如稳定性未达到可以投入实际生产水平、人机协作能否提升生成内容的可控性不确定等。目前已有一些模型可以进行定制化等微调，但在实际商业需求的适配上还要经历一个曲折的过程。

2. 商业运营上的困难

（1）成本问题

理论上，AIGC 应用可以为直播电商降本增效，但 AIGC 的盈利模式尚不清晰，图片生成、虚拟数字人自建的训练时间和技术成本依然居高不下，还不能满足普通用户的需求。对于广大电商来说，AIGC 应用于直播间必须达到两个条件，一是满足成本核算需要，二是内容生成准确。一般来说盈利是直播电商运营的首要目的，而内容生成准确是突破抖音等平台内容筛选机制的重要前提，前面我们说过，一旦内容违规，其经济损失不可小觑。

（2）消费者认知不足

虚拟直播空间最先走入我国大众视野的是电视台晚会上豪华的虚拟现实技术的应用，但对于电商直播间运营来说，终极目的是销售产品而不是炫耀技术。虚拟空间存在给消费者带来“虚假”感受的可能性，甚至是使消费者对产品存疑。毕竟，C 端市场对 AIGC 的认知尚不足，大规模应用虚拟视频生成技术的时机还不够成熟。

（二）法律监管、道德伦理的挑战

1. 法律监管

AIGC 生成技术的出现，是对版权保护的新挑战。模型基于大量原始素材、数据采集并训练生成的新数据，其中诸如肖像、声音等可能是有版权保护和使用限制的。目前市面上售卖的 AI 内容生成产品，也可能充斥着大量疑似侵权的内容，亟须法律的监管，引导在“正确使用”的前提下实现 AIGC 的商业价值。

2. 道德伦理

从道德伦理角度上看，AIGC 本身不具备人类复杂的情感和价值观的判断力，恶意训练数据很可能导致不安全的内容生成。例如开源的 AI 绘画类应用 Stable Diffusion 对生成内容基本不做审核过滤，其内容生成的无限制性和图片的高度可拓展性就可能造成恶性训练数据的行为，并带来色情、暴力等内容产生的风险，不利于 AIGC 市场的健康发展。

尽管抖音等电商直播平台有着层层把关的内容筛选机制，从道德、伦理方面对直播间的行为和话语进行限制和干预，但对于新兴的人工智能模型训练而言，潜在影响和风险还有许多是未知的和不确定的，需要相关法律政策的约束。

B.13

AIGC 对运动健康传播的影响（2023）

叶艳青*

摘　要： 随着科技的不断进步和社会的发展，AIGC（人工智能生成内容）在运动健康传播领域展现出了巨大的潜力和优势。AIGC 利用先进的人工智能技术和数据分析能力，能够快速、准确地生成丰富多样的运动健康内容，并在短时间内传播给更多的人群。然而，随着 AIGC 的广泛应用，在运动健康传播领域也面临一些挑战和风险。比如个人健康隐私和数据安全存在隐患、运动健康信息可信度和信息准确性不足、信息技术普及性差和数字鸿沟、运动健康信息过载和可理解性不足以及运动人群社交互动减少等问题。本报告针对这些问题提出对策建议，包括加强隐私和数据安全保护、建立权威机构监管和质量认证体系、加强公众运动健康素养和数字技术的普及教育、发展多专业融合的研发团队加强信息过滤以及设计功能应促进多样化的社交互动等。本报告旨在提供切实可行的、有针对性地对策建议，以促进 AIGC 在运动健康传播中的应用和发展。

关键词： AIGC　运动健康传播　健康中国

运动健康传播是指通过各种渠道和媒介向公众传播与运动和健康相关的知识、信息和建议。它对个人和社会的健康和福祉具有重要影响。然而，目前的运动健康传播仍存在一些问题，如信息传播效率低下、缺乏个性化建

---

* 叶艳青，管理学硕士，厦门理工学院体育部讲师，主要研究方向为运动健康传播。

议、传播内容单一等。随着人工智能技术的快速发展，人工智能生成内容（AIGC）作为一种新兴技术在运动健康传播领域开始广泛应用。在实际应用中，AIGC 可以用于快速、准确地传播运动健康知识，提供个性化的运动建议和创造新颖的媒体形式，对促进健康意识和改善人们的运动习惯具有重要意义。

本报告的研究目的是探讨 AIGC 在运动健康传播中的应用和潜在影响，并提出切实可行的、有针对性地对策建议。通过对 AIGC 在运动健康传播中的应用进行深入分析，可以更好地了解其对传播效果和效率的影响。同时，结合最新的行业数据，提出基于实际情况的建议，可以帮助相关机构和从业者更好地利用 AIGC 技术推进运动健康传播工作，提高传播效果并提升用户体验。

一　AIGC 与运动健康传播的环境分析

（一）政策背景

国家重视体育健康事业的发展，习近平总书记在不同场合多次强调健康是人民幸福生活的重要基础，强调要坚持预防为主、全民参与的原则，推动形成全社会共同参与、全民共同建设的良好氛围。政府不断出台相关政策予以支持，推动大众运动健康意识的觉醒。2016 年 10 月印发的《“健康中国 2030”规划纲要》明确了健康领域的发展目标和路径，提出了“健康优先、改革创新、科学发展、公平公正”的基本原则，围绕健康促进、健康教育、健康服务和健康保障等方面，提出了一系列的政策措施和目标。① 2021 年 8 月印发的《全民健身计划（2021—2025 年）》提出了全民健身的目标和任务，要求到 2025 年，全民健身公共服务体系更加完善，人民群众体育健身

① 《中共中央国务院印发〈“健康中国 2030”规划纲要〉（全文）》，环球网，2016 年 10 月 26 日，https：//m. huanqiu. com/article/9CaKrnJYhH7。

更加便利，健身热情进一步提高，各运动项目参与人数持续提升，经常参加体育锻炼人数比例达到 38.5%，带动全国体育产业总规模达到 5 万亿元。[①] 2022 年 5 月 20 日印发的《“十四五”国民健康规划》提出了要深化体卫融合，举办全民健身主体示范活动，倡导主动健康理念，普及运动促进健康知识等。[②] 随着健康中国建设的深入推进，党中央高度重视人民群众的身体健康和全民健康素养的提升。

（二）传播价值

当前，人们的生活方式普遍趋向于久坐，大部分人缺乏运动，健康状况逐渐下滑。运动健康传播作为促进健康中国建设的重要手段之一，具有重要的意义和价值。首先，运动健康传播有助于提高人民群众的健康意识和健康知识水平。人们可以了解到科学合理的运动方式和健康饮食、预防疾病的方法等，从而提高对自身健康的认识和关注，形成积极健康的生活方式。其次，运动健康传播对于改善人民群众的运动习惯和促进全民参与运动具有重要意义。通过运动健康传播，可以向人们传递运动的重要性和益处，鼓励人们积极参与运动活动。尤其在党中央提出要加强全民健身的号召下，运动健康传播扮演着重要的角色，可以激发人们的运动兴趣，改善人民群众的运动习惯，推动全民健身的实施。最后，运动健康传播对于提高公众健康水平、预防疾病和减少医疗负担具有积极影响。运动被广泛认为是预防和控制多种疾病的重要手段之一。通过运动健康传播，可以引导人们采取积极健康的运动行为，从而降低如心血管疾病、肥胖症、糖尿病等的患病风险，提高健康水平，提高生活质量和幸福感。

（三）市场环境

人民健康意识快速提高，全球范围内的运动健康市场规模不断扩大。体

① 《国务院关于印发全民健身计划（2021—2025 年）的通知》，中国政府网，2021 年 8 月 3 日，https：//www. gov. cn/zhengce/concent/2021-08/03/content_5629218. htm。

② 《国务院办公厅关于印发“十四五”国民健康规划的通知》，中国政府网，2022 年 5 月 20 日，https：//www. gov. cn/zhengce/zhengceku/2022-05/20/content_5691424. htm。

育产业快速扩张，逐渐成为全球经济的重要支柱。至 2023 年全球体育产业总产值约 4000.00 亿美元，并以每年 20.00%左右的速度增长。据普华永道统计，全球体育产业在 2014~2019 年的平均增长率为 7.40%，产业增长趋于稳定，预计 2020~2025 年全球体育行业增长率为 6.40%。据 Allied Market Research 数据，2021 年全球健身器械市场规模为 111.00 亿美元，亚太地区市场规模为 25.00 亿元，2021 年亚太地区居家健身市场规模占全球的 22.50%，这一比例预计在 2027 年增至 24.90%，此外，全球和亚太市场的年均复合增速分别为 7.20%和 9.20%，亚太地区发展略快于全球。[①] 2022 年以来，随着国内经济逐渐复苏，人们的健身意识和需求被源源不断地挖掘及释放，人们的健身行为变得更加多元化，互联网健身、家庭健身概念也逐渐渗透到人们的日常生活中，预计我国居民人均体育消费支出将不断增加，未来国内体育消费市场及细分的健身消费市场均存在巨大的增长空间，全球范围内的运动健康市场规模将不断扩大。

人们获取运动健康相关信息的方式也发生了转变。过去，人们可能主要通过传统的媒体渠道，如电视、报纸和杂志等来获取健康信息。现在，越来越多的人通过移动设备上的健康应用、社交媒体和健康网站等途径获取运动健康相关的信息。这种转变使得运动健康信息能够更加及时、便捷地传送到广大用户手中。智能手机在过去几年取得了惊人的发展。根据 Statista 的数据，截至 2021 年，全球智能手机用户达到 14.40 亿人，而 2023 年这一数字将超过 17.00 亿人，预计智能手机用户将继续稳步增长。[②] 移动设备的便携性和互动性使得用户能够随时随地获取运动健康信息。无论是在家中、工作场所还是在户外，用户都可以通过移动设备获取有关健身锻炼、运动建议和健康知识的内容。而且，通过移动设备用户还可以与其他健康爱好者进行交流互动，分享自己的健康经验和成果，激发更多的健康动力。这些移动应用

① 《全球健身意识逐步增强，健身产业消费群体不断扩张》，bilibili，2023 年 5 月 10 日，https：//www.bilibili.com/read/cv23584811。

② 《2023 年全球智能手机市场分析》，三个皮匠报告，2023 年 5 月 25 日，https：//www.sgpjbg.com/info/8847d5fb46a965d9710cf251c5f7e843.html。

包括健身指导、健康记录、饮食计划、运动跟踪等功能，为用户提供了个性化的运动健康服务。根据数据调研机构 data. ai 有关 2022 年移动市场的最新报告，2019 年全球健身和运动类移动应用的下载量约为 19. 7 亿次，2021 年达到了 24. 8 亿次。[①] 运动健康行业市场需求巨大。随着移动技术的不断发展和人们健康意识的增强，运动健康信息的传播和应用将会进一步拓展，为全民健康和健康中国建设带来积极的影响。

《2023 年中国 AIGC 行业发展研究报告》显示，随着 AIGC 技术的日益成熟，市场规模将快速增长，预计到 2028 年达到 2767. 4 亿元。[②] 自以 ChatGPT 为代表的 AIGC 走红开始，其巨大的应用潜力就被医疗健康行业所关注。

二　AIGC 在运动健康传播中的应用

（一）快速普及和推广运动健康知识，提高传播效率

AIGC 具有快速、准确和大规模传播的能力，可以在短时间内将运动健康知识传播给更多的人群。相比传统的人工创作和传播方式，AIGC 可以利用计算机算法和自然语言处理技术在短时间内产生大量内容并传播，迅速满足用户对运动健康信息的需求，还可以通过大规模的数据分析和学习，为用户提供科学准确的运动健康知识和建议，避免信息误导和错误传播的问题。由于 AIGC 具有自动化和无人为限制的特点，它可以在全球范围内进行大规模的传播。无论是跨地区、跨国家，还是跨语言的传播，AIGC 都能够满足不同地区用户的运动健康信息需求。相对传统的运动健康自媒体平台内容输出效率来说，当某个编辑还在辛辛苦苦敲字选图、分析数据、剪辑视频的时

① 《2021 年健康、健身 App 总下载量近 25 亿，未来软硬件的新风口在哪?》，网易网，2022 年 6 月 6 日，https：//m. 163. com/dy/article/H95VPES405119GO7. html。

② 《AIGC 浪潮推动医疗变革，轻松集团健康科技赋能多样化健康场景》，人民政协网，2023 年 7 月 5 日，http：//www. rmzxb. com. cn/c/2023-07-05/3372430. shtml。

候，AI 已经完成了多项不同风格的运动健康新闻稿并传播完毕。2023 年 7 月 8 日，《AI 加速度：人工智能赋能运动健康创新应用案例集》在第六届世界人工智能大会上发布。该案例集由上海人工智能研究院牵头，联合上海交通大学、清华大学、上海体育大学、华为、百度、科大讯飞等顶尖的高校院所和 AI 龙头企业共同打造。该案例集旨在深度阐释 AIGC 等数字技术赋能运动健康、体育产业数字化、智能化发展的路径，面向全球广泛征集并精选编入了 23 个国内外典型案例，着力打造国际化、高端化、具有代表性、引领性的 AI 赋能运动健康创新发展的行业参考典范。① 我们必须承认，AIGC 正在成为助推运动健康领域快速发展的加速器。

（二）提供个性化的运动健康建议，满足不同人群需求

群众对运动健康传播的需求日益多样化。不同年龄、性别和兴趣的用户对运动健康的关注点和需求存在较大差异。比如，年轻人可能更关注如何通过运动锻炼塑造健美的身材，提高体能水平和运动技能，而中年人可能更关注如何通过适量运动维持身体健康和预防慢性疾病。男性和女性在运动健康方面的需求也不同。男性可能更关注增强肌肉力量和提高运动表现，而女性可能更关注塑造身材、减少脂肪和改善心肺健康。女性在生理周期和生育期等阶段对运动健康的需求也可能有所不同。不同人的兴趣爱好也会影响他们对运动健康传播的需求。有些人喜欢户外运动，如跑步、骑行和登山旅行；而另一些人更喜欢室内健身活动，如瑜伽、健身操和球类运动。因此，运动健康传播工作需要根据不同用户的兴趣爱好提供多样化的内容和建议。

AIGC 可以根据以上不同人群的个体特征和需求生成个性化的运动健康建议和指导。通过分析用户的健康状况、个人喜好和运动数据等信息，帮助用户制订适合自己的运动健康计划和目标。2023 年 5 月，健康保障科技平台轻松集团旗下轻松健康携手字节跳动旗下云服务平台火山引擎，推出首个

① 《谷歌再战微软！新款医疗问诊机器人上线丨2048 周报》，新浪网，2023 年 7 月 18 日，http：//k. sina. com. cn/article_1566530041_5d5f59f90010151nr. html。

基于 AIGC 的医患交互应用，为用户提供包括早筛视频报告、健康科普视频、每日智能用药提醒等多模态健康关爱内容，贯穿用户日常诊疗周期。①

（三）创新媒体形式，吸引更多人参与运动健康活动

在健康和健身大受欢迎的新时代，大众熟悉的社交媒体账号，比如微博、B 站和豆瓣，推出的健身账号越来越受人们的喜爱。根据艾瑞咨询研究院整理的《中国健康管理白皮书》，2022 年中国数字化健康行业格局如图 1所示，社交媒体平台成为人们获取运动健康信息和分享经验的重要渠道。

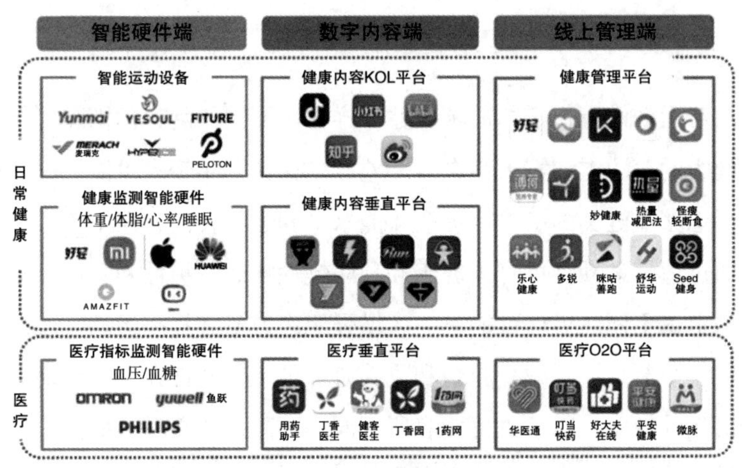

图 1　2022 年中国数字化健康行业格局

资料来源：艾瑞咨询研究院发布的《中国健康管理白皮书》。

在此基础上，AIGC 可以创造更加新颖、吸引人的媒体形式，如虚拟现实、增强现实和交互式媒体等。在运动健康传播中，AIGC 可以利用虚拟现实技术，给予用户虚拟的运动体验。例如，用户可以穿戴 VR 头显参与虚拟健身课程，用户仿佛置身于风景秀丽的户外运动场地或是在虚拟

---

① 《轻松健康联合火山引擎推出 AIGC 医患交互应用，加速布局“适老化”产品》，网易网，2023 年 5 月 15 日，https：//www. 163. com/dy/article/I4PJI258051480G7. html。

的健身房里与其他用户一起锻炼。AIGC 还可以利用增强现实技术，为用户提供更加丰富和有趣的运动健康内容。例如，用户可以通过手机或平板电脑的摄像头，在真实场景中看到虚拟的教练示范动作或是在户外运动中获取虚拟导航和健身提示，丰富互动和体验。此外，AIGC 还可以设计交互式的健康内容，让用户根据自身兴趣和需求选择内容，提高用户的参与度和投入感。例如，AIGC 可以提供交互式的运动课程选择，让用户根据个人喜好和身体状况选择合适的健身项目和强度。这些新颖的媒体形式可以吸引更多的人参与运动健康活动，提高用户的参与度和体验感。2023 年 4 月，人工智能科技公司“BodyPark 型动公园”对外发布了三款新品：AI 虚拟教练“ChatBPK”、AI 体感游戏健身新品“JustFive5 分钟”以及面向康复与健身行业的 AI 远程授课系统“AI Coach Copilot”。该公司还推出了 AI 2.0 战略——持续打造多模态交互的 AI 虚拟教练，构建全球领先的深度 AI × Fitness 智能化运动平台，不断为消费者提供更安全有效且沉浸有趣的数字化健身体验。[①] AIGC 应用生态或将颠覆运动健康传播行业的传统模式。

（四）提供运动健康数据分析和反馈

首先，AIGC 可以利用强大的数据处理和分析能力，对用户的运动数据进行准确的分析。通过收集用户的运动记录、心率、卡路里消耗等数据，对用户的运动习惯和身体状况进行全面评估，为用户提供个性化的健康建议。其次，AIGC 可以通过移动设备等智能设备与用户实时连接，对用户的运动状态进行监测和反馈。当用户进行运动时，及时提供运动指导、技巧分享和健康建议，帮助用户保持正确的运动姿势和训练方法。最后，AIGC 可以帮助用户自动整理和分析运动健康数据，减少用户在数据整理上的时间和精力投入。用户只需将运动数据上传到 AIGC 平台，即可获得全面的健康分

---

① 《BodyPark 型动公园发布 AI 2.0 战略，全球领先的 AIGC 应用生态或将颠覆健康运动行业》，科技大视野开发者社区，2023 年 4 月 20 日，https：//devpress. csdn. net/developer/6440f51f7de2bc0e53e3089d. html。

析和个性化的建议。2023 年 5 月医联正式发布了国内首款大模型驱动的 AI 医生——MedGPT，其可在真实医疗场景中发挥实际诊疗价值，有着预防、诊断、治疗、康复的全流程诊疗能力。Frost & Sullivan 发布的《医疗智能行业白皮书》预测，2030 年中国医疗智能行业规模有望超过 1.1 万亿元。①

三　AIGC 对运动健康传播的挑战和风险

基于以上分析，我们可以看到 AIGC 技术在运动健康传播行业相对传统的传播方式来说具有巨大的优势，展现了无限的潜力和影响力。AIGC 在运动健康传播领域是否真的能够完全替代人工还有待研究，我们认为它也面临一系列的挑战和风险，需要客观分析和调整处理。

（一）个人健康隐私和数据安全存在隐患

当前，AIGC 通过分析个人的运动和健康数据，生成个性化的健康建议。但这些数据包括大量的个人敏感信息，如个人身体状况、运动习惯、疾病史等。如果不妥善处理，这些数据可能会被滥用或泄露，导致个人隐私受到侵犯。在传播过程中，AIGC 需要处理大量的个人运动轨迹和健康数据，如果相应的安全措施不足，可能会面临黑客攻击、数据泄露或数据丢失等安全风险。此外，某些 AIGC 系统可能会与第三方合作，共享用户健康数据用于改进算法，但这样的数据共享未受到严格的规范和用户明确的同意。比如手机“记录运动步数”、微信运动、支付宝运动等各运动 App，它们免费获取了用户的生活运动数据和轨迹，并通过这些数据来匹配相应的营销广告，精准推送，侵犯了个人隐私。2021 年，国家互联网信息办公室依据相关法律和有关规定，组织对运动健身、女性健康等公众大量使用的 App 的个人信息

① 《医疗领域首个 AIGC 应用 MedGPT，医联抢跑健康的另一种想象》，医药网，2023 年 5 月 30 日，http：//news. pharmnet. com. cn/news/2023/05/30/580581. html。

收集使用情况进行了检测。其中，华为终端有限公司旗下的运动健康 App 存在未经用户同意收集使用个人信息等问题，遭通报。[①]

（二）运动健康信息可信度和信息准确性不足

AIGC 在运动健康传播中可能存在信息误导和虚假内容的风险。由于 AIGC 是通过学习大量数据生成内容，缺乏权威性，其生成内容时可能依赖于错误、过时或不准确的数据源，生成的内容带有错误信息。这可能会给读者带来误导，尤其是其中涉及运动、健康和医疗建议的文章，带给读者的误导可能更为严重。某些不良意图的个体或组织可能会故意操纵 AIGC 生成的内容，以传播虚假信息或谣言。这种虚假内容可能对公众健康和安全造成严重威胁。2022 年 6 月，美国联邦贸易委员会（FTC）向美国国会提交了一份报告，指出使用人工智能技术在打击虚假信息、深度伪造和其他网络问题上存在风险。该报告显示，人工智能在设计上可能存在不准确、有偏见与歧视性等问题，并可能造成对商业不当监控的鼓励。[②]

（三）信息技术普及性差和数字鸿沟问题

在运动健康领域，AIGC 的信息技术普及性差和数字鸿沟问题可能对个人和社群的健康产生不同程度的影响。AIGC 技术的使用需要较高的技术能力和访问成本，一些偏远地区或经济条件较差的人可能无法获得关于运动健康的准确、及时和全面的信息。这导致了信息获取的不平等，使得一部分人无法了解最新的健康科学研究和运动建议。AIGC 可以帮助个人根据自身的健康状况、喜好和目标制订运动计划，但是对于不了解或无法使用这些技术的人来说，他们可能无法享受到个性化的运动健康指导。同时，缺乏数字素

---

① 《未经用户同意收取个人信息　运动健康 App 遭网信办通报整改》，“中国网科技”百家号，2021 年 6 月 11 日，https：//baijiahao. baidu. com/s? id=1702261059753610265&wfr=spider&for=pc。

② 《美国 FTC 报告：人工智能在打击虚假信息、深度伪造上存风险》，21 经济网，2022 年 6 月 23 日，https：//www. 21jingji. com/article/20220623/herald/beac5bfa68f7d5494ae86c4d1eb3bfeb. html。

养也可能导致他们难以辨别虚假或误导性的信息，从而影响他们在运动健康方面做出的决策。此外，AIGC 生成内容往往集中于主流语言和文化，而忽略了一些地区或少数族群的需要。这可能导致某些人群无法获得运动健康信息。

（四）运动健康信息过载和可理解性不足问题

AIGC 生成的内容可能过于庞大和复杂，用户可能在短时间内收到大量关于运动、健康和营养等方面的信息，难以辨别哪些信息是真实、准确和可信的。面对铺天盖地、纷繁复杂的指导信息，用户可能无法准确选择适合自己的健康信息，甚至可能做出不合理或不科学的运动和健康决策。特别是对于非专业人士来说，使用依据不准确或误导性的内容进行运动和健康实践，可能会对其身体健康造成负面影响。

（五）运动人群社交互动减少的问题

AIGC 技术能够生成个性化的运动健康建议，根据用户的个人情况和需求进行定制服务。虽然这可以提供更符合个体需求的建议，但它也可能导致用户更多地倾向于个人化的信息，而减少与他人交流和分享的意愿。同时，由于资讯来源多样化，涵盖了广泛的运动健康主题，用户不再像过去那样依赖社交圈子或专业人士的建议。这可能导致用户减少与他人的交流，影响社交互动的频率和深度。

四　提升 AIGC 在运动健康传播中效果的对策建议

为了更好地处理以上问题，提高 AIGC 在运动健康传播中的效果我们提出以下对策建议。

（一）加强隐私和数据安全保护

在运动健康传播中应用 AIGC 技术时，需要加强隐私保护措施，采用加密技术和安全存储方法来保护用户数据的安全。同时，明确用户数据的使用目的和范围，获得用户的明确同意，并及时更新隐私政策。强化数据隐私保护是运动健康领域 AIGC 系统发展的必要举措，要确保个人健康数据在处理和传输过程中得到安全保护。通过使用最新的安全技术，AIGC 系统可以防止黑客攻击和数据泄露，确保用户数据得到充分的保护。此外，在收集大量用户个人运动信息和健康信息的基础上，应定期审查分析算法的准确性和效果，保证个性化的健康建议的可靠性、避免误导用户。通过采取这些措施，可以更好地提高用户对技术的信任，并保护用户的健康信息安全。

（二）建立权威机构监管和质量认证体系

在运动健康传播中，针对 AIGC 的应用，有几项关键举措可重点考虑以确保信息的准确性和可信度。首先，监管机构可以制定相关政策和标准，监管运动健康传播平台利用 AIGC 技术生成的内容，确保其符合信息准确性和可信度的要求。其次，研究者可以致力于增强 AIGC 算法的可解释性，使其生成内容的来源和逻辑更易于理解和验证。为了帮助读者识别信息的来源和真实性，可以将生成的内容标记为“由 AI 生成”，同时引入可信度验证标志。再次，公众也需要提高使用 AIGC 技术的媒体素养，以更好地辨别虚假内容和不准确信息，从而增强信息的质量和准确性。最后，相关科技公司、学术界、媒体和政府机构需要多方合作，共同建立更健康的信息传播生态系统，以确保运动健康领域的信息传播真实可信，推动社会公众健康意识和健康实践的提升。

（三）加强公众运动健康素养和数字技术的普及教育

在运动健康传播中可以采取多种措施来确保信息的广泛传播和质量的提升。首先，除了 AIGC 生成内容，通过多样化的渠道开展广泛的健康教育宣传活动，传播关于运动健康的科学知识，增强公众的认知和兴趣，如电视、广播、传单、社区活动、互联网和社交媒体等，以确保所有人都获得运动健康相关的信息，不仅仅局限于使用 AIGC 的人群。通过广泛的健康素养教育和培训，帮助更多的人了解运动健康知识或者学会甄别和应用 AIGC 生成内容，使其更好地选择有效的运动健康指导信息。其次，加强公众数字技术能力的提升教育，努力降低 AIGC 技术的使用门槛和成本，开发低门槛的解决方案，使更多的人能够通过技术获得个性化的运动健康指导，从而促进健康信息的普及。最后，为了确保运动健康信息的广泛传播和普遍适用性，应在 AIGC 生成内容中引入跨文化和多语言支持，以满足不同地区和族群的信息需求，推动健康信息的普及并提高其可及性，让更多人受益于运动健康领域的科学知识学习和指导。

（四）发展多专业融合的研发团队加强信息过滤

首先，为了保证传播健康信息的质量，让用户接收到的是准确、可靠且有价值的运动健康信息，避免信息过载和低质量内容的影响，可在研发团队中加强专业人才的融合，如“体育+传播人才”的资源整合，加强运动健康领域专业人才对传播信息的把控和审核，提升传播信息的科学性。其次，引入有效的信息过滤和筛选机制，确保在 AIGC 生成内容的过程中，用户理解生成内容的来源和推理过程，增强用户对运动健康指导信息的信任度和接受度。最后，在定制个性化的健康建议时，需要更好地考虑用户的背景和需求，避免信息泛滥和不必要信息负担的产生，让用户更好地受益于个性化的运动健康信息，促进健康意识和实践能力的全面提升。

（五）设计功能应注重促进多样化的社交互动

首先，运动健康平台可以鼓励用户分享他们的健康经验和成就，以激励其他用户参与交流和分享。通过分享个人的运动和健康经验，用户可以相互学习和支持，建立积极的社交互动氛围。其次，建立健康社区和讨论群体，为用户提供一个交流和互动的平台，使用户能够更方便地分享和获取健康信息，鼓励他们相互支持。同时，强调社交互动的重要性，建立和支持各种体育俱乐部和社区运动团体，为公众提供多样化的体育锻炼选择，鼓励用户通过交流和互动获得更全面的健康信息。最后，通过线上和线下活动的结合，让用户既能获得个性化的建议，又能在现实中与他人进行面对面的交流和互动。促进运动健康领域中用户之间的社交互动，增强知识传播效果，推动更多人参与到健康实践中，共同促进健康知识的普及和健康行为的改善。

结　语

在运动健康传播领域采用 AIGC 技术是一项重要的进步。通过多方共同努力，AIGC 在运动健康传播领域势必将发挥更大的作用，促进全民健康意识的提升，助力健康中国建设的推进。在未来，我们期待 AIGC 与传统运动健康传播方式融合互补，在运动健康传播领域不断创新和发展，为人们提供更好的健康服务和体验。

B.14
AIGC对虚拟数字人发展变革的影响（2023）

张晓黎*

摘　要： AIGC的快速发展，不断拓宽各行业的应用场景。随着国家和地方政策的推动，AIGC技术赋能于虚拟数字人，在传媒业、金融业、服务业等被广泛地投入使用，其中以虚拟主播、虚拟偶像、虚拟员工三类最为热门。虚拟数字人在行业环境的促进下得以快速发展，一条清晰完整的虚拟数字人产业链由此形成。本报告聚焦AIGC对虚拟数字人发展变革的影响以及如何应对发展过程中所面临的技术升级的局限性、场景应用的趋同性、政策实施中的潜在风险性等问题。在未来的发展中更加注重精准化的体验，突出传播中国传统文化，加强虚实世界之间的情感表达，让人机交互更具真实性和互动性，进一步推动人工智能生成内容与其深层次的融合。

关键词： AIGC　虚拟数字人　元宇宙

一　虚拟数字人的概念演变与发展概况

（一）虚拟数字人的定义梳理

“数字人”是指将人体外部本身具有的身体结构，如身体、外貌、表

* 张晓黎，电影艺术硕士，四川传媒学院讲师，主要研究方向为网络视听产业管理、电影学、影视管理学等。

情等，与内部具有的心理特征，如心情、互动等，进行数字化技术的呈现，观看时介于虚拟与现实之间。而“虚拟数字人”，则是指将人类形象、物理、心理等要素进行采样，通过计算机图形学、建模渲染、动作捕捉、语音合成等科学技术进行设计的虚拟人物，它带有明显的人类特征，如外貌、表情、语言、互动等，是现实与虚拟的双重结合。行业内对虚拟数字人的研究不断深入，相关专业机构根据虚拟数字人的发展特征给出了不同的定义。《2021 年度〈中国虚拟数字人影响力指数报告〉》将其界定为：“从未来媒介形态与业务模式看，聚合科技带来语义传播与无障碍传播的新空间，由此诞生的虚拟数字人将作为新媒介角色，广泛应用在元宇宙新生态中，承担着信息制造、传递的责任，是元宇宙中‘人’与‘人’、‘人’与事物或事物与事物之间产生联系或发生孪生关系的新介质。”[①] 2023 年，《2022 年度〈中国虚拟数字人影响力指数报告〉》中提出“数字模因”的概念，“虚拟数字人的数字模因，是指虚拟数字人在数字世界中所留下的各种个人数据、行为习惯、偏好和特征等，包括虚拟数字人的行为数据、语音数据、面部表情数据、生理指标数据等。……虚拟数字人个体拥有、不要求独有的形、声、行特征，包括外形、声音、动作、表情、神态、装束、技能、知识库、思维等，都属于数字模因”[②]。在量子位发布的《虚拟数字人深度产业报告（2021）》中的定义是：“存在于非物理世界中，由计算机图形学、图形渲染、动作捕捉、深度学习、语音合成等计算机手段创造及使用，并具有多重人类特征（外貌特征、人类表演能力、人类交互能力等）的综合产物。市面上也多将其称为虚拟形象、虚拟人、数字人等，代表性的细分应用包括虚拟助手、虚拟客服、虚拟偶像/主播等。”[③]

---

① 《国内首份虚拟数字人影响力报告：虚拟数字人将成为“元宇宙”入口》，“央广网”百家号，2022 年 1 月 28 日，https：//baijiahao. baidu. com/s?id = 1723184371437186830&wfr = spider&for = pc。

② 《2022 年度〈中国虚拟数字人影响力指数报告〉》，人民号，2023 年 2 月 26 日，https：//rmh. pdnews. cn/Pc/ArtInfoApi/article?id = 34152748。

③ 《虚拟数字人深度产业报告（2021）》，搜狐网，2022 年 2 月 17 日，https：//www. sohu. com/a/523356496_121015326。

虚拟数字人概念最早来自20世纪80年代的日本动漫，读者喜欢漫画中的角色，希望与角色建立情感联系，设计者尝试将虚拟动漫人物引入现实世界中，虚拟数字人进入萌芽阶段。1982年动漫《超时空要塞》在日本播出，女主角林明美被打造成一名虚拟歌手，并为其制作了一个歌曲唱片，唱片竟然顺利登榜日本知名歌曲排行榜Oricon，由此林明美成为世界上第一位虚拟歌姬。2018年之前，由于当时技术条件的限制，此时出现的虚拟数字人未形成发展的态势，虚拟世界与真实世界之间的鸿沟一直未跨越，也没有被打破。近些年在CG技术、人工智能、实时捕捉等新科技发展的过程中，虚拟人与真人之间的互动属性和社交属性逐渐增强，二者存在的边界逐渐被打破。2011年，在美国出现了数字人的说法，随后其开始在全球范围内传播并成为烜赫一时的话题之一。

2001年，在影视制作行业中CG技术和动作捕捉技术产生，并在影片《指环王》《加勒比海盗》《猩球崛起》等电影的制作中进行了使用。2007年，日本制造了虚拟数字人“初音未来”，这时形象运用CG技术合成，人物声音使用雅马哈的VOCALOID一系列语音合成，呈现形式不够精致。2018年，由AI合成的虚拟主持人在新华社媒体上亮相。2019年中央电视台的春晚上线了AI虚拟主持队伍；两会期间，新华社发布了AI虚拟主播“新小萌”；《人民日报》还推出了AI虚拟主播“小晴”；2019年国内首个虚拟数字人员工“小浦”正式上岗，由百度与浦发银行共同打造。虚拟数字人在越来越多的地方出现和应用。

2022年“两会”时期，央视网《两会C+时刻》节目中采用虚拟主持人“小C”与现场嘉宾采访互动，虚实结合的创新节目方式备受关注。在技术的持续革新下，头部互联网公司以虚拟数字人为内容、营销、传播等方面的创新切点入局，例如，腾讯、阿里、字节跳动、小红书、抖音等，不断推进虚拟数字人发展变革的热潮。

（二）虚拟数字人的发展概览

1.打造完整产业链，提升多元应用场景

虚拟数字人已然是当下和未来发展的新动向，目前虚拟数字人已经在传

媒业、金融业、服务业等广泛地投入使用。虚拟数字人在行业环境的促进下得以快速发展，一条清晰完整的虚拟数字人产业链由此形成。虚拟数字人产业链主要包含基础层、平台层和应用层。基础层为虚拟数字人提供基础软硬件支撑，并提供基础硬件如算力芯片、传感器、光学器件等。平台层主要提供渲染云计算平台、边缘计算设施、提供交互展示的空间数据底座等。应用层主要体现在虚拟现实、增强现实、混合现实终端设备及裸眼 3D 等数字人虚拟与现实解决手段，语音识别、语音合成、语言理解等人工智能技术。

虚拟数字人赋能各种行业内的实际应用场景，目前虚拟数字人常见的应用领域有影视、传媒、游戏、金融、电商、教育、医疗、文旅等。据艾媒咨询《2023 年中国虚拟偶像产业发展研究报告》统计表明，中国虚拟偶像行业呈现稳定增长态势，2022 年虚拟人带来的市场规模和核心市场规模依次为 1866.1 亿元和 120.8 亿元。[①] 2023 年，将促进中国虚拟偶像带动市场规模和核心产业规模分别达到 3334.7 亿元和 205.2 亿元。[②]

2. 标准化数字人涌现，拓宽覆盖用户群体

数字化转型的应用渠道升级，促使了驱动功能型、实用型、服务型和表演型数字人产生。在文旅领域，中国国家博物馆和腾讯共同推出虚拟导游“艾雯雯”，其具备相应的自主学习、适应能力，并通过创新升级、充实了自身的知识系统，为参观博物馆的全球游客讲解文物藏品。还有以敦煌飞天为蓝本打造的虚拟数字人“天好”，广西壮族自治区文化和旅游厅指导、广西旅游发展集团设计和开发的文旅数字代言人“刘三姐”，国家大剧院与百度联合推出的首位虚拟员工“Art 鹅”等，带来新颖独特的文旅讲解和展示模式。在金融领域，2019 年由浦发银行和百度共同研发的数字人员工“小浦”正式亮相。2020 年，德意志银行集团企业银行部公布了世界第一个虚拟数字雇员——“Blue Bot Yi”，并在中国开始运营。在虚拟主播领域，2018 年新华社

① 《艾媒咨询丨2023 年中国虚拟偶像产业发展研究报告》，艾媒网，2023 年 3 月 30 日，https：//www.iimedia.cn/c400/92516.html。

② 《2022 年度〈中国虚拟数字人影响力指数报告〉》，人民号，2023 年 2 月 26 日，https：//mp.pdnews.cn/Pc/ArtInfoApi/article？id=34152748。

推出了全球首个全仿真智能 AI 主持人“新小浩”；2019 年 3 月，世界上第一个 AI 合成女主播“新小萌”进入主播行列；在 2022 年的全国两会期间，“AI 王冠”正式投入两会报道工作，央视频同步播出全新 AI 节目《“冠”察两会》，技术团队通过对原型的动作、神态、声音、语音采集后，借助精准的处理手段和深度学习的算法，使“AI 王冠”在传达内容的同时微表情也恰到好处，为两会报道注入“科技力”，凸显 AI 技术在新闻领域的应用型前沿成果。在政务领域，在第七届世界智能大会上虚拟数字人“小新”引起了很多参会人员的关注。该虚拟数字人与数字政务深度绑定，可以实时、有趣地提供视频、图像、文字等全媒体政务咨询等服务，对有效提升政务服务智能化、快捷化，数字化政府建设有明显的助推作用。

3. 虚拟制作技术升级，实现接近真实效果

智能合成、动作捕捉是虚拟数字人主要的生产方式。在驱动技术方面，嘴型动作的智能合成可以制作 2D 和 3D 数字虚拟人，但身体其他部位的动作设计和捕捉要通过录播完成且目前只支持录播，这也是接下来在此技术方面要做的提升。搜狗和新华社在第五届互联网大会上联合推出了全世界首个全仿真智能虚拟主持——“AI 合成主播”。虚拟主持人模拟人类说话时，其声音、动作、表情十分逼真。在渲染技术方面，重光照技术等新型渲染技术的出现使虚拟数字人的皮肤纹理变得更加真实。重光照技术通过采集模拟多种光照条件的图像数据，测算虚拟数字人表面光照反射特性，合成虚拟数字人模型在新的光照下的渲染结果，使计算机中的虚拟数字人在任意虚拟环境下都可以呈现近乎真实的效果。[①] 清华大学、浙江大学等打造了重光照系统，可以使用高精度人体光照采集与重建技术。在计算机图像处理性能提升的过程中，实时光线追踪技术被广泛应用。NVIDIA 推出 RTX 实时光线追踪技术，通过替换逼真的光学计算，以复制光线在现实环境中的行为方式，在生产打造数字人时具有更加逼真的图像。

① 杨春立、宋重阳、盛坤：《工业元宇宙与数字虚拟人发展概览》，《数字经济》2022 年第 12 期，第 35 页。

4. 赋能文化娱乐发展，加速商业价值变现

在科技与市场的双向推动下，虚拟数字人不断扩大其所能涉及的行业。阿里巴巴、字节跳动、科大讯飞、华为云等企业相继建立了专属虚拟人。2021 年，虚拟美妆达人柳夜熙在抖音平台涨粉百万，短视频中电影级的画面和中国风妆容的结合让人眼前一亮，在“科技+文化”传播的路径上走出自己的特色，柳夜熙的人物设定受到用户的喜欢，并通过视频中的故事形成情感共鸣与互动交互。随着互联网用户需求的提升，Z 世代受众的审美也在升级，虚拟数字人完美的 IP 形象融合到潮流文化中，各大卫视顺着此潮流趋势依托 5G、虚拟现实、增强现实等技术创建出符合自身平台特点的虚拟数字人，虚拟数字人以全新的方式融入节目形态中，为网络视听内容的创作注入活力和科技。湖南芒果台推出虚拟实习主持人“小漾”，节目中“小漾”与用户建立起具有社交属性的情感勾连，这一虚拟形象符合 Z 世代青年的审美需求。江苏卫视《2060》这档节目通过 26 位虚拟动漫形象在虚拟舞台上表演，助力中国国风动漫的发展和传播。通过虚拟数字人对各类圈层文化的突破，将次元艺术与科技创新进行了深度融合，打造出更多符合当下年轻受众需求且感兴趣的网络视听内容样态。

（三）虚拟数字人的分类与特征

在中国传媒大学发布的《2022 年度〈中国虚拟数字人影响力指数报告〉》中总结出虚拟数字人的分类方式共有四种，分别是按建模风格、按驱动技术、按应用分类、按呈现风格（见表 1）。

表 1　虚拟数字人应用分类

分类方式	类型
按建模风格	高仿真型、CG 建模型、AI 生成型、视频型
按驱动技术	真人驱动型、智能驱动型
按应用分类	身份型、服务型、表演型
按呈现风格	卡通型、超写实

资料来源：《2022 年度〈中国虚拟数字人影响力指数报告〉》。

1. 建模层面

从建模层面来看，虚拟数字人按照建模风格，类型有高仿真型、CG建模型、AI生成型、视频型。人物生成模块有静态扫描建模和动态光场重建两种技术。静态扫描建模是通过采集真人或实物的图像信息，利用软件算法进行三维重建，得到虚拟数字人模型的方式。动态光场重建是通过投射特定的光线到目标表面，根据反射的光线变化计算目标的深度信息，重建目标的三维模型的方式。在数字人的建模过程中，需要收集大量的人类解剖学数据，包括肌肉、骨骼、皮肤等方面的数据。模型建立完成后，通过物理模拟出数字人的动态行为和物理反应，例如走路、跑步、跳高、拍手等。通过一系列的建模才能达到虚拟数字人在真实生活中逼真的效果。

2. 技术层面

从技术层面来看，虚拟数字人可分成真人驱动型、智能驱动型两大类。真人驱动虚拟数字人使用“CG建模+真人动作捕捉”的形式完成构造，当实现了原画模型与关键信息融合之后，虚拟数字人可以通过动作捕捉系统导入动作、表情、语言等来完成表演、互动、直播等。这种技术在虚拟偶像塑造、虚拟直播等场景中被广泛使用，这是目前行业中最常用、最长期存在的驱动模式。智能驱动型虚拟数字人可以通过深入学习数据，具有人类真实的动作、表情、“记忆”、想法等并形成特殊的技能，它可以自主完成向外互动与内容输出。这种类型目前主要有虚拟客服、虚拟助手、虚拟导游、虚拟解说等。

3. 应用层面

从应用层面来看，虚拟数字人大致分为服务型、表演型和身份型三大类。服务型虚拟数字人在企业中使用广泛，提升服务效率和工作质量。这类型的虚拟数字人强调功能属性，如虚拟主播、虚拟医生、虚拟客服等，在降本增效的同时具有一定的创新性。表演型虚拟数字人主要是虚拟偶像，这种类型因自身具有明星的人设和流量在商业上具有一定的潜力，吸引众多粉丝实现多元的商业价值。身份型是最具有市场想象力的一种虚拟数字人，在未来的元宇宙时期每个人都可以拥有专属的虚拟身份，也就是物理世界的“真人”进入虚拟世界，当前主要应用在娱乐、社交、办公场景中，如虚拟街区、虚拟会议等。

4. 呈现方式层面

从呈现方式层面来看，虚拟数字人主要有卡通型和超写实两大类别。卡通型虚拟数字人通常具有虚构的身份，因为他们并不存在于实际世界中，但其话语、动作、表情等均存在“人的行为模式”。卡通型虚拟数字人在二次元、网游、动画中使用得比较普遍，具备了生产运营成本低以及数量多的优势优点。超写实虚拟数字人是指利用精细造型、技术合成的技术，看上去要尽可能地符合真人形象。

二　AIGC 浪潮下数字人领域的应用路径

（一）AIGC 的概念溯源

1. 定义

AIGC（Artificial Intelligence Generated Content/AI-Generated Content）中文译为人工智能生成内容，这是基于 PCG（专业生成内容）、UCG（用户生成内容）而提出一种全新的概念。目前，AIGC 的概念有狭义和广义之分。狭义的 AIGC，是指使用 AI 自动生成内容的生产方式。广义的 AIGC 是指像人类那样拥有生成内涵的 AI 科技，即生成式 AI，这种科技采取收集读出关键数据，通过生成算法模型自动生成新的文本、图像、音频、视频等内容，同时还具有科学新发现、创造新价值等的意义。

2. AIGC 的演进历程

（1）工具性内容生成阶段

这一阶段的 AIGC 主要通过准备好的模板和基础信息，输出较为简单的内容，其内容相对流程化。“该时期的人工智能算法并不具备强大的学习能力，而是大多依赖于预先定义的统计模型或专家系统执行特定的任务。”[①] 这一阶段的 AIGC 技术处于辅助生成内容的位置，它是一种工具，基于一定的公式和数据呈现基础的答案。例如通过阅读和输入大量的文本信息，可以检索信息生成简单的故事。AIGC 使用规范化的内容模板生成想要的信息，最常见的有新闻内容、智能助手等。通过此阶段工具性的 AIGC 技术辅助，一些行业可以提高内容生产量，2014 年，自然语言生成公司 Automated Insights 产出新闻文章 10 亿篇，在文本输出方面 AI 凸显了自己的价值。但此阶段由于数据规模不大、学习能力局限、模版信息更新慢等因素，内容生成的确认灵活性和自主性不足。

（2）协助性内容生成阶段

伴随着科学技术与深度算法的升级，Transformer 模型、基于流的生成模型、CLIP 模型等为 AIGC 提供了全面的算法数据。“全球互联网数据的激增为 AI 模型的深度学习提供了更大规模数据，计算机、芯片等技术的升级迭代为 AI 模型提供了更强大的算力，算法、数据、算力三要素的共同突破催生了 AIGC 的爆发。”[②] AIGC 技术在这一阶段从工具性辅助内容生成上进行升级，它可以通过对丰富而全面的数据深度学习，对输入的内容加强指令性地学习，可以协助人类输出具有一定结构和逻辑的信息内容。2022 年底推出的 ChatGPT 是这一阶段典型的 AIGC 技术协助人类输出内容的成果。此时的 AIGC 具有更加顺畅、逼真、灵活的内容生成功能，同时还实现了人机互动的效果，展示出大数据深入模板、跨模态融合、提高工作效率等智能技术特征。

（3）自主性内容生成阶段

AIGC 技术演进到自主性内容生成阶段，是正处于不断探索的过程。这一阶段，AIGC 显现出实时性、感知性、精准性、自主性的特点，在工具性和协助性的基础上，提升到以智能虚拟个体为主进行内容生活，再一次升级内容创作力。目前 AIGC 技术在传媒、影视、游戏、动画、元宇宙、音乐、电商、金融等领域都已有深度的使用与交互，通过生活中最常见的视觉与语

---

① 《中国信通院：〈2022 年人工智能生成内容（AIGC）白皮书〉（全文）》，网经社，2023 年 4 月 19 日，http：//www.100ec.cn/detail--6626582.html。

② 郭全中、张金熠：《AI+人文：AIGC 的发展与趋势》，《新闻爱好者》2023 年第 3 期，第 9 页。

言模态来提升 AIGC 在以上领域中的概念认知能力和实时创作能力。随着 AIGC 技术在更多领域的深入应用，它可以拓宽更多场景化、多样化、科技化、智能化的使用场景，生成更多实时逼真的内容。在“虚实共生”的应用场景中，打造出更加多元化的虚拟形象，实现逼真效果的内容生成以及灵活沉浸的交互服务。

（二）AIGC 赋能元宇宙内容生成

在 Web3.0 时代，AIGC 为元宇宙空间多元场景、创新内容的发展注入新科技。在元宇宙的世界中虚拟人有多种形式，以满足年轻用户对元宇宙内容生成的需求。AIGC 是元宇宙的重要组成部分。元宇宙借助 AIGC 的创作能力可以在更加多元的场景中应用。其一，AIGC 为元宇宙提供了丰富的内容。AIGC 依托 AI 技术具有强大的算力，通过读取互联网各个渠道的数据，可以为元宇宙创建充分的内容。其二，AIGC 相较于 PGC 和 UGC 等内容的生产方式可以降低元宇宙内容生成的成本。例如在“完全体”的元宇宙游戏中，如果要达到电影《头号玩家》里绿洲的效果，需要搭建丰富且精细的场景。专业人士估算过，专业画师一张图的成本价格在 5000 元至 1 万元，搭建一个完整的世界将耗费一家公司无法负担的资金。其三，AIGC 可以将自动生成的文本、图像、音频等模型融入元宇宙的虚拟场景中，形成在此应用场景中最主要内容生成模式。元宇宙内容生成规模发展的同时，区块链、数字孪生、虚拟现实等技术也得到一定的推动，有助于加强 AIGC 在全领域中的应用发展。

虚拟数字人是元宇宙世界中最主要的成员，在近些年发展的过程中，已有不少的实际应用，包括电商领域的虚拟主播、传媒领域的虚拟主持人、文旅领域的虚拟导游等，它们逼真且独特的虚拟服务最大化地达成用户心理与互动双重需求。AIGC 能够提供智能化、高效化、多元化的内容创作生成方式，帮助创作者实现自己的创意和想法。同时，AIGC 还可以通过虚拟人物、情感模拟等技术手段，让用户在更加真实和逼真的元宇宙世界里开启虚拟体验，增强用户的互动性和沉浸感。

（三）AIGC 助推虚拟数字人应用发展

1. AIGC+虚拟主播

对虚拟主持人统一的定义为虚拟世界的“主持人”，在传媒行业中主要包括虚拟主持人和虚拟记者；在视频平台上主要是自己或企业运行的虚拟UP 主，粉丝基础广。它们的运营模式以智能驱动和真人驱动交互发生，行业赛道以播报信息为主，视频服务以直播带货为主。国内虚拟电视主持人主要代表有央视网“小 C”、新华社“小诤”、湖南卫视“小漾”，国内主要虚拟主持人汇总如表 2 所示。2022 年，在中央广播电视总台央视网推出的特别节目《两会 C+时刻》中，超写实虚拟主播“小 C”在节目中亮相成为一大核心看点。虚拟主播“小 C”在技术层面达到了实时动作捕捉和渲染，同时在“思想+艺术+技术”理念的实践层面走到了创新融合，展现了 AIGC在“传媒+科技”领域跨界的更多可能性。

表 2　国内主要虚拟主持人汇总

序号	虚拟主持人	运营单位	发布时间	虚拟主持人定位
1	新小浩	新华社	2018 年 11 月	神情语态生动自然，具备数据处理和深度学习能力
2	果果	《人民日报》	2019 年 5 月	通过采集真人女主播的声音和图像并使用人工智能技术合成制作出的虚拟主播
3	新小微	新华社	2020 年 5 月	效率高、零出错、全天候在线，随时切换各种场景，满足大众对新闻播报的时效性、高标准要求
4	“小 C”	央视网	2021 年 3 月	媒体行业内首个直播连线采访人大代表的“3D 超写实数字人”
5	小诤	新华社	2021 年 6 月	全球首位数字航天员，以更高效率、低成本、安全可行的方法，派出为太空记者，开展媒体活动
6	小漾	湖南广电	2021 年 10 月	“小漾”的取名源自英文单词“Young”，寓意着年轻与青春。在湖南卫视的各类综艺、晚会中亮相
7	时间小妮	北京广电	2021 年 10 月	“时间小妮”注重用户服务，以智能化和情景化融合的模式运行
8	AI 手语主播	央视新闻	2021 年 11 月	通过长时间智能学习，已完全具备为特殊观众提供专业、准确的手语解说的能力

资料来源：作者整理。

虚拟主持人在传媒行业具有一定的实用性和适用性，在不同的节目形态中虚拟主持人都有较为明显的作用。一是提升观众体验。虚拟主持人可以在不同的场景和内容中展示多样化的个性、服装、性格等，在引起观众好奇心的同时增强观众的参与度和满意度。二是拓宽传播范围。虚拟主持人可以通过网络平台、短视频平台或移动设备，让全球各地的观众在屏幕上看到它的表现，扩大自身与内容的传播力和影响力。三是创新内容形式。虚拟主持人通过将最新的热点话题和科技趋势进行结合，为所服务的领域提供层出不穷的内容和形式的相关创作思路，有助于激发创意思维和创新活力，让其内容更具看点和重点。同时，虚拟主持人在应用时也有一些局限。主要是缺乏真人一样的人性化情感表达，因此虚拟主持人难以取代传统主持人的位置。

2. AIGC+虚拟偶像

在 AIGC 和 IP 价值的支撑下可独立完成偶像活动的虚拟数字人，被看作虚拟偶像。它具有独特的人物设定和精准的内容输出，与真人偶像不同，虚拟偶像具有更强的可塑性和养成性。在虚拟数字人“出生—宣传—产出”培养的全过程中粉丝全程都可以参与其中，从而产生巨大的粉丝经济和商业价值。2023 年，在第三届 BEYOND 国际科技创新博览会上，阿里推出了阿里文娱旗下第一个 AIGC 打造的数字人偶像——厘里（Leah）。厘里刚出道就已通过直播、数字藏品等形式与英特尔、MLB、奈飞等国际品牌合作，未来还会在剧集、综艺和电影中有所尝试，促进品牌与年轻潮流用户之间建立更为紧密的关系。现阶段，虚拟偶像大致有三种活动形态：虚拟现实艺人、虚拟现实 UP 主和虚拟现实博主。尽管虚拟偶像一般会以各种形态活动在各网络平台上，如演唱、舞蹈、杂谈娱乐、发博文等，但每一个身份有其各自的重点活动形式，完全虚拟的纯 AI 虚拟偶像数量极少，仍然处于探索阶段。[①]

---

① 《2022 年中国虚拟偶像行业研究报告》，“艾瑞”百家号，2022 年 11 月 16 日，https：//baijiahao. baidu. com/s? id=1745412216790163287&wfr=spider&for=pc。

3. 虚拟员工

虚拟员工的定义是指由企业推出作为其企业形象的“数字人员工”，可以向外界宣传其公司的品牌形象、企业文化、服务水平等。虚拟员工出现的方式主要有两种，一种是作为虚拟客服出现，在平台上服务用户；另一种则是以公司员工的形象出现，通过上班的方式体验和参与企业内部的发展，进而可以较好地为其进行宣传推广，收获粉丝，提升企业形象和品牌度。虚拟员工主要代表有百信银行的“AIYA”、哈尔滨啤酒的“哈酱”、OPPO 的“小布”等。华为云首个虚拟数字人员工“云笙”在 12·12 系列直播中，与企业一起探讨数字化转型的话题，为直播间带来了丰富活动，此次直播展示了虚拟员工“云笙”在语言识别、互动交流、才艺延展等多模态的核心竞争力。金蝶和科大讯飞共同打造了全国第一个 EBC 公司管理领域的数字人员工。其优点为人格化、智能化、自动化，可以涵盖更多的行业应用领域。可以看出，以 EBC 理念创造出数字人员工，实现真人与数字人员工之间的“人机”协同办公，帮助企业提升工作效率与质量，不仅降本增效，还为元宇宙应用场景的探索及应用带来推动。

三　AIGC 时代我国虚拟数字人发展的问题与展望

（一）当前国内虚拟数字人面对的问题与挑战

1. 技术支撑遇瓶颈，升级发展受局限

科学技术是虚拟数字人产生的基础支撑，从基础科学到实际应用等都对虚拟数字人的更新迭代具有关键性作用。人工智能的发展与虚拟数字人的升级具有一定的绑定关系。从人工智能的发展历程来看，人工智能技术的不完善，就会局限当前 AIGC 时代下虚拟数字人的发展。现如今，虚拟数字人的场景应用角色有虚拟主播、虚拟偶像、虚拟客服、虚拟导演、虚拟教师等，这些行业的运用面临“外部”和“内驱”的技术问题。“外部”的技术问题，就是虚拟数字人外部的表情、动作等逼真

度、灵活度只有达到一定的标准，可以让用户在视觉上觉得惊艳和真实，才能逐渐接受它们。“内驱”的技术问题，就是指虚拟数字人要具备一定的自主思考能力，可以不依赖后台的控制独立地做出自己的决策。虽然这种独立决策的能力无法与真人相比，但至少可以从形态上看出一定的意识。所以在当下的实际应用中，虚拟数字人还局限于技术，光靠“外部”的形态特征是不够的，也是无法解决此时面对的技术瓶颈，只有将“内驱”的技术进行升级和发展，才可以使虚拟数字人有突破性的进展，对社会和人类起到实质性的帮助。

2. 形象同质化严重，用户产生审美疲劳

随着 AIGC 被越来越多的行业应用，打造一个虚拟数字人的门槛逐步降低，各行业都想加入其中。在传媒行业中，虚拟主播、虚拟主持人、虚拟记者等在不同类型的视听内容中出现，看上去竞争非常激烈，但是其中不乏质量不高的虚拟数字人混淆用户对虚拟数字人的认知。随着技术的进步，这一现象成为一种新的发展常态。各行业争先恐后地想要尝试在此领域的科技感以及商业价值。虚拟数字人大量地在不同的行业里涌现出来，从传媒行业来看，B 站、小红书、抖音及各大卫视、网络平台推出的自己专属的虚拟数字人数量繁多，这就导致市面上虚拟数字人同质化现象的产生，造成在人物设定上的趋同。这些虚拟数字人大多呈现形象类似、外貌精致完美、发型以中短发为主、性别以女性居多等鲜明特点，没有明显的区别和差异，很难让用户加深记忆。在这些完美极致的虚拟 IP 形象背后，人物个性不突出，形象妆造雷同化，无法持续提升用户对它们的兴趣与关注，从而加深用户对此领域的审美疲劳。

3. 政策支持力度加大，潜在风险需持续关注

国家为支持虚拟数字人的发展颁发了很多政策，以促进 AIGC 在此领域的应用和发展。2019 年，科技部、中宣部、中央网信办、财政部、文化和旅游部、国家广播电视总局等六部委共同出台了《关于促进文化和科技深度融合的指导意见》，明确提出要做好虚拟现实、光学捕捉、高清制播等自主研制产业化的工作发展。2022 年 5 月，国务院办公厅颁发的

《国务院办公厅关于推动外贸保稳提质的意见》中指出要推进我国进出口产品贸易会等展会信息数字化、智能化工程建设，强化跨境电子商务网络平台建设等联系互促，积极运用虚拟现实（VR）、增强现实（AR）、大数据分析等新技术，完善云上展厅、虚拟网站等展览创新方式，智慧对接供采，便于企业成交。在发展虚拟数字人产业时，要重视人脸数据、AI 技术的合理化使用。目前技术上已初步支持使用照片、录像迅速得到虚拟数字人，3D 虚拟数字人因为和环境融合效果一般，较难假冒人脸识别结果。但在未来虚拟数字人发展过程中，各行业和用户要重视虚拟技术的使用并规避风险。在人脸合成领域曾出现过恶意合成影像、用照片伪造虚假录像等违法案例。这需要尽快发现此技术的漏洞并升级，以便尽早发现和清除相关伪造内容。

（二）AIGC 在虚拟数字人发展中的未来展望

1. 应用层面：优化用户体验

在高速发展的媒体融合环境下，虚拟数字人对用户来说已经不是新鲜事物，大众对于它的出现有了一定的认知基础，用户在消费、心理和情感上的需求相对会持续提升。在业内出现的引起用户关注的虚拟数字人，都是以创新为看点的。在互联网时代，用户更加注重个性化的需求和精准化的体验，因此，平台要提供更有深度和意义的内容，增强与用户的黏连度。在当今数字经济时代，平台要通过大数据对用户的需求、画像、习惯、爱好、消费能力、社交属性等进行研究和对比，从中找出不同用户的差异化需求。对于传媒业、文化业来说，找准用户的需求是其不断发展的根本点，要不断提出如何创新产品、如何提升产品、如何满足用户需求的问题并解决，才能既做创新又有内涵。

2. 内容层面：挖掘优质内容

在智媒时代，打造虚拟人要坚持“内容为王”的创作理念，从叙述方法上也要满足用户的现代需要。党的十八大期间，习近平总书记反复表示了对我国传统文化、中国传统思想核心价值观的深刻理解和尊重。虚拟数字人在打造的过程中可以通过挖掘中国传统文化，突出表达虚拟世界与现实世界人们之间的情感叙事。创作者们在丰富和打造虚拟人的“外部”和“内驱”时要形成自身独有的美学表达，这样才可以突破出圈，引起更多的关注。例如今年播出的《非遗里的中国》通过使用非遗影像立体化的方式进行传播，创新地使用集访谈、体验、文创设计等环节于一体的内容创新方式。数字影像构建综合运用 CG 特效、XR 场景、超比例、微缩景观等技术手段，让用户可以身临其境加深体验感，打造出“生活里的非遗美学秀”。

3. 技术层面：实现虚实交互

虚拟数字人在 AIGC 技术的烘托下，用户对其建立了信任并产生一定的情感关联，可以通过从性格、内容、特征、互动等方面打造虚拟数字人，不断地提升虚拟数字人的逼真度。如今在市场上看到的虚拟数字人大多是按照后台系统进行内容表达与输出，几乎很少有直接与用户进行虚实交互的活动，这样用户的体验感会下降，对虚拟数字人的认知也会停留在只是一个数字人的阶段。虚拟数字人是集智能化与类真人化于一体的产品，还需要加大技术手段的升级和投入，不断优化用户体验，提升用户感知需求，打破以往机械化的交互形式，未来让人机交互更具真实性和互动性。虚拟人交互平台也应从 IP、语言体系、肢体特点等方面提升形象认知度，使虚拟数字人具有真正的个性化。

结　语

数字浪潮下，各种新型的业态、模式不断涌现，可以想象未来 AIGC 发展趋势会越来越强，应用领域不断拓宽，人工智能也许会取代一部分创造性和效率低的工作，同时这也会倒逼各行业人员不断提高创新能力以形成自我的不可替代性。在未来，无论是在真实生活中还是在电影、节目、旅游、游戏中，AI 数字人、AICC 都会无处不在，它们通过技术为人们带来各种便利的同时，实现效率提升，创意思维提升，不断地改变我们的生产和生活方式。如今，虚拟偶像、虚拟主播、虚拟员工不断涌现在人们的生活和工作中，有关行业也开始继续深挖和布局更多有关虚拟数字人的潜力赛道，打造属于自己的虚拟数字人形象。在国家和产业各方的扶持和努力下，人工智能生成内容将会发挥更大的价值，推动产业之间的创新发展和人机之间的互动。

环球动向

Global Trends

B.15

英国 AIGC 发展报告（2023）

朴经纬　蔡雅玲　张浩楠*

摘　要： 在英国，AIGC 在多个领域展示出了巨大的产业潜力。AIGC 通过提供政策建议和战略指导，帮助英国政府、企业和学术界抓住人工智能带来的机遇，应对挑战，推动英国在全球人工智能竞争中的地位和影响力的提升。本报告分为三个板块，首先分析当下英国 AIGC 发展状况；其次是英国 AIGC 产业发展的机遇分析，其中重点着眼于教育、医疗保健、新闻媒体、艺术四个领域；最后是英国 AIGC 产业发展的风险和监管举措，风险包含数据隐私泄露、信息虚假、工作岗位流失等问题，监管举措重点提及英国政府新颁布的人工智能新监管框架的提案。

关键词： AIGC　风险　监管举措　英国

---

* 朴经纬，传播学博士，厦门理工学院影视与传播学院广播电视系讲师、硕士研究生导师，主要研究方向为国际传播、媒介政治经济学等；蔡雅玲，厦门理工学院影视与传播学院硕士研究生；张浩楠，厦门理工学院影视与传播学院硕士研究生。

18 世纪 60 年代，英国开创了以机器代替手工的时代，第一台纺织机、蒸汽机的现世开启了“蒸汽时代”，工人在流水线上用 1 天时间制作的零部件在机器的加持下或许只需要 1 个小时；19 世纪 70 年代，电话、电灯、汽车标志着“电气时代”的到来，乘客坐马车需要 1 天时间到达的目的地在汽车的作用下或许只需要半天；20 世纪 40 年代，第一台计算机在宾夕法尼亚大学问世，以每秒钟 5000 次的运算震惊世界。[①] 而 AIGC 的第一次创作正在为我们打开智能化世界的大门，见证我们正在经历的第四次工业革命。

一 英国 AIGC 发展概况

AIGC（Artificial Intelligence Generated Content），即人工智能生成内容，是一种利用人工智能工具进行内容创作的方式。生成式人工智能（生成式 AI）模型通过训练，可以识别大量的数据，以预测出最有可能与提示相匹配的输出内容。AIGC 被认为是继 PGC 和 UGC 之后的一种新型的更高效、便捷的内容创作方式。AIGC 作为一种上游技术，在支持多种下游技术上有着巨大潜力，AIGC 目前已全面覆盖了图像、文本、视频、3D 模型以及多模态内容生产，并且拥有了广泛的应用场景，比如教育、医疗、新闻、艺术等。人工智能技术的应用和扩散仍处于相对较早的阶段，但目前实际应用已表明这些技术可以带来整个社会的、经济的转型变革。

人工智能飞速发展的 10 年间，英国作为一个研究和创新强国、全球人才的聚集地，凭借拥有一个进步的监管和商业环境，在该领域引领世界，并通过大量政府资助和研究活动，计划成为全球人工智能创新中心。截至 2022 年 9 月英国人工智能市场估值超过 210 亿美元，预计未来几年将大幅

---

① 《【AIGC 100 问】第一章 智能化新世界的大门——AIGC 的诞生》，雪球，2023 年 4 月 10 日，https://xueqiu.com/2688283638/246933101?_ugc_source=ugcbaiducard。

增长，到 2035 年将为英国经济增加 1 万亿美元。[①] 英国人工智能投资已创历史新高，自 2014 年以来，政府已拨款超过 23 亿英镑用于人工智能领域的各种举措，在 2023 年英国财政预算中，政府承诺为人工智能研究提供 10 亿英镑的政府资金。[②] 英国人工智能规模扩张几乎是法国、德国和欧洲其他国家总和的两倍。

在人工智能技术发展方面，美国和中国在世界上处于领先地位，英国是继美国和中国之后的全球第三大人工智能市场，在医疗保健、金融、科技等特定应用领域以及 AI 治理、监管和安全框架的发展方面处于世界领导地位。截至 2023 年，英国已有约 3170 家活跃的人工智能企业，其中 60%为专门的人工智能企业，40%为多元化人工智能企业，即将人工智能作为多元化产品或所提供服务的一部分。英国人工智能企业在 2022 年度财政的收入总计约为 106 亿英镑，其中大型公司占比为 72%（76 亿英镑），如微软（Micresoft）、谷歌（Google）以及 Deepmind 等。中小型公司占比为 26%（28 亿英镑），而微型人工智能工资占比约为 2%（2 亿英镑）。[③]

在投资领域，2019~2021 年，人工智能投资增长了近五倍。2021 年是英国人工智能投资创纪录的一年，768 笔交易筹集了超 50 亿英镑，平均交易规模为 670 万英镑。而在 2022 年投资总量略有下降，但专门的人工智能公司获得了超过 60%的总投资，首次超过多元化公司，印证了英国人工智能行业的“高速增长”。[①]英国在人工智能领域有着领先的人工智能公司，如 DeepMind、AIbrain、BenevolentAI，具有活力的初创企业氛围，并且还拥有一大批国际领先的大学和科研机构，如伦敦大学学院、国王学院和帝国理工学院的著名机器学习研究小组，这使得英国有足够的人才储备，能更好地在前沿研究和商业应用之间建立联系以推动产业发展。

① “International Trade Administration,” U. S. Department of Commerce, UNITED KINGDOM ARTIFICIAL INTELLIGENCE MARKET, https: //www. trade. gov.

② “Government Commits up to £ 3. 5 Billion to Future of Tech and Science,” GOV. UK, Mar 2023, https: //www. gov. uk/government/news.

③ “Research Report for the Department for Science, Innovation & Technology (DSIT),” Artificial Intelligence Sector Study, Mar 2022.

二 英国 AIGC 产业发展的机遇

英国政府于 2021 年正式颁布了国家级人工智能战略《国家人工智能战略》（National AI Strategy），其中阐明了发展人工智能战略的三项主体策略。首先是针对英国人工智能生态系统的长期需求进行投资和规划。该策略的重点是需要投资于人工智能创新的技能和资源，目的是增加英国人工智能发展的类型、频率和规模。

其次是支持英国各个地区所有经济领域向人工智能经济转型。该策略旨在确保英国所有的部门和地区都享受到人工智能创新的好处。其中一个重要要素是使企业有能力将人工智能技术的知识产权商业化。为此，英国政府已经启动了关于人工智能和知识产权的咨询服务，并通过英国知识产权局（Intellectual Property Office）启动关于人工智能版权和专利的进一步咨询，以确保企业能够利用并且保护人工智能技术中的专利。

最后是确保英国“正确”地对人工智能技术进行治理。《国家人工智能战略》提到，建立一个值得信赖和支持创新的系统，让企业和技术健康发展，就必须解决人工智能带来的潜在风险和危害。其中包括对人工智能系统的公平、偏见、责任和透明度的担忧。① 这显示出英国在人工智能领域发展的决心，有望在新的 10 年之内抓住现代技术的发展机遇，巩固其科技超级大国的地位。

（一）教育领域

虽然 AIGC 的解决方案在教育领域已经存在了一段时间，但行业采取该方案的速度却很慢。然而在 2022 年，全球迎来了 AIGC 发展的爆发期。在 AIGC 的众多应用场景中，教育行业引起了人们广泛的关注。ChatGPT 展示

① “National AI Strategy,” GOV. UK, Sept 2021, https://www.gov.uk/government/publications/national-ai-strategy.

了回答、设计和解析问题等功能，展现了与以往的聊天机器人截然不同的交互性。而教育行业，尤其是在线教育行业对于教学过程交互性和教学内容针对性的需求，与 AIGC 有着天然的契合度。

根据目前 ChatGPT 的能力来看，AIGC 模型可以通过整合所学习的海量数据以及人类书籍、学术论文、新闻、优质资料作为学习内容，并根据用户的反馈进行进一步学习。在教育领域，AIGC 可以以此来优化教学资源数据库，在教学指导、内容输出和个性化课程设计等方面取得突破。AIGC 在英国教育领域的具体应用体现在以下两个方面。

1. 个性化课程

个性化课程计划是针对学生个体化的需求和兴趣量身定制的教育方式，这些课程计划可以通过使用人工智能算法分析学生数据来生成。例如，根据学生过去的表现、掌握的技能以及可能就内容给出的任何反馈，生成式人工智能系统可以利用这些信息来生成定制课程，更有可能帮助每个学生发挥潜力，提高学习效果和学习动力，使其更加主动和积极地参与学习。生成式 AI 的应用可以帮助教育机构和教师更好地满足学习者的个性化需求，提供更加精准和有效的教学服务。比如，对于一个学习编程的学生，生成式 AI 可以根据其已有的知识和学习进度，生成适合其水平的编程题目和实践项目；对于一个学习外语的学生，生成式 AI 可以根据其语言水平和学习目标，生成个性化的听力、口语和阅读材料。

由牛津大学、剑桥大学、伯明翰大学等 24 所英国顶尖高校组成的罗素大学集团，联合发布了在校园中使用生成式 AI 工具的全新原则。该原则已经获得 24 所成员大学副校长的一致支持，各成员学校将制定相关课程并设立管理机构，以合乎道德和负责任的方式使用生成式 AI 等新技术。其中提出了五项具体原则：第一，各高校将支持学生和教职员工具备人工智能素养；第二，教职员工应具备支持学生在学习过程中有效、适当地使用生成式 AI 工具的能力；第三，各高校将调整教学和评估，以纳入生成式 AI 合乎道德的使用并给予师生平等使用这些工具的机会；第四，各高校将确保学术严谨性和诚信得到维护；第五，随着技术及其在教育中的应用发展，各高校将合作分享最佳实践案例。[①] 罗素集团首席执行官 Tim Bradshaw 表示，AI 的突破已经改变了我们的工作方式，学生需要获得丰富职业生涯所需的新技能，大学学者在研究如何利用 AI 来增强教研水平方面也需要支持。

2. 课程设计和辅导

生成式 AI 工具可以帮助设计组织课程材料，包括教学大纲、课程设计和评估，根据学生的学习情况、知识差距、技能或者学习风格对课程材料进行个性化设置。如果与其他技术配对（如虚拟现实），生成式 AI 则可以为课程需要创造特定的虚拟环境，提供更多的互动课程，改善学生的学习体验，并且生成式 AI 可以让学生在该环境中与虚拟导师互动，获得实时、精确的学习反馈，帮助他们找到知识盲点，提高学习效果。

英国 AI 教育科技初创公司 Kinnu 宣布获得 650 万美元融资。Kinnu 公司强调其使命是让每个人都有能力学习想学的任何东西。如今，从大学在线课程到企业教育的大多数学习体验是围绕教育内容创作者的需求而设计的，而不是针对学习者的需求而设计的。Kinnu 创始人预测，人工智能可以通过优化为学习者提供的内容，以及通过自适应体验设计为学习引擎提供动力来解决这个问题。Kinnu 的平台使用生成式 AI 创作内容。[②]

首先，人类专家创建一个课程大纲，然后输入 Kinnu 的大语言模型中。该模型确定每门课程的主要思想，并以多种格式创建复习问题，比如多选形式。Kinnu 随后通过其移动应用程序提供这些课程。其平台目前提供文化、历史、科学、心理学这四大门类的课程，每一大门类下又细分多门课程。Kinnu 联合创始人兼首席执行官 Christopher Kahler 表示，专注于加快人类学习速度的人工智能学习有着巨大的机会。10 年前，在线学习经历了一次繁荣，使学习内容的获取变得民主化。下一个前沿是使学习机制民主化，使之适应学习者自己的节奏和能力。现在，Kinnu 正专注于成人爱好者学习。到

① 《牛津剑桥解除 ChatGPT 禁令，英国 24 所顶尖高校发布详细使用原则》，腾讯网，2023 年 7 月 10 日，https：//new. qq. com/rain/a/20230710A063GA00。

② 《用生成式 AI 改变学习方式，英国教育科技初创公司 Kinnu 获 650 万美元融资》，芥末堆网，2023 年 7 月 10 日，https：//www. jiemodui. com/N/136409. html。

目前为止，Kinnu 有超过 10 万次下载，超过 400 万条“智能评论”已经在应用程序中得到回复。[①]

（二）医疗保健领域

医疗是 AIGC 当前快速发展的领域之一，尽管现在关于其潜在风险依然存在很多争论，但人工智能工具依然具有潜力改变医疗保健行业，将效率和准确性提高到新的水平。对其进行适当监管和安全部署可以保证人工智能在医疗保健领域走得更远。AIGC 在医疗领域有着广泛的用途，从自动化管理耗时耗力的任务，到预测和发现潜在的新疗法，再到分析 MRI 扫描、CT 扫描、X 片等医学图像，快速识别不明显的模型，并创建大规模的健康场景模型，例如病毒的传播与进化，以帮助规划突发重大公共卫生事件的应急预案。

NHS（National Health Service），即英国国家医疗服务体系，承担着保障英国全民公费医疗保健的责任。NHS 是英国的公立医疗系统，由政府负责管理和运营。NHS 提供全民免费医疗服务，所有英国居民都有权利享受基本医疗保健。该体系的特点是：第一，全民医疗保健，NHS 为英国公民提供免费的医疗服务，无须支付任何费用；第二，综合性医疗服务，NHS 提供从基础医疗服务到紧急医疗护理等全方位的医疗保健服务；第三，中央管理，NHS 由英国政府负责管理，通过国家预算拨款来提供资金支持；第四，医生自主，NHS 的医生和护士等医疗专业人员有较高的自主权，可以自行决定医疗方案。

NHS 也面临一些挑战，例如就诊等待时间长和财政压力巨大。由于需求大于供给，患者可能需要等待较长时间才能获得某些非紧急的医疗服务。此外，NHS 的财政压力也导致资源有限，可能影响到医疗服务的质量和效率。因此，NHS 也需要积极地应用 AI 技术，以提高医疗服务的质量和效率。具体而言，AI 技术可以在以下方面对 NHS 产生积极的影响：第一，诊断，AI 可以帮助医生更准确地进行诊断，减少误诊和漏诊情况的发生；第二，治疗，AI 可以帮助医生

① 《用生成式 AI 改变学习方式，英国教育科技初创公司 Kinnu 获 650 万美元融资》，芥末堆网，2023 年 7 月 10 日，https：//www. jiemodui. com/N/136409. html。

制定更加科学的治疗方案，提升治疗效果；第三，预防，AI 可以通过对数据的分析，帮助 NHS 更好地预测疾病的发生，提前采取措施进行预防。

NHS 成立人工智能实验室不仅是为了利用先进的技术和数据分析方法来改进医疗服务和提高患者护理质量，也是为了应对人工智能的挑战，将政府、医疗从业者、学术界和技术公司聚集在一起，在健康和护理领域使用人工智能技术开展更多工作，以充分利用其优势，并且大规模安全、道德地使用人工智能技术。

诊断是 AIGC 在医疗保健领域应用最广泛的功能之一，NHS 推出一种新的人工智能工具，当患者接受 MRI 扫描时，只需 20 秒即可检测出心脏病。英国心脏基金会（BHF）资助的一项发表在《心血管磁共振杂志》（*Journal of Cardiovascular Magnetic Resonance*）上的研究得出结论，机器分析的精度优于三位临床医生。[①] 进行 MRI 扫描后，医生通常需要 13 分钟或更长时间来手动分析图像。该技术每周在伦敦大学学院（UCL）医院、圣巴塞洛缪医院巴茨心脏中心和皇家自由医院使用。英国每年进行约 120000 次心脏 MRI 扫描。研究人员表示，人工智能将每年节省 3000 个临床医生工作日，帮助解决重要心脏护理的积压问题，使医疗保健人员能够看到更多等待名单上的患者。这项工具的应用还可以让患者和医生对检查结果更有信心，并协助做出可能的治疗和手术决策。

（三）新闻媒体领域

文本、图片和视频生成一直是 AIGC 应用得最活跃的领域，而这也使得 AIGC 的出现改写了媒体行业的游戏规则。AIGC 的出现彻底改变了媒体行业，新闻采编、稿件撰写、视频编辑、新闻播报等作业环节都可以由人工智能来完成，世界各地的新闻编辑室越来越多地采用了人工智能解决方案，逐步实现了新闻报道的自动化。在新闻采编过程中，AIGC 可以自动记录整理

① Davies, R. H., Augusto, J. B., Bhuva, A., et al., "Precision Measurement of Cardiac Structure and Function in Cardiovascular Magnetic Resonance Using Machine Learning," *Cardiovasc Magn Reson*, 2022, 24.

语音和文字信息，提高效率，保证新闻发布的及时性。

而如今的记者工作与过去也截然不同，记者们通常面临着前所未有的海量数据，AIGC 技术可以帮助记者在更大规模的数据中整合有效信息，提高内容生产效率。在进行信息记录整理之后，AIGC 算法可将新闻采编过程所得数据与结构化文本写作相结合进行稿件撰写，在加快内容生成的同时也提高了准确性。在视频编辑中，可以利用人工智能进行自动编辑、字幕配置以及视频修复等。例如自动编辑可以通过文本素材快速生成并选择相应视频，显著地减少人工作业。这些都展示了生成式 AI 在新闻领域的应用潜力。它可以帮助新闻行业提高效率、降低成本，并且在一些特定场景下，还可以提供更加个性化和定制化的新闻服务。

然而，需要注意的是，生成式 AI 目前还存在一些局限性，在应用 AIGC 技术生成新闻内容时，也会面临一些新闻道德伦理问题。首先，AIGC 技术生成的新闻内容可能存在不准确、夸大或者具有误导性的情况，导致公众对相关事件的认知产生偏差。其次，AIGC 技术生成的新闻内容可能缺乏人类编辑的精细修饰，新闻内容的语言表达能力、逻辑性、新闻价值等方面可能不够完善。最后，AIGC 技术生成的新闻内容在选题、采访和报道等方面也可能缺乏人类的主观判断、价值取向和道德底线，从而导致新闻内容缺乏深度、广度和人文关怀。因此，在实际应用中，仍然需要人类编辑和监督来确保新闻的准确性和客观性。

BBC（British Broadcasting Corporation），即英国广播公司，是英国的一家政府资助但却独立运作的媒体，长久以来一直被认为是全球最受尊敬的媒体之一。今天 BBC 除了是一家在全球拥有高知名度的媒体，还提供其他各种服务，包括书籍出版、报刊、英语教学、交响乐团和互联网新闻服务。

英国广播公司（BBC）一直在通过各种方式推动新闻采编领域的创新。人工智能技术的应用就是其中的一个重要方向。BBC 的人工智能团队致力于开发新闻生产流程中的各种工具和技术，以提高新闻生产效率和质量。例如，他们开发了名为 Jill Waston 的人工智能助手，可以帮助新闻编辑快速查找和收集相关资料，自动生成新闻摘要和标题，并进行内容审核和翻译。此外，他们还开发了一款名为“Newswise”的应用程序，可以自动识别新闻图片中的人物和物体，并提供相应的标签和关键词，方便新闻编辑快速制作新闻素材。除此之外，BBC 还在利用人工智能技术进行新闻推荐和个性化服务。他们开发了一款名为“BBC News Labs”的应用程序，可以根据用户的兴趣和偏好，推荐相关的新闻内容和报道，提高用户的阅读体验。

近年来，BBC 在技术方面经历了一系列的革新。BBC 在 2014 年开始推出超高清电视（UHD）节目，将更高分辨率和更逼真的图像质量带给观众；BBC 在 VR 和 AR 技术方面也进行了积极的探索和实验，它发展了一些基于虚拟现实和增强现实技术的创新项目，如 2017 年就推出了一款太空行走体验项目“Home-A VR Spacewalk”，为观众提供了与传统媒体不同的沉浸式体验。

值得一提的是，BBC 运用人工智能和自动化技术改进了自身的工作流程和内容生产。它使用自动化系统来生成新闻报道、合成语音和生成字幕，提高了效率和生产速度。比如，BBC 于 2018 年底推出了生产流程自动化项目 Semi-Automatic Local Content（半自动化本地内容，简称 Salco）。Salco 将数据手机、新闻生产、编辑批准整合到一个简单的“一键式”流程中，该流程获取原始数据后，根据记者设计的模板生成覆盖超本地受众的颗粒度更细的新闻报道。这种简单性掩盖了由五部分组成的复杂步骤（见图 1）：

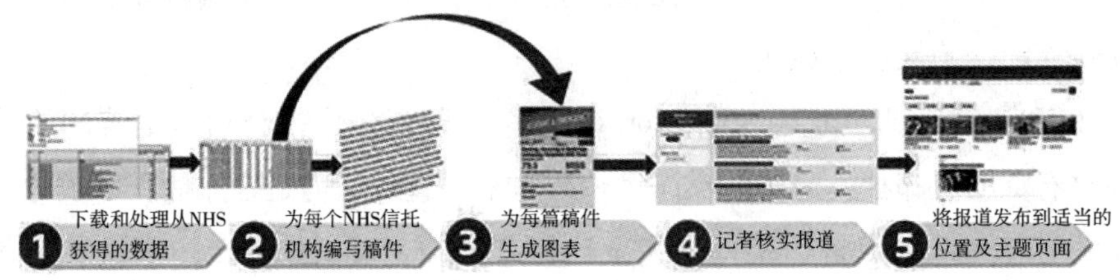
1 下载和处理从NHS获得的数据
2 为每个NHS信托机构编写稿件
3 为每篇稿件生成图表
4 记者核实报道
5 将报道发布到适当的位置及主题页面

图 1 Salco 流程

资料来源：搜狐网 2020 年 3 月发布的《BBC 实验室揭秘：如何制作半自动化新闻？生产流程全公开》。

- 下载和处理从 NHS（National Health Service，国家医疗服务体系）获得的数据，提取 BBC 感兴趣的部分；

- 根据记者编好的模板为每个 NHS 信托机构编写稿件；
- 为每篇稿件生成图表，以 BBC 的方式总结数据；
- 预览每一篇报道，以便记者能够核实和批准；
- 将每个报道故事发布到适当的位置及主题页面。①

这一系统的使用在节省记者的时间的同时，也为受众群体带来更多的高质量新闻报道。BBC 的记者团队在英国 2019 年选举之夜利用 Arria · NLG 在一晚用两种语言生成了约 690 篇报道，文案超 10 万字。②

2022 年，BBC 与微软合作开发 iPlayer 服务的实验版。英国 iPlayer 用户可以访问 BBC（由英国电视许可证资助）提供的大量点播内容，而新的实验试图监控用户的语音命令，以猜测他们想要观看的节目内容。③ 这项测试的新功能允许用户仅通过语音登录服务，然后在房间内收听用户的对话，并推荐相关的点播内容。虽然这听起来有点冒犯，但这个实验的目的是让 iPlayer 更好地了解用户和家人讨论的焦点，并根据这些内容、收集的电视剧和其他信息提供更好的推荐。实验版 iPlayer 可以作为语音助手，可以检测并响应“BBC，播放《东区人》”等命令，然后播放最新一集。目前这个实验版只是内测，未来会对更多用户开放。

（四）艺术领域

快速进化的 AIGC，正在为艺术推开一扇通往新世界的大门。在艺术创作中，它为艺术家提供了许多新的可能性和创新方式。有些艺术家使用 AI 来获取创意灵感。他们可以使用 AI 算法来生成和组合各种元素，例如颜色、形状、纹理等，从而帮助他们发现新的艺术构思和创意。AI 也可以作为艺术创作的工具来使用。例如，一些艺术家使用 AI 算法来生成和编辑图像、

① 《BBC 实验室揭秘：如何制作半自动化新闻？生产流程全公开》，搜狐网，2020 年 3 月 30 日，https：//www. sohu. com/a/384334231_ 656174。

② 《Arria 自然语言生成技术扩大了 BBC 对英国大选的新闻报道》，财经头条，2019 年 12 月 18 日，https：//cj. sina. com/artides/view/1649036617/624a4d4902000sped。

③ “iPlayer”，互联百科网，2022 年 8 月 2 日，https：//www. cooboys. com/news/202208/181062. html。

视频和音频，从而创建出新的艺术作品。此外，AI 还可以用于自动化完成一些烦琐的创作过程，例如图像分割、色彩校正等，从而提高创作效率和质量。AI 还可以帮助艺术家创造出新的艺术形式。例如，一些艺术家使用 AI 算法生成虚拟现实和增强现实作品，从而打破传统艺术形式的限制，创造出更加丰富和多样化的艺术作品。

Stability AI 是一家成立于伦敦的人工智能公司。2022 年 10 月，Stability AI 获得 1.01 亿美元融资，估值高达 10 亿美元，跻身独角兽行列，成为 AI 绘画领域第一家独角兽企业。[①] Stability AI 发布的开源模式 Stability Diffusion，可以根据用户输入的文字描述（称为提示词，prompts）自动生成图像，即文生图（Text-to-Image，T2I）。Stable Diffusion、DALL-E 2、Midjourney 等可以生成图片的 AIGC 模型引爆了 AI 作画领域，AI 作画风行一时，标志着人工智能向艺术领域渗透，并为艺术家、观众和市场带来了新的机遇和挑战，推动艺术创作的创新和探索。

除了用 Stable Diffusion、Midjourney 等生成图片这种“轻量级”玩法，投资者们认为人工智能技术极有可能变革影视节目的制作方式。在 ChatGPT 爆红的一年多以前，就已经有风险投资机构开始布局 AI 视听内容领域的创业公司。近日，美国媒体 Business Insider 盘点了 10 家 AIGC 相关创业公司，各自的累计融资额都在数千万美元或以上，合计数亿美元（见表 1）。

表 1　视听内容领域 AIGC 公司融资不完全统计

序号	创业公司	主要业务	投资举例
1	Deep Voodoo	AI 视频	2022 年 12 月宣布,融资 2000 万美元
2	Deepdub	AI 配音	2022 年 2 月宣布,2000 万美元 A 轮融资
3	DGene	VR 技术	2021 年 11 月,阿里巴巴领投 2000 万美元 A+轮融资
4	MARZ	AI 动画特效	2021 年,500 万美元 A 轮融资
5	Metaphysic	AI 动画特效	2022 年,750 万美元融资
6	Neosapience	AI 语音与视频	2022 年 2 月宣布,2150 万美元 B 轮融资

① 《AIGC 发展趋势报告 2023：迎接人工智能的下一个时代》，腾讯研究院，2023 年 1 月 31 日，https//www.tisi.org/25314。

续表

序号	创业公司	主要业务	投资举例
7	Papercup	AI 配音	2022 年 6 月宣布,2000 万美元 A 轮融资
8	Respeecher	AI 视觉效果	累计融资 300 万美元
9	Runway	AI 动画特效	2023 年 5 月宣布,融资 1 亿美元
10	Wonder Dynamics	AI 动画特效	2021 年 12 月宣布,900 万美元 A 轮融资

资料来源：三文娱网 2023 年 5 月发布的《融资数十亿元，这 10 家 AIGC 公司正在改变影视和动画行业》。

其中，Metaphysic 总部位于英国伦敦，是一家以深度伪造技术闻名的公司，2022 年，它因为《美国达人秀》制作猫王换脸而受到关注。① 2022 年，Metaphysic 融资 750 万美元，Metaphysic 与经纪人集团 CAA 建立了合作关系，为客户开发 AIGC 工具和服务，比如电影明星汤姆汉克斯就在新电影中用到了它的换脸技术。

三 英国 AIGC 产业发展的风险和监管举措

（一）AIGC 产业发展面临的风险

1. 数据隐私泄露

与 AIGC 最密切相关的一项主要风险是数据以及隐私泄露的问题。AIGC 本质上是通过已有数据的学习和识别，根据要求来生成相关内容的技术，AIGC 模型的使用和完善需要依赖大量的数据训练。随着训练，AIGC 模型将变得越来越智能和自主，与此同时其掌握的个人和组织的数据以及隐私信息越多，用户越多，隐私风险也就越复杂，为减轻这一风险，企业须从开始就在其 AIGC 战略中优先考虑数据安全问题，这就需要主动使用更为强大的加密技术以及对敏感数据实施严格的访问控制。

① 《融资数十亿元，这 10 家 AIGC 公司正在改变影视和动画行业》，界面新闻，2023 年 5 月 24 日，https：//www. jiemian. com/article/9454700. html。

医疗保健数据是目前最为敏感的数据类型之一。这些个人健康记录、临床数据与公共数据被分别存储在数百家医疗保健和医院依托机构的独立系统当中。为了将所有信息汇集至单一来源，用于改进决策制定和诊疗效果，NHS 决定打造新的联合数据平台。[①] NHS 联合数据平台的成败，可能对全球集中医疗数据项目的未来产生重要影响。英国这样拥有庞大人口基数的国家有着独特的国有化医疗保健服务体系。如果能够证明这种协同一致的数据管理和使用方式有益于公共卫生，此举当然会激励其他市场参与者加入合作；但如果项目的实施和运行负责方损害了英国公民的信任，发生诸如敏感数据泄露的事件，后果也将不堪设想。因此，NHS 在打造联合数据平台的时候，要特别注意这些敏感数据的安全问题。应用更为强大的加密技术以及更加严格的访问控制来保障数据安全。

英国人工智能公司 DeepMind 于 2015 年与 NHS 达成一项交易，DeepMind 与英国皇家自由医院将合作创建一款应用程序，用来帮助医生发现可能有急性肾损伤风险的患者。而作为这一项交易的一部分，DeepMind 将能够访问 160 万份患者的个人记录，并且相关患者表示他们并没有被告知个人数据将被以何种方式进行使用。此后 DeepMind 因对数据使用的合法性被进行了多次调查，英国信息专员办公室（ICO）在 2017 年表示，医院与 DeepMind 共享数据时在患者隐私保护方面做得不够。[②] 随后 DeepMind 在一份声明中道歉，声明所有数据将用于创建工具，并且不会与其他产品关联，但人们依旧对这一行为感到愤怒。

2. 信息虚假

AIGC 模型训练所使用的数据是在现实世界中收集的，在许多情况下，AIGC 可以减少人类对数据的主观解释，因为机器学习算法根据所使用的训练数据，可以学会仅考虑提高其预测准确性的变量，在此情况下可以用 AIGC 来改善决策，使决策的过程变得更加公平。但与此同时，大量证据表明 AIGC 模型可能会

① 《英国国家医疗服务体系正在构建全球最大医疗数据平台》，腾讯网，2023 年 3 月 27 日，https：//new. qq. com/rain/a/20230327A098RN00。

② 《全媒风向丨英国健康数据监管为医疗 App 数据应用划定界限》，腾讯网，2019 年 8 月 28 日，https：//new. qq. com/rain/a/MDA2019082800624900。

嵌入人类社会的偏见并大规模部署，进而传播偏见或是生成错误信息。2023 年的一项报告预测，生成式人工智能技术可以让更多的阴谋论者和虚假信息传播者更容易、更便宜地生产虚假信息，并且个性化的聊天机器人可以越来越可信和有说服力地传达错误信息。①

例如一名诈骗犯利用 AI 语音模仿软件模仿带德国口音的英语，冒充公司老板，成功让一家英国能源公司（British Energy）的 CEO 相信自己正在与德国母公司的老板通电话。在电话中，诈骗犯要求这位 CEO 立即将 24 万美元转到匈牙利一家供应商的银行账户，以避免缴纳“滞纳金”，并将转账信息以邮件形式发送，而这位高管毫不犹豫地照做了。② 这种 AI 语音模仿技术的工作原理是将一个人的声音分解成音节或声音，然后再进行重新排列，最后形成新的句子，达到以假乱真的模仿效果。此案被认为是全球首例涉及人工智能的诈骗案，引发了人们对人工智能软件被用于犯罪的担忧。

3. 工作岗位流失

与 AIGC 的应用密切相关的另一个重大问题就是工作岗位的流失。自动化一直是人类历史发展的重要推动力，AIGC 模型的自我学习能力和改进能力不断增强，将能够执行越来越多的由人类执行的复杂任务，并且可以比人类更快更准确地分析数据、做出决策使企业获得整体效率的提高。随着人工智能技术的成熟并在各领域展开应用，自动化将在未来几年进一步扩大。英国政府估计，未来 5 年英国现有工作岗位的 7%可能会被取代，10 年后升至 18%左右，20 年后将升至 30%，相当于 220 个工作岗位将被取代。当前大型语言模型已经可以自动化 15%的任务，当与能够纠正现有的已知问题的应用程序结合时，这一比例可能会增加到 50%。③ 世界经济论坛发布的

① Goldstein, J., Sastry, G., Musser, M., DiResta, R., Gentzel, M., Sedova, K., "Generative Language Models and Automated Influence Operations: Emerging Threats and Potential Mitigations," Jun 2023, https: //arxiv. org/pdf/2301. 04246. pdf.

② 《世界首桩 AI 诈骗案：模仿德国高管声音骗得英国下属汇 24 万美元》，搜狐网，2019 年 9 月 7 日，https: //www. sohu. com/a/339456744_ 161795。

③ Eloundou, T., Manning, S., Mishkin, P., Rock, D. GPTs are GPTs: An Early Look at the Labor Market Impact Potential of Large Language Models, 2023.

《2023 年就业未来报告》提到 19%的劳动力的超过 50%的任务可以被人工智能所取代。到 2023 年，由技术突破（如生成式人工智能时代的到来）驱动的劳动力市场转型将因经济和地缘政治干扰以及日益增长的社会和环境压力而加剧。①

（二）英国政府对人工智能的监管举措

在世界范围内，各个国家和地区正在起草有关人工智能的监管规则，英国也迅速采取行动，寻求继续引领人工智能治理的国际对话，并确保自身在人工智能领域的领先地位。英国对于人工智能行业的监管目前主要是通过金融服务监管等现有法律框架进行。但是随着人工智能研发的步伐和规模持续扩大，目前监管人工智能某些用途的法律框架拼凑在一起，难免在监管豁免之间出现一些新的问题和风险。各监管机构间的冲突或不协调难免会造成不必要的负担，令风险得不到缓解并且阻碍 AI 发展。对此，英国政府提出了新的对于人工智能监管的提案。

英国政府于 2023 年 3 月 29 日发布了人工智能新监管框架的提案《一种支持创新的人工智能监管方法》（A Pro-innovation Approach to AI Regulation）。白皮书详细说明了英国政府将如何支持创新，与此同时将提供一个框架以确保可以更加准确地识别风险和解决问题，为 AI 发展提供一个清晰的，更有利于创新的监管环境，这种制度旨在让负责任的创新变得更加容易。

这一积极支持创新的方法和框架也将支持相关企业扩大规模并参与国际竞争。白皮书指出，新的监管方法的确立依赖于政府、监管机构和企业之间的合作，过早立法可能会给企业带来不必要的负担，所以不打算引入新的立法。在进行监管框架确立的同时，将使用新的检测功能对监管框架的运行情况进行实时评估。人工智能的发展速度也要求政府和监管部门时刻了解出现的新风险，与专家、企业进行交流，以确保在必要的地方采取行动。

① The Future of Jobs Report 2023，World Economic Forum.

英国针对人工智能领域的监管框架将基于五个关键原则，其主要内容如下。[①]

1. 安全、保障和稳健性

人工智能系统应该在整个生命周期中以稳健、可靠和安全的方式运行。监管机构可能需要对监管实体引入措施，以确保人工智能系统在整个生存周期中的技术安全性和可靠性。

2. 适当的透明度和可解释性

透明度指被监管单位将关于人工智能系统的适当信息传达给工作人员，例如，如何、何时以及出于何种目的使用人工智能系统的信息。可解释性至相关方能够在多大程度上获取、解释和理解人工智能系统的决策过程。适当的透明度和可解释性就意味着监管机构将拥有足够的信息，从而可以对可能出现的风险实施更有效的措施。

3. 公平

人工智能系统不应损害个人或组织的合法权利，歧视个人或造成不公平的市场结果。公平是一个贯穿于许多法律和监管领域的概念，包括平等和人权、数据保护、消费者和竞争法、公法和普通法，以及保护弱势群体的规则。监管机构可能需要制定和发布适用于其监管领域内人工智能系统的公平性描述和说明，并制定考虑到相关法律、法规、技术标准的指南。

4. 问责制和治理

人工智能系统应该得到有效监督，并建立明确的问责制。确定谁对遵守现有法律和原则负责，在实施的初始阶段监督机构可能会就如何证明问责提供指导。从中长期看，政府将会发布额外指导，说明问责制如何适用于人工智能生态系统内的特定行为。

5. 可竞争性和补救

人工智能技术的使用可能对人类生活产生不同程度的伤害，比如偏见的

① Department for Science, Innovation & Technology and Office for Artificial Intelligence, *A Pro-Innovation Approach to AI Regulation*, 2023. 3. 29.

出现或安全问题。在适当的情况下，人工智能系统的用户应该能够对人工智能的决定或结果提出质疑。监管机构将引导受监管实体提供易于获取的明确途径，以确保受影响的各方可以根据需要提出质疑，并确定补救途径。

英国人工智能监管方法之所以具有优势有以下三点原因。首先，就是以上五项原则在实施初期，法律并不会要求监管机构严格执行，而是组织应自愿遵守。如果认为有必要，在之后才会颁布一项规定这些原则的法规。其次，它是建立在现有的法律框架之上的，例如隐私法、数据保护法等，而不是实施新的以人工智能为核心的强制立法。最后，监管机构可以在中央协调机构的支持下，根据五项原则所涵盖的主题进行调整。[①] 这一监管框架将责任分散在不同组织之间，能够在出现风险时避免在单一国家监管机构的执法效率低下，并且可以充分利用各领域的专业技术人才来监管人工智能。

欧盟所起草的《人工智能法案》（Artificial Intelligence Act）被不少人工智能企业认为过于严苛，比如法案禁止了某些人工智能的用途，如实时远程生物识别系统（live remote biometric identification systems），即在公共场所利用摄像头将人物与警方的观察名单进行对比。这一严格要求使得人工智能企业在欧洲的发展受限，而英国对于人工智能的监管措施相较于欧盟的做法可以更好地平衡人工智能的风险和收益，其开放性有利于促进经济和社会的创新。

---

① Department for Science, Innovation & Technology, *UK Artificial Intelligence Regulation Impact Assessment*, 2023.

B.16

韩国 AIGC 发展报告（2023）*

李玮琪　张世超**

摘　要： 韩国政府于 2019 年 12 月 17 日公布“人工智能（AI）国家战略”，该战略旨在推动韩国从“IT 强国”发展为“AI 强国”，计划在 2030 年将韩国在 AI 领域的竞争力提升至世界前列。近年来，韩国 AI 技术的迅速发展，为 AIGC 产业带来了巨大的变革和机遇。然而，由于 AI 技术的复杂性及存在的潜在风险，建立健全的法律法规体系对 AIGC 产业的长期健康发展至关重要。本报告基于韩国政策环境、产业发展和法律法规三个方面的现状，对韩国 AIGC 行业的发展趋势进行展望并总结出如下内容：政策环境趋向良好，AI 技术成为韩国经济发展的新引擎；行业认可度持续提升，AIGC 应用实现批量升级迭代的新价值；法律法规逐步健全，AIGC 产业迎接长期健康发展的新机遇。

关键词： AIGC　大语言模型　人工智能法

人工智能（Artificial Intelligence，AI）是一种模拟人类智能的技术，旨在使计算机系统能够执行类似于人类的智能任务。它利用算法和大数据分析来模拟人类的思维和决策过程，从而实现自主学习、理解自然语言、感知环境和解决问题等功能。AI 作为科技领域的重要驱动力量，正在全

---

* 本报告系厦门理工学院 2023 年度高层次人才科研启动项目（YSK23011R）的阶段性研究成果。

** 李玮琪，媒体传播学博士，厦门理工学院影视与传播学院传播系讲师，硕士研究生导师，主要研究方向为计算传播学；张世超，韩国庆北大学在读博士研究生，主要研究方向为跨文化传播。

球范围内引领第四次工业革命浪潮。AIGC（AI Generated Content）是利用AI 自动生成内容的生产方式，可以被看作 AI 技术在通用计算环境下的应用和发展。

韩国在人工智能领域起步较晚，2016 年 1 月，韩国信息通信企划评价院（IITP）的调查显示，在韩国 119 家研究所、大学所属研究组和企业中，进行人工智能研发的机构仅有 39 家。2017 年 5 月，文在寅就职韩国新一任总统后，韩国将人工智能上升至国家战略层面，力图在新一轮的国际科技竞争中掌握主动权。近年来韩国政府及相关机构积极推动 AI 技术的研发和应用，推出了一系列战略计划和政策措施，以加大对 AI 产业的支持力度。①

一　韩国 AIGC 行业发展背景

（一）AI 领域发展优势

韩国在 AI 领域具备的基础优势可以归纳为三点：较高的教育水平、世界领先的 ICT（Information and Communications Technolog）基础设施、强大的半导体产业和制造技术。

首先，根据经济合作与发展组织“OECD”（以下简称“经合组织”）发布的《2022 年教育概览》②，韩国 25～34 岁的年轻人高等教育完成率为 69.3%，在经合组织国家中排名第一。

其次，韩国在移动 4G 覆盖率、移动电话普及率、家庭/个人互联网使用率等主要 ICT 指标上保持世界领先地位。国际电信联盟（ITU）发布的 Digital Development Dashboard③ 报告结果显示，2021 年韩国以 100%的 4G 技

① 武琼：《韩国人工智能战略的实施路径及发展前景研究》，《情报杂志》2021 年第 4 期。

② “Education at a Glance 2022：OECD Indicators,” OCED ilibrary, Oct 2022, https：//www.oecd-ilibrary.org/education/education-at-a-glance-2022_3197152b-en.

③ “Digital Development Dashboard,” ITU, Mar 2023, https：//www.itu.int/en/ITU-D/Statistics/Dashboards/Pages/Digital-Development.aspx.

术覆盖率、98%的手机普及率、100%的家庭互联网接入率以及 98%的个人互联网使用率领先于其他国家。

最后，开发和运行类似 OpenAI GPT 系列的大语言模型，不仅需要英伟达 A100 等高性能 GPU，也依赖于高性能存储芯片。而韩国在存储芯片领域处于全球领先地位。韩国公司三星电子和 SK 海力士是世界上最大的两家存储芯片制造商，并一直积极投资于人工智能的研究和开发。①

（二）AI 领域发展劣势

尽管韩国在教育水平、ICT 基础设施和制造技术等方面具备基础优势，但在 AI 技术领域的发展中仍面临一些劣势与挑战。首先，韩国 AI 技术的积累不足，AI 领域的专业人才供给短缺。根据韩国贸易协会国际贸易通商研究院 2019 年发布的《从创业案例看 2018 年中国 AI 市场趋势报告》②，韩国与中国、美国等国家在 AI 技术方面的差距正在扩大，韩国在 AI 产业创业、专家和人才方面的水平相对较低。

其次，韩国的 AI 创业生态系统建设尚未完善。相对于美国等创新强国，韩国的创新和创业环境较为保守，缺乏灵活的政策支持。2020 年，美国市场调查企业 CB Insights 将 2019 年全球 AI 创业公司的评估价值进行排名并公布了排名前 100 位的企业名单，百强企业中有 77 家美国企业上榜，然而韩国企业上榜数为零。③

最后，根据国际商业机器公司 IBM（International Business Machines Corporation）发布的市场调研报告《2022 年全球 AI 采用指数》④，AI 采用率

① 《韩国半导体产业现况与前景》，韩国半导体协会，2019 年 11 月 27 日，https：//www.investkorea.org/ik-kr/bbs/i-112/detail.do? ntt_sn=484264。

② 《中国的人工智能领域人才是韩国的 7 倍》，韩国贸易协会，2019 年 1 月 10 日，https：//www.kita.net/asocGuidance/nesDta/nesDtaDetail.do? sNo=8441。

③ “AI 100：The Artificial Intelligence Startups Redefining Industries，” CB Insights，Mar 2020，https：//www.cbinsights.com/.

④ “IBM Global AI Adoption Index 2022，” IBM，Jun 2022，https：//www.ibm.com/watson/resources/ai-adoption.

的全球平均水平为34%，韩国的AI采用率仅为22%，是14个被调查国家中最低的，且低于第一名中国（58%）36个百分点。虽然韩国在AI研发领域发展呈现上升趋势，但存在AI的采用率不高，AI的应用成果不足等问题。

（三）AI相关国家政策

2017年，韩国政府首次制定AI相关政策；2018年，韩国政府开始加大对AI领域的投资力度；2019年，AI发展被提升为韩国国家战略；2022年，韩国政府开始关注AI人才培养，全面推进AI战略（见表1）。

表1　韩国AI研究领域国家项目推行概况

阶段名称	公布年份	项目名称
初步规划	2017	创新增长动力项目
起步探索	2018	AI研发战略
		数据产业振兴战略
		AI产业基础技术发展项目
跃进突破	2019	数据·AI经济振兴计划
		AI融合先导项目
		AI国家战略
	2020	新一代AI核心基础技术开发产业项目
		云机器人复合AI技术发展项目
		AI半导体应用技术发展项目
全面推进	2022	强化国防部门的软件·AI技术应用能力项目
		自动驾驶AI半导体核心技术开发项目
		韩语大语言模型技术开发项目
		集成内存、计算功能（PIM）的AI半导体核心技术开发项目
		以人为中心的AI核心基础技术开发项目
	2023	巨型人工神经网络AI半导体软件技术项目
		AI半导体软件集成平台技术开发项目
		AI产业融合技术发展项目
		AI普及和产业高度化计划
		AI尖端基础潜力技术开发项目

资料来源：韩国信息通信企划评价院（IITP）、科学技术信息通信部、第四次产业革命委员会等相关部门。

1. 2017年——初步规划阶段

2017 年，韩国启动了“创新增长动力项目”①，该项目主要涉及 VR 和 AI 两个关键领域。在 AI 领域，韩国政府致力于发展语言、视觉、听觉 AI 核心技术，并争取在机器学习、推理等新一代人工智能技术方面占据先机，以增强全球的竞争力。该项目是韩国首次在国家层面上提及对 AI 技术发展的较为长期的规划。

2. 2018年——起步探索阶段

自 2018 年起，韩国政府对 AI 技术的重要性有了初步认识，并开始逐步增加国家级资金及政策支援。2018 年 5 月，韩国政府发布“AI 研发战略”②，旨在加大对 AI 技术研究和创新的投资，推动 AI 技术的突破和应用。2018 年 6 月，韩国政府发布“数据产业振兴战略”③，旨在促进数据的开放和共享，推动数据驱动的创新和商业应用。

3. 2019~2020年——跃进突破阶段

2019 年 1 月，韩国科学技术信息通信部、行政安全部、工业部、中小企业部等相关部门联合制订了“数据 · AI 经济振兴计划”④。该计划的主要目的是在 2019~2023 年，通过推动数据收集、物流、应用等多个领域的发展，助力韩国飞跃成为 AI 强国。该计划的主要内容是为促进数据和 AI 的融合发展，激活数据价值链的全周期活性化，实现数据与 AI 的跨越式发展。政府还将加大对大数据人才和 AI 人才的培养力度，并积极促进 AI 技术与产业的有机融合，以打造世界一流的 AI 生态系统。

---

① 《创新增长动力项目简介》，韩国信息通信企划评价院，2017 年 3 月，https：//www. iitp. kr/kr/1/business/menuZASXXpage. it。

② 《AI 研发战略简介》，科学技术信息通信部，2018 年 5 月，https：//policy. nl. go. kr/search/searchDetail. do? rec_ key=SH2_ PLC20180221137。

③ 《数据产业振兴战略简介》，第四次产业革命委员会，2018 年 6 月，http：//webarchives. pa. go. kr/19th/www. 4th-ir. go. kr/article/detail/327? boardName=internalData&category=normal。

④ 《科学信息技术通信部提出振兴数据和 AI 经济的里程碑》，科学技术信息通信部，2019 年 1 月 16 日，https：//www. korea. kr/briefing/pressReleaseView. do? newsId=156313442。

2019 年 4 月，韩国政府发布“系统半导体战略”[①]，旨在推动半导体产业的发展，为 AI 芯片和硬件设施提供支持。2019 年 4 月，韩国政府发布全球首个“5G 商用化和 5G+战略”[②]，旨在推动 5G 网络的商业化应用，并探索 5G 与其他领域的融合创新。2019 年 6 月，韩国政府发布“制造业复兴战略”[③]，旨在通过 AI 技术在制造业领域实现数字化转型，提升制造业的竞争力和创新能力。

2019 年 10 月 28 日，时任韩国总统在 AI 大会现场宣布“AI 基本构想”[④]，表示政府将全力支持 AI 技术的发展，鼓励开发者们自由想象，共同参与，迎接挑战。文在寅表示政府将打破 AI 发展领域的各种障碍，投资和支持相关企业盈利，增加公众对 AI 的使用，打造 AI 数字政府。并且为了使国民能够切身感受到 AI 技术的变革，韩国政府将 AI 发展列为重要战略领域，将数据（Data）、网络（Network）、人工智能（AI）列为三大革新性新兴产业，并称三大产业为韩国 DNA。

在此期间提出的“新一代 AI 核心基础技术开发产业项目”[⑤]“云机器人复合 AI 技术发展项目”[⑥]“AI 半导体应用技术发展项目”[⑦]，聚焦在将 AI 与机器人技术、半导体技术的交叉融合领域，旨在通过构建高性能的 AI 硬件平台，提升 AI 技术在应用场景中的实际效能。

---

① 《系统半导体愿景和战略》，产业通商资源部，2019 年 4 月 30 日，https：//www. korea. kr/briefing/pressReleaseView. do? newsId = 156329321。

② 《5G 移动通信》，《大韩民国政府简报》，2022 年 2 月 28 日，https：//www. korea. kr/special/policyCurationView. do? newsId = 148863556。

③ 《制造业复兴》，《大韩民国政府简报》2019 年 12 月 20 日，https：//www. korea. kr/news/policyNewsView. do? newsId = 148867741。

④ 《AI 大会现场访问总统发言稿》，《大韩民国政府简报》，2019 年 12 月 28 日，https：//www. korea. kr/briefing/speechView. do?newsId = 132031647。

⑤ 《新一代 AI 核心基础技术开发产业项目简介》，韩国信息通信企划评价院，2020 年 7 月，https：//www. iitp. kr/kr/1/business/menuIBBXXpage. itP8。

⑥ 《云机器人复合 AI 技术发展项目简介》，韩国信息通信企划评价院，2020 年 3 月，https：//www. iitp. kr/kr/1/business/menuIBDXXpage. it。

⑦ 《AI 半导体应用技术发展项目简介》，韩国信息通信企划评价院，2020 年 10 月，https：//www. iitp. kr/kr/1/business/menuIBMXXpage. it。

2019 年 12 月 17 日，韩国政府公布“AI 国家战略”[①]，该战略旨在推动韩国从“IT 强国”发展为“AI 强国”，计划在 2030 年将韩国在人工智能领域的竞争力提升至世界前列。政府计划通过在 AI 领域扩大人力和预算以及建立新组织来全力支持该战略，投入的政府预算相比 2018 年的 11000 亿韩元，增长了 50%以上。这一政府战略再一次唤起了韩国国民对第四次产业革命的结晶——AI 的关注，为集结国家力量推进 AI 技术发展提供了契机。

4. 2022~2023年——全面推进阶段

2022 年之前，韩国政府颁布的涉及 AI 领域发展的国家计划和项目，内容上集中于 AI 产业基础技术开发，政策规划较为单一。2022 年开始，韩国政府意识到人工智能人才的重要性，在推动核心技术发展的同时，发布了“AI 核心人才培养计划”[②]。2022 年底，ChatGPT 的诞生触发了韩国对于 AI 领域的政策细分化，陆续出台了“韩语大语言模型技术项目”[③]“巨型人工神经网络 AI 半导体软件技术项目”[④]“AI 产业融合技术发展项目”[⑤] 等以 AI 尖端技术应用为目的的研发项目。

2023 年 1 月，韩国科学技术信息通信部发布了《人工智能普及和产业高度化计划》[⑥]，这体现了韩国政府对 AI 技术的重视程度和发展意图，该计划将推动 AI 技术的普及和广泛应用，并促进产业的高度化发展。该计划的核心内容如下：第一，培育人工智能产业，并将商用 AI 普及于社会民生的

---

① 《人工智能国家战略发布》，科学技术信息通信部，2019 年 12 月 17 日，https：//www. korea. kr/briefing/pressReleaseView. do? newsId = 156366736。

② 《AI 核心高级人才培养计划简介》，韩国信息通信企划评价院，2022 年 3 月，https：//www. iitp. kr/kr/1/business/menuZASXXpage. it。

③ 《韩语大语言模型技术项目简介》，韩国信息通信企划评价院，2023 年 3 月，https：//www. iitp. kr/kr/1/business/menuZASXXpage. it。

④ 《巨型人工神经网络 AI 半导体软件技术项目简介》，韩国信息通信企划评价院，2023 年 3 月，https：//www. iitp. kr/kr/1/government/businessBlindness/view. it。

⑤ 《AI 产业融合技术发展项目简介》，韩国信息通信企划评价院，2023 年 3 月，https：//www. iitp. kr/kr/1/government/businessBlindness/view. it。

⑥ 《人工智能普及和产业高度化计划》，科学技术信息通信部，2023 年 1 月，https：//docviewer. nanet. go. kr/reader/viewer。

各领域；第二，完善人工智能技术基础建设，赋予国家 AI 领域革新力量；第三，树立数字时代新秩序，成为数字时代的世界楷模。

（四）AI 技术发展现状

受益于韩国政府大力支援各类 AI 领域项目，韩国的 AI 技术发展显示出强大的活力和潜力。尤其是在 2022 年“韩语大语言模型技术项目”的支援下，韩国各大企业在大语言模型的开发上取得了重要进展（见表 2），不仅提升了韩国在 AI 领域的科研实力，也推动了韩国 AI 技术的应用和商业化进程。

表 2　韩国企业大语言模型开发现状

企业名称	模型名称	发布时间/计划发布时间
LG	EXAONE	2021 年 12 月 14 日
SK Telecom	A.	2022 年 5 月 16 日
NAVER	HyperCLOVA X	2023 年 8 月 24 日
Kakao	KoGPT	2021 年 11 月 16 日发布 1.0 版本 2023 年下半年计划发布 2.0 版本

资料来源：韩国科学技术计划评价院（KISTEP）发布的《关于生成型 AI 主要问题和政策启示》。

互联网公司 Kakao 在 2021 年 11 月 16 日开发出了一款名为 KoGPT 的大语言模型。KoGPT 是基于 GPT-3 模型开发的专门处理韩语的大语言模型，拥有 600 亿个参数，并使用了 2000 亿个韩语 token 进行训练，Kakao 公司还在继续研发，计划于 2023 年下半年推出 KoGPT 2.0 版本。①

2021 年 12 月 14 日，LG 公司开发了 EXAONE 大语言模型，借助亚马逊开发的 Amazon SageMaker 和 Amazon FSx for Lustre 模型得以实现。EXAONE 在所有的韩语模型中拥有最多的参数，数量达到了 3000 亿。此外，该模型学习了超过 6000 亿个语料库和超过 2.5 亿张结合语言和图像的高分辨率图

① 《Kakao Brain 推出韩国超巨 AI 语言模型“KoGPT”》，Kakao 新闻，2021 年 11 月 16 日，https：//www. kakaocorp. com/page/detail/9600。

像，不仅可以理解和生成语言，还可以处理图像。[①]

韩国的电信巨头 SK Telecom 在 2022 年 5 月 16 日发布了名为 A. 的大语言模型。该模型基于 GPT-3 模型开发，特别之处在于，该模型使用长短记忆技术和多模态技术，以增强其在处理和理解自然语言对话时的能力。[②]

韩国最大的搜索引擎和门户网站 NAVER 在 2021 年 5 月 25 日发布名为 HyperCLOVA 的大语言模型，并计划于 2023 年 8 月发布 HyperCLOVA 的升级版本 HyperCLOVA X。HyperCLOVA 是韩国首款自主开发的超大规模语言模型，[③] 升级版本 HyperCLOVA X 包含 2040 亿个参数，利用了 5600 亿个韩语 token 进行训练。比起 GPT-3，HyperCLOVA X 使用的韩语训练数据多出了 6500 倍，这意味着它在理解和生成韩语文本方面将展现出超强的能力。[④]

二　韩国 AIGC 应用场景现状

（一）拟人化 AI（Anthropomorphic AI）

韩国在 AIGC 领域的探索和实践，凸显了“拟人化 AI”的特性。AI 被赋予具体的名称，甚至是形象，从一个抽象的技术工具转变为一个具有特性和能力的实体。这种转变一方面加强了 AI 与人类的互动和交流，推动了人机自然交互的发展；另一方面赋予了 AI 更丰富的社会和文化意义。

1. AI 作曲家

2016 年，韩国光州科学技术大学（GIST）安昌郁教授带领团队发明了韩国

---

① 《LG 巨型 AI “EXAONE” 亮相！……拥有 3000 亿参数、6000 亿语料库、2.5 亿张图像》，人工智能新闻，2021 年 12 月 14 日，https://www.aitimes.kr/news/articleView.html?idxno=23585。

② 《SK Telecom 推出新增长动力 AI 服务 A.》，NAVER Blog，2021 年 12 月 14 日，https://blog.naver.com/damoamall18/222735129173。

③ 《HyperCLOVA 简介及应用实例》，NAVER business，2023 年 7 月 18 日，https://bizschool.naver.com/online/course/65009/lecture/1461321。

④ 《HyperCLOVA X 的登场》，NAVER，2023 年 4 月 24 日，https://channeltech.naver.com/contentDetail/21。

首位 AI 作曲家“EvoM”。“EvoM”可以在短短 10 秒内创作出 3 分钟的音乐作品，并且能够自由涉足古典音乐、韩国演歌、流行音乐和电子音乐等音乐领域。

2020 年 10 月 8 日，韩国新人歌手夏妍发布了由 EvoM 制作的单曲《Eyes on you》，EvoM 成为全世界第一位为人类歌手制作出道单曲的 AI 作曲家。截至 2022 年，“EvoM”已经创作了 30 万首歌曲，并售出了 3 万首歌曲，累计销售额达到 6 亿韩元。[①]

2. AI 电视主播

MBN 是韩国的有线电视广播公司，成立于 1993 年，相较于 KBS、MBC 和 SBS 等韩国大型广播公司，MBN 在韩国的影响力和知名度较低。

2020 年 9 月 21 日，MBN 电视台推出的 AI 电视主播金柱夏（音译）第一次通过电视画面与观众见面。该 AI 女主播由 MBN 电视台和人工智能开发公司 MoneyBrain 共同研发，以该电视台主持人金柱夏为原型。AI 电视主播技术利用 AI 深度学习的实时影像合成技术，制作和播放与实际人物相同表现的 AI 人物影像。通过输入广播稿脚本，就能转换成 AI 主播的声音和影像，并根据新闻性质展现相应的表情、手势和语调进行播报。AI 电视主播的应用使得新闻播报更加灵活和高效，尤其在紧急情况下能够快速传递重要信息。[②]

3. AI 虚拟偶像

2020 年 8 月，韩国电影特效公司 Dexter 的子公司 Sidus Studio X 运用 CGI（Computer-generated Imagery）技术制作并推出韩国第一位虚拟偶像 Rozy。[③]

2021 年 7 月 1 日，Rozy 作为韩国保险公司新韩生命的代言人，身着露脐上衣和牛仔裤，随音乐跳舞的形象出现在广告视频中，该视频在 YouTube

---

① 《人工智能与艺术共存的时代正在来临，京畿道需要制定支援措施》，京畿新闻，2022 年 12 月 22 日，https：//www. kgnews. co. kr/news/article. html? no=730611。

② 安钟培（안종배），《人工智能改变未来世界和元宇宙》，坡州光文阁，2021。

③ Mi-Suk Kim，“A Study on the Realistic Representation of Virtual Human ：Focusing on Domestic TV Commercials，” *The Korean Journal of Animation*，2022，18（3）.

上的点击量已超过 980 万次。①

2022 年 5 月，互联网公司 Naver 与 Sidus Studio X 合作，使用 NAVER 自主研发的 NES（Natural End-to-end Speech Synthesis）语音合成技术为虚拟网红 Rozy 制作声音。随后，Rozy 作为歌手出道，发布了自己的单曲《Who am I》，也作为演员短暂出现在 tvN 电视剧《朴医生》中。

4. AI 作家

2021 年 8 月，韩国历史上第一部由 AI 作家创作的世界级长篇小说《从今以后的世界》（*The World from Now On*）问世。这部小说由韩国 AI 初创公司 Dapumda 和自然语言处理公司 Namaesseu 共同开发的 AI 作家比兰蓬创作。比兰蓬意为席卷宇宙起点和尽头的巨大风暴，这一命名也标志着文学史上将迎来重大转变。

Dapumda 公司成立于 2015 年，其创始人金泰延（音译）作家在 2014 年国际数学家大会（ICM）上感受到了 AI 小说的魅力，于次年成立了专注于 AI 小说创作的公司 Dapumda，并为创作第一本 AI 小说准备了 7 年的时间。在进行小说创作之前，首先在数据库中输入包括作者本人的著作及其他 1000 多本书的数据，对比兰蓬进行训练。金泰延作家设定主题、素材、人物角色与相关故事背景后，再“教导”比兰蓬写作技巧，协助其编写小说。在此过程中，如果对比兰蓬的创作不满意，作家金泰延会重新调整代码命令，直到比兰蓬达到作家金泰延的要求。比兰蓬具备了对隐喻和复杂句子的完全理解能力，它创作的句子几乎不需要进行校对，技巧娴熟，能够展现出独特的风格。出版商评价称，该作品在叙事结构和表现力方面堪称世界上第一部成熟的 AI 小说。②

AI 作家的问世为文学史带来了全新的范式转变，《从今以后的世界》的出版标志着 AI 文学创作迈向了一个全新的阶段，并且为 AI 技术在创作领域的应用开辟了新的可能性。

---

① 视频地址：https：//www. youtube. com/watch? v = y8v_ UXdBQtw。

② 《〈从今以后的世界〉作品简介》，2021 年 8 月 23 日，https：//post. naver. com/viewer/postView. naver? volumeNo = 32220502&memberNo = 43686621&vType = VERTICAL。

（二）生成式 AI（Generative AI）

生成式 AI 是指一类 AI 技术，它能够生成新的数据、图像、语音、视频、音乐等内容，从而扩展 AI 的应用范围。韩国生成式 AI 技术已应用于聊天机器人、图片生成、视频生成、文本生成、语音生成、音乐生成等场景（见表 3）。

表 3　韩国生成式 AI 应用场景现状

应用场景	产品名称	网址
音乐生成	Poza Labs	https://pozalabs. com/
聊天机器人	Luda	https://luda. ai/
	AliGPT	https://www. allganize. ai/ko/home
图像生成	Pokeit	https://pokeit. ai/
	Draph Art	https://www. draph. ai/
视频生成	Vcat. AI	https://vcat. ai/
	DeepBrain AI	https://www. deepbrain. io/
	Wayne Hills Bryant AI	https://www. waynehills. co/
文字生成	Wrtn	https://wrtn. ai/
	KEEwi-T	https://keewi-t. korean. ai/
语音生成	Typecast	https://typecast. ai/kr
	Prosody	https://www. humelo. com/

资料来源：各生成型 AI 官网信息与新闻报道整合。

2022 年 6 月，韩国音乐生成领域的知名新创 Poza Labs 出现在大众视野，提供生成式 AI 进行作曲、编曲、混音及母带制作等各式解决方案服务。[①]

2020 年 12 月，AI 初创公司 Scatter Lab 开发了可与客户互动的聊天型机器人 Luda，使用了该公司自行研发的语言生成型 AI 模型 Luda Gen 1。2023 年 3 月，Allganize Korea 公司推出了以企业员工为对象的商用型聊天机器人 AliGPT，通过链接 OpenAI 的 GPT-3. 5 应用程序接口为企业提供定制服务。

① 《Poza Labs 简介》，Poza Labs 官网，https: //pozalabs. com/。

Lion Rocket 公司于2023 年3 月推出的图像生成型 AIGC 平台 Pokeit。人工智能初创公司 Drap 推出的图像生成服务 Draph Art 主要面向在线电商市场。当用户输入产品照片所需的概念和情绪时，Draph Art 会以用户提供的照片为基础，创建新的背景、灯光、阴影等，并将其应用到照片中，进行“二次创作”。

Vcat. AI 是由 Phyone Corporation 公司于 2022 年开发的广告视频和图像生成型 AI 服务。用户只需输入包含产品说明和图片的网址，就能在数分钟内生成数十张图片和视频。最近在韩国引起高度关注的虚拟人，其实也利用了生成式 AI 技术，最具代表性的是 2023 年 4 月推出的 DeepBrain AI①。Wayne Hills Bryant AI 提供 ttv（text-to-video）和 stv（speech-to-video）服务，用户输入文本或语音后可自动生成视频内容。

2022 年 10 月，Wrtn Technologies 公司开发了基于文本的生成式 AI 平台 Wrtn，并于 2023 年 4 月公布 Wrtn 2.0 版本，它结合了 OpenAI 的 ChatGPT 和 Naver 的 Clova 等各种模型，可以生成文本和图像。② 2022 年 12 月，TWO BLOCK AI 公司发布了写作助手 KEEwi-T，可以提供基于 AI 技术的写作评分、校正服务。③

2019 年 11 月，语音合成技术初创公司 NeoSapience 推出了 AI 配音平台 Typecast，该平台拥有 170 名说韩语和英语的“虚拟演员”，用户能够将文字转化为 AI 合成的语音和视频。Typecast 的先进技术使公司区别于竞争对手，其技术包括人类情感模仿、语言风格、前景控制、唱歌和说唱声音技术。Humelo 是一家韩国人工智能语音合成解决方案提供商，其基于 AI TTS 创建 AI 语音朗读句子，一个人仅需录制 30 个句子，就可以保持声音不变，将韩语录音转换为其他语言，例如英语、中文和日语。④

① 《DeepBrain AI 发布基于生成式 AI 的“交互式虚拟人物”》，ZDNET Korea1，2023 年 4 月 13 日，https：//zdnet. co. kr/view/？ no=20230413160251。

② 《Wrtn，韩国首个 AI 插件平台“Wrtn 2.0”发布》，韩国经济，2023 年 4 月 17 日，https：//www. hankyung. com/economy/article/202304171819i。

③ 《KEEwi-T 简介》，TWOBlOCK AI 公司官网，https：//twoblockai. com/product。

④ 《Humelo，可以表达情感的 AI 声优“Prosody”》，People&News，2020 年 6 月 18 日，http：//www. pnnews. co. kr/news/view. php？ idx=780。

三 韩国AI相关法规条例

随着大语言模型AI商业化浪潮日益兴起，全球范围内围绕AI制度建设的讨论也日益增多。美国和日本对AI持灵活应对的立场，而欧盟则倾向于更为严格的规定，韩国仍在实施AI监管的探索阶段。

（一）韩国政府已计划出台人工智能相关法案

韩国的立法流程是：提案—递交国会—常任委员会审查—法制司法委员会系统性审查—全体委员会审议—全体会议审议和表决—移送政府—总统否决权—法案公布。

2023年2月14日，韩国国会科学技术信息通信委员会下属的信息通信和广播立法审查小组通过了7项AI相关法案，[①] 分别是AI产业培育及信任基础建构等相关法案（议案编号2111261）、AI研究开发及产业振兴与伦理责任等相关法案（议案编号2101823）、AI产业培育相关法案（议案编号2103515）、AI技术基本法案（议案编号2104772）、AI相关法案（议案编号2111573）、算法及AI相关法律案（议案编号2113509）、AI产业培育及信任保障法案（议案编号2118726），并计划将7项法案并称为《人工智能法》，接下来将进入法制司法委员会系统性审查和全体委员会审议两个阶段。

《人工智能法》颁布的最大意义在于，它是韩国提出的第一部具有根本法地位的人工智能法。[②] 目前《人工智能法》草案的核心内容主要包括以下三个方面。第一，AI技术和产业以人的安全性和可靠性为基本原则，它规定国家和地方政府制定政策，使人们能够稳定地适应社会、经济、文化和日常生活的变化。第二，科技信通部管辖，科技信通部每三年制订一项AI

① 韩国议案信息系统官网，https：//likms. assembly. go. kr/bill/FinishBill. do。

② 《人工智能法草案通过国会常任委员会小组委员会审议》，韩国法律经济新闻，2023年2月14日，http：//www. klawtimes. co. kr/news/articleView. html？idxno=7782。

基本计划，以此为 AI 政策和投资的基本方向、人力培训等基金会的创建、伦理和信任基础的建立以及社会的变化和各种问题的应对做准备。第三，设立由总理领导的 AI 委员会作为协调机构。该委员会由总理和民间委员共同担任主席，目的是审议 AI 领域的基本规划、重大政策和预算分配，并在委员会内部设立“可靠性专家委员会”，该委员会由民间专家组成。通过与政府以外的民间力量合作，可以进行有关技术发展和社会影响的讨论。

为了推动 AI 技术的快速发展，该法案明确规定了“先允许，后监管”的原则。《AI 产业培育及信任保障法》第 11 条规定：国家和地方政府原则上允许 AI 技术的研发以及 AI 产品或服务的发布。《AI 相关法》第 17 条规定：国家和地方政府原则上允许对 AI 技术研发、AI 产业振兴进行论证、测试、性能验证。换而言之，《人工智能法》保证了任何人都可以进行 AI 技术和算法的研发，有推出 AI 产品或 AI 服务的权利。考虑到 AI 技术的重要性以及各国在 AI 产业领域的激烈竞争，韩国政府认为，比起监管，站在促进发展的角度，制定强调民间部门自律性的支持政策，才能确保 AI 产业取得可靠性发展。

（二）《人工智能法》引发韩国民间争议

虽然韩国政府积极推动《人工智能法》的立法工作，但部分民间团体认为《人工智能法》忽视了 AI 带来的人权和安全风险。在《人工智能法》通过常任委员会审议后的 2023 年 3 月 2 日，包括健康医疗组织协会、经济正义实践市民联合会、民主社会律师联盟、数字信息委员会和人民民主团结会等在内的 16 个韩国人权民间团体就《人工智能法》存在的问题向韩国科学技术信息通信部提交了书面意见，要求对该法案进行全面审查。①

① 《反对“人工智能法”的三大理由》，slownews，2023 年 3 月 9 日，https：//slownews.kr/88459。

韩国民间团体质疑该法案的理由可以归纳为以下三点。第一，该法案相关法律规定不完善。该法案虽然对“应用在高风险领域的 AI”进行了定义——可能对人类生命、人身安全、基本权利保护等产生重大影响的 AI。[①] 但相较于欧美主要国家推动的高风险 AI 法规，韩国《人工智能法》草案中对高风险 AI 的规定都是零碎的，没有明确规定应该禁止的 AI 有哪些，也没有设置具体处罚规定。第二，该法案可能会与其他法律法规产生冲突，该法案规定的“先允许，后监管”原则可能限制或侵犯公民的各种基本权利，对公民的人身安全造成伤害。第三，该法案不符合国际人权标准。民间组织认为该法案不符合联合国人权事务高级专员在 2021 年报告的《数字时代的隐私权（2021）》[②] 中所呼吁的引入人权调查和制定受害者的国际标准，以防止和减轻公共和私人使用人工智能带来的负面影响。

（三）《人工智能法》的重要性呼之欲出

针对民间团体对《人工智能法》提出的种种质疑，韩国政府积极做出回应，强调了制定该法案的目的和意图，并解释了法案所追求的整体框架和效力。

韩国智能信息社会振兴院（NIA）是科学技术信息通信部和行政安全部下属的政府机构，旨在支持国家机构制定政策，促进国家信息化、营造健康信息文化和解决数字鸿沟等相关问题。NIA 院长黄中成（音译）在 2023 年 5 月 11 日召开的关于 AI 制度化的记者会上谈及该法案时表示：“《人工智能法》并不是一次性地确立 AI 相关法规和监管措施，而是作为一项具有法律效力的促进措施，明确政府和机构之间的职责分工。首先要创建一个基本框架，以监控未来可能出现的各种问题，并立即响应，依次解决。韩国是世界

① 《【2113509】算法及 AI 相关法律案》，韩国议案信息系统，2021 年 11 月 24 日，https：//likms. assembly. go. kr/bill/billDetail. do? billId=PRC_A2J1R1B1R1J0S1V6W3K9B0K6N6Q0Z9。

② 《联合国人权事务高级专员〈数字时代的隐私权（2021）〉》，社团法人信息人权研究所，2022 年 5 月 18 日，https：//idr. jinbo. net/1022。

上唯一一个注重人工智能立法系统性的国家。”①

政府部门和相关企业也在对 AI 法案立法问题进行研讨，在 2023 年 5 月 17 日召开的韩国 AI 技术开发与立法相关专家会议上，② 与会业界代表提出了对现有法规的改革建议，呼吁在超级 AI 优化问题的预监管方面进行调整，并尽量减少对国内 AI 的先前规定。他们认为，在全球竞争日益激烈的情况下，需要制定适应不同领域的专门模式，并确保 AI 相关的法律制度不受国内外公司的歧视。

四　韩国 AIGC 发展前景展望

（一）政策环境趋向良好，AI 技术成为韩国经济发展的新引擎

2017 年以来，韩国 AI 政策环境的不断改善为 AI 技术的发展提供了有力保障。图 1 显示了 2016～2021 年韩国与主要国家的 AI 技术水平差异，③ 该组数据可以看作韩国 AI 领域政策改善的一个鼓舞性成果。2016 年，韩国的 AI 技术竞争力仅为美国的 73.9%水平，韩国 AI 技术水平在五年内实现飞跃式发展，2021 年达到美国的 89.1%水平，并超过了日本。

在全球 AI 技术发展革新迅猛的大环境下，以发达国家为中心的 AI 技术霸权竞争正在激烈进行。2022 年至今，韩国政府在 AI 领域持续加大研发资金投入，积极培养 AI 领域高端人才，激活 AI 技术在不同领域的应用，以争取早日实现向“超级人工智能强国”的飞跃④。2023 年 3 月，韩国科学技术

① 《韩国智能信息社会振兴院黄中成院长：“‘人工智能法’迫在眉睫”》，EROUNNET，2023 年 5 月 11 日，https：//www. eroun. net/news/articleView. html？idxno＝32371。

② 《大型科技公司滥用国内数据引发对 AI 依赖的忧虑》，Inews24，2023 年 5 月 17 日，https：//www. inews24. com/view/1595142。

③ 《韩国及主要国家人工智能（AI）技术水平近期变化》，SPRi 软件政策研究所，2023 年 3 月 2 日，https：//www. spri. kr/posts/view/23555？code＝data_ all。

④ 《数字韩国将成为超级人工智能强国》，文化体育部，2023 年 4 月 20 日，https：//gonggam. korea. kr/newsContentView. es？ content = &mid = a10201000000&news_ id = c617b95c－1ca6－41de－8cf0－79497811b024。

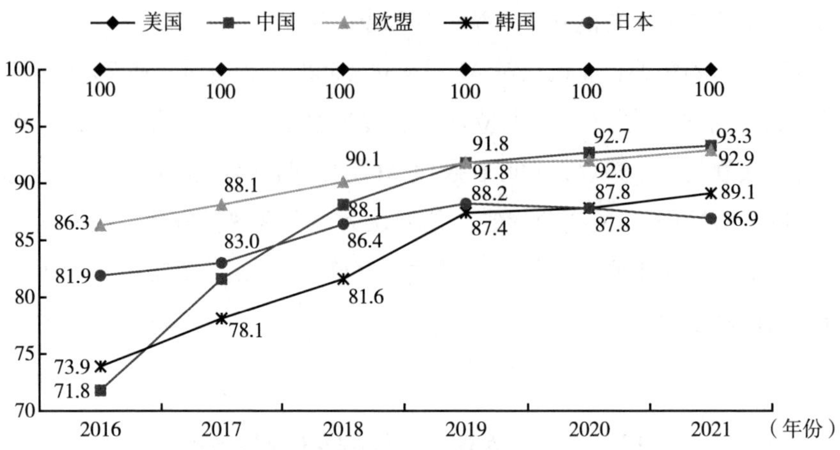

图1　2016~2021年韩国与其他主要国家的AI技术水平差异

资料来源：韩国信息通信企划评价院（IITP）：《ICT技术水平调查和技术竞争力分析报告书》和《ICT技术水平调查报告书》。（2022年）。

信息通信部公布“AI尖端基础潜力技术开发项目”①，该项目旨在通过数据专家与各领域的AI研究人员的合作，利用AI核心基础技术解决社会各个领域的难题。

随着韩国AI技术广泛应用于制造、医疗、教育、金融等各个行业，企业的生产效率和服务质量得到了提高。AI技术为各行各业带来了全新的商业模式和发展机遇，推动经济转型升级，促进创新并创造新的就业机会，成为韩国经济发展的新动力。

（二）行业认可度持续提升，AIGC应用实现批量升级迭代的新价值

随着韩国AI技术的不断进步和创新，AIGC领域出现了更多样的内容形式，从音乐作曲到文学创作，从图画制作到影视制作，AIGC为各个领域带来了更高效、更具创造力的内容生成方式。这使得AIGC成为创作者在工作

① 《AI尖端基础潜力技术开发项目简介》，科学技术信息通信部，2022年12月27日，https：//www.msit.go.kr/bbs/view.do?sCode=user&mId=64&mPid=47&bbsSeqNo=61&nttSeqNo=2959558。

过程中的有力辅助工具，同时，AIGC 技术的不断升级和改进也为产业带来了新的商业模式和盈利模式，为企业和从业者创造了更多价值和机会。越来越多的企业和品牌开始意识到 AI 技术在推广和宣传中的潜力，积极采用 AIGC 生成的内容来吸引和留住消费者。这种行业认可为 AIGC 产业带来了更多商业机会和市场需求，为产业发展注入了新的活力。

展望未来，随着韩国的 AI 技术与国际领先国家差距的缩小，AIGC 应用场景将能够更好地协助内容创作和创新，提供更高效和优质的服务。同时，AIGC 应用场景还将为用户提供更加丰富、真实的文化信息体验，打造更具互动性和沉浸感的新型文化媒体形式①。通过持续的投入和技术研发，韩国有望在 AIGC 领域取得更大的突破和进步，确保韩国未来在 AIGC 产业的竞争力，实现 AIGC 产业的健康发展。

（三）法律法规逐步健全，AIGC 产业迎接长期健康发展的新机遇

AI 技术的迅速发展，为 AIGC 产业带来了巨大的变革和机遇。然而，由于 AI 技术的复杂性和潜在风险，建立健全的法律法规框架对 AIGC 产业的长期健康发展至关重要。

2023 年 2 月，具有 AI 基本法性质的《AI 产业培育及信任基础构建法案》等七项法案通过了韩国国会立法审查小组审议，进一步明确了韩国 AI 产业的培育目标和发展方向，为相关企业和机构提供了法律保障和支持，促进了 AI 产业的稳步发展。韩国人工智能相关法律法规的制定标志着韩国政府对 AI 产业发展的重视，并试图建立相应的法律框架来推动 AI 技术更加广泛地应用和发展，“先允许，后监管”的原则为 AI 技术的快速发展提供了空间，同时也要求民间部门的自律性。

随着韩国 AI 领域的法律法规逐步健全，AIGC 产业将迎来新的发展机遇。首先，合规的企业将获得更多的市场认可和信任，从而在竞争中占据优

① 《人工智能内容：概念和案例、政策问题分析》，KOCCA FOCUS，2021，https：//policy.nl.go.kr/search/searchDetail.do?rec_key=SH2_PLC20210281874。

势地位。其次，规范的法律法规将降低投资风险和不确定性，吸引更多的资本流入 AIGC 产业，推动产业的快速发展。最后，法律法规的健全也有助于培养人才和提升技术水平，推动产业的创新和进步。

然而，韩国《人工智能法》的立法仍面临一些挑战和难题。首先，AI 技术的快速发展和创新使得法律法规的制定跟不上技术的变化。因此，如何让法律法规在具备一定的灵活性和适应性的同时，又能够在应对新兴技术和应用场景的挑战时保持有效性是韩国立法部门首要思考的问题。其次，跨国性和全球化的特点使得国际合作和协调变得尤为重要，各国之间需要加强沟通和协商，建立共享信息和资源的机制，共同应对 AI 技术带来的挑战和风险。

Abstract

At the end of 2022, ChatGPT emerged and the era of generative AI began, ushering in the AIGC era of content production. With the rapid development of AIGC technology, it is becoming a transformative new force in production methods, accelerating its landing, empowering thousands of industries, and becoming a key driving force for the future development of the media.

The *Annual Report on the Development of Future Media in China(2023)* focuses on the topic of "AIGC: ushering in the next era of intelligent media", Focus on the innovations and challenges faced by China's future media in the era of AIGC in 2022-2023. The report is divided in to four major sections: "General Report" "Industrial Ecology" "Content Empowerment" "Global Trends". These sections comprehensively explore the development hotspots and issues of the future media in the AIGC field. The "General Report" outlines the technological change and evolution path of AIGC, the diversified application scenarios and characteristics, the dilemma between global regulation and innovative development of AIGC, and proposes a six-dimensional model for the future development of the media based on the development trend. The "Industrial Ecology" section analyzes the industrial changes and opportunities brought about by AIGC from the perspectives of technology, users and business models. The "Content Empowerment" section discusses the empowerment and impact of AIGC on different fields such as News, movie, short video, digital marketing, e-commerce live streaming, sports and health communication, and virtual digital people. The "Global Trends" section conducts in-depth research on hot topics such as application scenarios, risk regulation, development opportunities and future trends based on the industry development background of AIGC in the UK and South Korea.

This report points out that AIGC, after experiencing early germination and accumulation, has entered a new stage of rapid development in multimodal transformation such as text, images, audio, and video, leading a new paradigm of digital content production. Internet companies actively embrace the AIGC industry and related technologies, platforms, applications are rapidly emerging. The AIGC industry is accelerating its landing, with a broad market prospect and enormous potential in the future. In the face of the rapid breakthrough of AI technology, issues such as copyright protection, data security and privacy and ethics have become concentrated. Although it is impossible to predict all the risks and challenges brought about by emerging AI technologies, it is necessary to avoid falling into the "Collingridge Dilemma" and adhere to seeking a balance between flexibility and regulatory certainty to ensure the healthy development of artificial intelligence.

This report believes that with the convergence of many frontier technologies, future media will take the trend of digitalization as its core engine, with six dimensions of time, space, people, things, technology, and emotions, driven by six major driving forces: Fast, Urban, Tribal, Universal, Radical and Ethical to build a six-dimensional model (FUTURE) for future development, realizing disruptive innovation and digital transformation.

Annual Report on the Development of Future Media In China (2023) is jointly compiled by Xiamen university of Technology, Future Media Think Tank which is the Key Think Tank in Fujian Province, Future Media Development Research Center of Fujian Education Department Research Base of Humanities and Social Sciences Sciences, Fujian Province Key Laboratory of Network Audio-Visual Application Innovation.

Keywords: Future Media; AIGC; ChatGPT

Contents

I General Report

Abstract: The essence of ChatGPT is the breakthrough landing of AIGC, marking artificial intelligence from perception and understanding of the world to generation and creation. The development of AIGC can be divided into three stages: germination, steady progress and rapid development. Following the PGC and UGC content production models, AIGC is leading a new paradigm of digital content production, bringing extremely diverse application scenarios, and taking the lead in exerting a strong impact on media, television, e-commerce, entertainment, and film. While AI technology is development rapidly, issues such as copyright protection, data security and privacy, and ethics have begun to emerge. In the global exploration of generative AI governance, multiple models such as strong regulation, weak regulation and balanced supervision have emerged. At a time when many cutting-edge technologies extend and converge, the future media will take the trend of digital intelligence as the core engine, and build a six-dimensional model of future development in the six dimensions of time, space, people, things, technology and emotions, with rapid speed, urbanization, communityization, universalization, extreme, and ethics as the six driving forces.

Keywords: AIGC; ChatGPT; AI; Future Media

Ⅱ Industrial Ecology

B.2 Media Reinvention in the Age of AIGC: Empowerment, Challenge and Revolution(2023)

Lan Yanling / 035

Abstract: In this age full of changes, we have witnessed the rapid development of artificial intelligence, big data, cloud computing. AI technology has changed our world with unprecedented speed and breadth. From 2022 to 2023, with the coming out of Artificial Intelligence Generated Content (AIGC), this new tool of production content is rapidly integrating with the media's applications and becoming a key force driving the structural transformation of media. Through collating the application and practice of AIGC in media, this report analyzes AIGC empowerment and influence on media operation, content generation, communication and distribution. At the same time, on the limitations of Large Language Model, the report also discusses the challenge of AIGC to the professionalism of news and the media practitioners' role. Can the "Data-Centric" logic guarantee the authenticity and fairness of news Can the practice of "Intelligent Machine-Led" still reflect the responsibility of the press? When the machine becomes the main body of communication, the media industry should not only consider the balance of man-machine coexistence, but also consider the value and methodology of how to use the machine.

Keywords: Artificial Intelligence; Generation Content Tool; Media; AIGC

Abstract: Generative Artificial Intelligence (AI) has ushered in a new era of cognitive intelligence for humanity. However, research on the cognition, attitudes, and emotions of users engaging in human-AI conversations is still in its early stage. What factors influence the user experience in human-AI conversations, and how can AI-generated content better serve users? How does the level of trust that Chinese users have in ChatGPT affect their intention to use it? These issues need to be studied. To achieve these objectives, the report employs the diffusion of innovations theory in conjunction with the perceived value theory, and a questionnaire survey method was also used ($N=336$) to explore the acceptance model of human-AI conversation technology for ChatGPT users, focusing on media literacy, trust, and perceived value. The research findings indicate that media basic usage skills and literacy, media comprehension literacy, and media participatory literacy have a positive impact on trust, perceived benefits. Additionally, user media literacy has a negative impact on perceived risks. Media content critical ability and literacy have a positive impact on trust and percived risks. Trust and perceived benefits play a mediating role between media literacy and intention to use. This report expands the empirical research on the psychology of artificial intelligence users, providing a theoretical basis for enhancing the user experience in human-AI conversations.

Keywords: Human-AI Conversation; ChatGpt; Perceived Value; Media Trust; Innovation Diffusion

Abstract: The emergence of AIGC has showcased its marvelous creativity. It challenges the traditional media business model and propels content creation, production, and distribution to new heights. We have observed how the conventional advertising revenue model faces disruption, content dissemination becomes monopolized, and audience demands become increasingly diverse, all of which have become challenges for AIGC to overcome. However, it is within these challenges that the media industry finds both peril and opportunity, sparking fervent discussions on the future of media business models. Moreover, the impact of AIGC is not confined to the media domain alone; it extends its influence across various industries. AIGC not only excels in the production sector, enhancing productivity and reducing costs, but also brings joy to people's lives through a thrilling dance with cutting-edge technologies. Smart homes turn into enchanting wizards, and AIGC has become an intelligent assitant to catering people's various needs and making life more convenient and enjoyable. At the same time, in the face of this technological revolution, we will confront significant challenges. Challenges such as issues of algorithmic justice, data quality, computing power demand, environmental concerns, intellectual property rights, data legitimacy require active response from people. The transformation of the job market will compel us to ponder on how to protect personal privacy and dignity. We must bravely embrace these challenges, seize the opportunities, and let AIGC serve as a catalyst to advance human civilization.

Keywords: AIGC; Media; Business Model

B.5 New Trends in Content Creation for the Elderly in the AIGC Era(2023)

Yu Lin, Shi Jingyuan / 093

Abstract: With the advent of ChatGPT4. 0, the field of content creation has gradually entered the AIGC era from UGC and PGC. In recent years, the proportion of the elderly population in China's total population has been increasing, and the content creation industry targeting the elderly population has also developed rapidly. The mature application of AIGC will assist the further development of the entire elderly content production industry. The state and local governments constantly introduce relevant policies and regulations to ensure the rights of the elderly to access new technologies, and also provide more opportunities and platforms for elderly Content creation. The relevant content production industry and enterprises should seize the future potential of new technologies, continuously introduce content creation and consumption experiences that are more suitable for aging, as well as content creation models that are more in line with the AIGC era.

Keywords: AIGC; Elderly Population; Content Creation; Aging; Short Videos

Ⅲ Content Empowerment

Abstract: With the rapid development of artificial intelligence technology, the methods and skills of content production in the news industry have also undergone major changes. In today's artificial intelligence technology has gradually deeply involved in human social life, artificial intelligence generated content technology has been transformed from a single assistant tool for news content production to a new thing that can subvert the traditional news production industry. This report will first review the development of automated generation technology in the field of news content production in the past period. Secondly, it will summarize the typical application of well-known artificial intelligence generated content technology in news application fields at home and abroad in the past year. Finally, it will list the impact of artificial intelligence content generation technology on the current and future news industry from an objective perspective to analyze and predict. This article expects to make the future news industry of our country present a thriving situation through this study.

Keywords: News Industry; Artificial Intelligence; News Production

B.7 Mango TV: "Content+Technology" Two wheel Drive Value Oriented Future Media

Liang Deping / 124

Abstract: As a party media and state-owned enterprise, Mango TV actively embraces the changes of the times brought by technological updates, and is determined to be a value-based future media driven by "content + technology". Embracing new technology, iterating new content, creating new mechanisms, promoting new integration, Mango TV will push forward the in-depth integration of the media with a higher vision, so as to create a new type of mainstream media for the future.

Keywords: Mango TV; Content+Technology; AIGC; Media Comver-gence

B.8 The Impact of AIGC Technology on the Film Industry (2023)

Li Yang, Tian Jiuxiang / 135

Abstract: AI-generated content technology has had an all-round impact on the development of the film industry, and is gradually and deeply integrated into film production, production, distribution and screening, attracting more creators to discuss practice. At the same time, in the process of promoting the development of the film industry, AI-generated content technology has also caused serious problems such as copyright disputes and information cocoons, which urgently need to be carefully clarified and deepened with the help of policy guidance, technology research and development, and talent training. Only by paying attention to the huge impact of AI-generated content technology on the film industry and encouraging high-quality and diversified creation can we lay a solid foundation for the future development of the film industry.

Keywords: Artificial Intelligence-Generated Content Technology; The Film Industry; Artificial Intelligence

Abstract: 2022 is known as "the first year of AIGC", in which the rapid development of Artificial Intelligence touches every aspect of society. After identifying the concept of AIGC, this paper focused on the impact of AIGC on the current situation of the short-video industry, including the content producing, the communication processing and the consumer marketing. Then, this paper organized from three levels (core technology force, model as a service, application ecosystem) to sort out the implication of AIGC on the development of short-video industry. Finally, this paper took a critical perspective to examine the possibilities of AIGC for the short video industry in the future, and argued that AIGC should be treated with an open and rigorous attitude at a time when contradictions and development coexist.

Keywords: AIGC; Artificial Intelligence; Short-video; Media Technology

Abstract: In 2022, China's artificial intelligence-generated content technology has developed rapidly and started to be widely used in the digital marketing industry. Artificial intelligence-generated content greatly improves content production efficiency, realizes accurate user profiling and personalized recommendations, and continuously optimizes content quality. These changes have reshaped the digital marketing model, promoting the emergence of a number of new forms of business, such as live e-commerce. Artificial intelligence-generated content has helped brands conduct virtual digital person and virtual space marketing, enriching the marketing means. Overall, AI-generated content is becoming the new engine of digital marketing. Of course, data silos, content fragmentation and other issues still exist, the need to increase the training of digital talents and cooperation between industry, academia and research, in order to achieve sustainable development of the digital marketing industry.

Keywords: AIGC Technology; Digital Marketing Industry; Content Production; Personalized Recommendations

B.11 AIGC Empowers the Development Trend and Strategic Choices of the Animation and Game Industry(2023)

She Qilin / 206

Abstract: AIGC empowers the entire process of production, dissemination, and consumption, and the integration of digital technology and the content industry can promote innovative development of the industry, as well as the iterative upgrading of export methods. Adapt to the development trend of AIGC empowering industry, enhance the application and participation of emerging technologies, explore and open up new paths for industrial development by combining AIGC technology, establish a new industrial environment position, building a new benchmark for industrial products, consolidate the new foundation of industrial development, leave space for the development of the animation and game industry, and demonstrate its leadership.

Keywords: AIGC; Game; Animation; Comic

B.12 The Impact of AIGC on the Live-streaming E-commerce(2023)

Qian Jing, Zhuang Jianzhong / 225

Abstract: After the consumer goods retail industry realized transaction digitization on the traditional e-commerce "Trade in net" platform, emerging channel e-commerce has digitized consumers' interests and behaviors with the "Live in app" model. E-commerce's insight into consumers and the ability to build diversified, content-oriented, scenarized and IP-oriented live streaming rooms have become new elements of live streaming sales. More and more live streaming room scene reconstruction is relying on the full digital capability, especially new technologies such as virtual digital human live-streaming, AI customer service, and text-driven scenario rendering by AIGC technology, bringing new imagination and possibilities to the industry. This report scans the current living environment of new channel e-commerce, sorts out the main applications of AIGC's multi-field development empowerment from the perspective of live-streaming e-commerce operations, analyzes the shortcomings in terms of technical deficiencies and difficulties on commercial operations and the wide application of related technologies, and ponders worries about the controllability of content generation and right confirmation.

Keywords: AIGC; Live-streaming E-commerce; Emerging Channels

Abstract: With the continuous advancement of technology and social development, Artificial Intelligence Generated Content (AIGC) has demonstrated immense potential and advantages in the field of sports and health communication. Leveraging advanced artificial intelligence technology and data analytics capabilities, AIGC can rapidly and accurately generate diverse sports and health-related content and disseminate it to a larger audience in a short period. However, as AIGC becomes widely adopted, it also faces several challenges and risks in the field of sports and health communication. These include issues related to hidden damgers in individual health privacy and data security, insufficient credibility and accuracy of sports and health information, poor popularization of information technology and digital divide, information overload and comprehen-sibility of sports and health information, as well as reduced social interaction among sports enthusiasts. To address these challenges, this report proposes several countermeasures and recommendations, including strengthening privacy and data security protections, establishing authoritative regulatory and quality certification systems, enhancing public awareness of sports and health literacy, and promoting digital technology education. Additionally, it suggests developing multidisciplinary research and development teams to improve information filtering and designing functionalities that foster diversified social interactions. The aim of this report is to provide practical, targeted suggestions to facilitate the application and development of AIGC in sports and health communication.

Keywords: AIGC; Sports and Health Communication; Healthy China

Abstract: The rapid development of AIGC has continuously broadened the application scenarios of various industries. With the promotion of national and local policies, AIGC technology enables virtual digital people and is widely used in the media industry, financial industry and service industry, with virtual anchors, virtual idols and virtual employees being the most popular three categories. Virtual digital people have developed rapidly under the promotion of the industry environment, and a clear and complete virtual digital people industry chain has been formed. This report will focus on the impact of AIGC on the development and change of virtual digital people, how to deal with the limitations of technology upgrading, the convergence of scenario applications, and the potential risks in policy implementation.In the future development, we will pay more attention to accurate experience, highlight the dissemination of traditional Chinese culture, strengthen the emotional expression between the virtual and real world, make human-computer interaction more authentic and interactive, and further promote the integration of artificial intelligence content and its deep level.

Keywords: AIGC; Vitural Digital Human; Metaverse

Ⅳ Global Trends

B.15 Report on the AIGC Development in the UK (2023)

Piao Jingwei, Cai Yaling and Zhang Haonan / 273

Abstract: In the UK, AIGC has demonstrated great industrial potential in a number of areas. By providing policy advice and strategic guidance, AIGC helps the UK government, business and academia to seize the opportunities and meet the challenges presented by AI, promote the UK's position and influence in the global AI competition. This report is divided into three sections. Firstly, it analyzes the current development background of AIGC in the UK; The second is the analysis of opportunities for the development of British AIGC industry, which focuses on four fields: education, medical care, news media and art. Finally, the risks and regulatory measures for the development of the British AIGC industry include data privacy leakage, false information, job loss and other issues. The regulatory measures focus on the proposal of the new regulatory framework for artificial intelligence promulgated by the British government.

Keywords: AIGC; Risk; Regulatory Measures; UK

B.16 Report on the AIGC Development in South Korea (2023)

Li Weiqi, Zhang Shichao / 291

Abstract: The South Korean government unveiled the "Artificial Intelligence (AI) National Strategy" on December 17, 2019, with the aim of transforming the country from an "IT powerhouse" to an "AI powerhouse" and elevating its competitiveness in the AI field to the global forefront by 2030. In recent years, the rapid advancement of AI technology in South Korea has brought about significant transformation and opportunities for the AIGC industry. However, due to the complexity and potential risks of AI technology, establishing a robust legal and regulatory framework is crucial for the long-term and healthy development of the AIGC industry. This report is based on the current status of South Korea's policy environment, industry development, and legal regulations, and provides an outlook on the development trends of the AIGC industry. The following key points are summarized: the policy environment shows positive trends, with AI technology becoming a new driving force for South Korea's economic growth; industry recognition continues to rise, leading to the realization of new value through the batch-level upgrade and iteration of AIGC applications; and legal and regulatory frameworks are gradually being strengthened, providing new opportunities for the long-term and healthy development of the AIGC industry.

Keywords: AIGC; LLM; AI Laws

皮 书

智库成果出版与传播平台

❖ 皮书定义 ❖

皮书是对中国与世界发展状况和热点问题进行年度监测，以专业的角度、专家的视野和实证研究方法，针对某一领域或区域现状与发展态势展开分析和预测，具备前沿性、原创性、实证性、连续性、时效性等特点的公开出版物，由一系列权威研究报告组成。

❖ 皮书作者 ❖

皮书系列报告作者以国内外一流研究机构、知名高校等重点智库的研究人员为主，多为相关领域一流专家学者，他们的观点代表了当下学界对中国与世界的现实和未来最高水平的解读与分析。截至 2022 年底，皮书研创机构逾千家，报告作者累计超过 10 万人。

❖ 皮书荣誉 ❖

皮书作为中国社会科学院基础理论研究与应用对策研究融合发展的代表性成果，不仅是哲学社会科学工作者服务中国特色社会主义现代化建设的重要成果，更是助力中国特色新型智库建设、构建中国特色哲学社会科学“三大体系”的重要平台。皮书系列先后被列入“十二五”“十三五”“ 十四五”时期国家重点出版物出版专项规划项目；2013~2023 年，重点皮书列入中国社会科学院国家哲学社会科学创新工程项目。

权威报告·连续出版·独家资源

皮书数据库

ANNUAL REPORT(YEARBOOK) DATABASE

分析解读当下中国发展变迁的高端智库平台

所获荣誉

- 2020年，入选全国新闻出版深度融合发展创新案例
- 2019年，入选国家新闻出版署数字出版精品遴选推荐计划
- 2016年，入选“十三五”国家重点电子出版物出版规划骨干工程
- 2013年，荣获“中国出版政府奖·网络出版物奖”提名奖
- 连续多年荣获中国数字出版博览会“数字出版·优秀品牌”奖

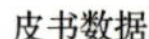
皮书数据库

“社科数托邦”
微信公众号

成为用户

登录网址www.pishu.com.cn访问皮书数据库网站或下载皮书数据库APP，通过手机号码验证或邮箱验证即可成为皮书数据库用户。

用户福利

- 已注册用户购书后可免费获赠100元皮书数据库充值卡。刮开充值卡涂层获取充值密码，登录并进入“会员中心”—“在线充值”—“充值卡充值”，充值成功即可购买和查看数据库内容。
- 用户福利最终解释权归社会科学文献出版社所有。

社会科学文献出版社 SOCIAL SCIENCES ACADEMIC PRESS (CHINA) 皮书系列

卡号：266728924447

密码：

数据库服务热线：400-008-6695
数据库服务QQ：2475522410
数据库服务邮箱：database@ssap.cn
图书销售热线：010-59367070/7028
图书服务QQ：1265056568
图书服务邮箱：duzhe@ssap.cn

法律声明

“皮书系列”（含蓝皮书、绿皮书、黄皮书）之品牌由社会科学文献出版社最早使用并持续至今，现已被中国图书行业所熟知。“皮书系列”的相关商标已在国家商标管理部门商标局注册，包括但不限于LOGO（）、皮书、Pishu、经济蓝皮书、社会蓝皮书等。“皮书系列”图书的注册商标专用权及封面设计、版式设计的著作权均为社会科学文献出版社所有。未经社会科学文献出版社书面授权许可，任何使用与“皮书系列”图书注册商标、封面设计、版式设计相同或者近似的文字、图形或其组合的行为均系侵权行为。

经作者授权，本书的专有出版权及信息网络传播权等为社会科学文献出版社享有。未经社会科学文献出版社书面授权许可，任何就本书内容的复制、发行或以数字形式进行网络传播的行为均系侵权行为。

社会科学文献出版社将通过法律途径追究上述侵权行为的法律责任，维护自身合法权益。

欢迎社会各界人士对侵犯社会科学文献出版社上述权利的侵权行为进行举报。电话：010-59367121，电子邮箱：fawubu@ssap.cn。

社会科学文献出版社